ÜBER ARCHITEKTUR
VORTRÄGE UND SCHRIFTEN
VON GÜNTER BEHNISCH

Herausgegeben von Stefan Behnisch

avedition

Günter Behnisch 1978 in seinem Büro in der Mendelssohnstraße in Stuttgart-Sillenbuch

ÜBER ARCHITEKTUR

VORTRÄGE UND SCHRIFTEN VON GÜNTER BEHNISCH

ZU DIESEM BUCH

Günter Behnisch würde in diesem Jahr seinen hundertsten Geburtstag feiern. Im Zuge der Ausstellungsvorbereitungen zu diesem Anlass sind wir tief in seinen Nachlass eingetaucht, haben zahlreiche Schriften gelesen, die Günter Behnisch im Laufe seines über 50-jährigen Berufslebens verfasst hat. Seine Gedanken legen zum einen noch heute aktuelle Themen offen, zum anderen gewähren sie einen tieferen Einblick in seine Persönlichkeit. So entstand die Idee, eine Auswahl seiner Reden, Schriften und Vorträge als Lesebuch herauszugeben und damit seine Standpunkte und Auffassungen einem breiteren Publikum zugänglich zu machen.

Günter Behnisch war sicherlich streitbar, nicht konfliktscheu, nicht sehr harmoniebedürftig, und er maß der inhaltlichen Auseinandersetzung, dem Diskurs einen hohen Wert bei. Es ging um die Sache, es wurde verbal gestritten, man setzte sich teilweise auch durchaus persönlich auseinander. Architektinnen und Architekten sollen einstehen für Architektur, denn gern nehmen sie für sich das gelungene Werk in Anspruch und müssen folglich auch offen sein für Kritik, für das, was nicht so gelungen sein mag oder das, was inhaltlich zur Auseinandersetzung einlädt. Das müssen wir Architekten aushalten.

Architektur war ihm zu wichtig, zu bedeutungsvoll, um hier einen Appeasement-Kurs einzuschlagen. Er war fest überzeugt, dass Bauen von dem lebendigen Diskurs lebt, obwohl dies oft missverstanden zu werden schien. Insbesondere von Architekturschaffenden und der Politik, die sich nur allzu oft der Kritik verweigern. Irritiert hat ihn das wohl, jedoch nicht gehindert, seine Meinung zu vertreten. So führte beispielweise die Auseinandersetzung mit der Postmoderne und ihren Apologeten zu aufgeheizten Debatten, wurde im Unverständnis der sachlich, aber erhitzt geführten Diskussionen personalisiert, um dann insbesondere von der Presse dankbar skandalisiert zu werden.

Zu vielen Themen äußerte sich Günter Behnisch, teils in Interviews, teils in Festreden, teils in Vorträgen. Ein immer wiederkehrender Topos war unsere Gesellschaft, die moderne, offene Gesellschaft der jungen Republik und ihre Struktur des Regierens, die Demokratie. Die beständige Auseinandersetzung, auch mit der Architektenschaft, ob denn Architektur politisch sei, politische Relevanz habe oder gar politische Entwicklungen vorwegnehmen könne, beschäftigte ihn. Viele seiner Äußerungen kreisen um dieses und verwandte Themen. Insbesondere scheint man ein latentes Misstrauen gegenüber Autoritäten zu spüren. Viel ist zu lesen über unsere Politik, welche Themen und Macht ihren Vertretern zustünden, welche nicht. Dies verschärfte sich nach der Wiedervereinigung und der politisch vorgegebenen Architektur des Wiederaufbaus in Berlin. Hier war für ihn eine Linie überschritten worden. Hier sah er wieder die politisch durchgesetzte Kultur als Staatsziel.

Bei der Lektüre erschließt sich den Lesenden, wie eng doch seine Überzeugungen in seiner Vita begründet waren. Ein aufgeklärtes, reformerisches und sozial engagiertes Elternhaus, der Vater Lehrer, Mitglied im Dürerbund, politisch sozialdemokratisch orientiert und die Mutter sozial engagiert, prägten seine Einstellung zu gesellschaftlicher Verantwortung. Als junger Mensch, mit siebzehn Jahren, ging er zur Marine, erlebte den gesamten Krieg. All dies führte zu einer dauerhaften Auseinandersetzung mit den „Apparaten der Macht“ in unserer Gesellschaft, der jüngeren deutschen Geschichte und einem tief sitzenden Misstrauen gegenüber Autoritäten, insbesondere jenen, die uns regieren.

Die Vorträge und Reden sind authentisch im Original belassen. Sie reichen zurück bis in die 1960er-Jahre und enden mit einem Vortrag von 1998 in Chemnitz, wo er vor dem Krieg mit den Eltern und seiner Schwester gelebt hatte.

Stefan Behnisch
Stuttgart, im Mai 2022

„SO FORMTE SICH VIELES“: EINFÜHRUNG IN DIE ARCHITEKTURTHEORIE GÜNTER BEHNISCHS

Günter Behnisch wird in keiner der gängigen Übersichtsdarstellungen und Anthologien zur Architekturtheorie als nennenswerter Autor oder gar Architekturtheoretiker geführt.[1] Dies mag (auch) daran liegen, dass Behnisch seine vielen Aufsätze und Reden nie selbst in Buchform veröffentlicht hat; dass er darüber hinaus – und ganz anders als etwa Le Corbusier, Aldo Rossi, Robert Venturi, Denise Scott Brown, Oswald Mathias Ungers, Rem Koolhaas und viele andere – das Architekturbuch nie als architektonisches Projekt verstanden hat. Gleichwohl hat sich Behnisch immer wieder mit sprachmächtigen Aufsätzen und brillanten Reden zu Wort gemeldet. In der Zusammenschau zeigt sich in diesen Texten ein komplexer, überaus lesenswerter Autor auf dem weiten Feld der Architektur und Stadtplanung im Deutschland der zweiten Hälfte des 20. Jahrhunderts. Anlässlich Günter Behnischs hundertstem Geburtstag am 12. Juni 2022 wird der interessierten Öffentlichkeit hiermit erstmals seine späte Geburt als Architekturtheoretiker angezeigt.

Der Architekturtheoretiker Behnisch fand in den ausgehenden 1960er-Jahren zur Façon – im kritischen, auch selbstkritischen Rückblick auf die Architektur der Wirtschaftswunderjahre, die das 1952 gegründete Büro mit einer Vielzahl von Bauten versorgte – vor allem mit Fertigbausystem-Schulen wie etwa der zwischen 1959 und 1963 als landesweit erste große, industriell vorgefertigte Gebäudegruppe erstellte Staatliche Fachhochschule für Technik in Ulm an der Donau.[2] „Ich sehe vorwiegend Perfektheit“, schreibt er 1967: „Es ist die Perfektheit, die Risikolosigkeit, die Langeweile des ‚Bewährten‘, alle anderen Einflüße übertrumpfenden Verfahrens.“[3] Statt weiterhin einen „internationale[n] Stil der Abwicklung“[4] zu betreiben, plädiert Behnisch für eine Architektur der Entwicklung, die „den lebendigen, sich schnell verändernden und oft doch sehr interessanten und amüsanten Komponenten unseres Lebens“[5] eine Chance geben soll. Derlei sollte vor allem mit dem Olympiagelände in München (1967–1972) entstehen, das er spätestens ab 1971 mit dem Begriff „Situationsarchitektur“[6] vorstellt. Darunter versteht Behnisch nicht nur die örtliche Situation und den funktionalen Kontext, sondern auch „die zeitbedingten, gesellschaftlichen, technischen Aspekte und schließlich um die aus der Konstellation der beteiligten und betroffenen Personen sich bildenden Kräfte“.[7] Was damit gemeint war, wird spätestens 1977 deutlich, als er sein Ideal beschreibt, die Elemente der Architektur in ihren Eigenlogiken ausgebreitet zu sehen: „[...] sie lösen sich aus dominierenden, sie bevormundenden Scheinordnungen, kommen zu sich selbst und als Individuum zum Ganzen. [...] Ein Baum ist ein Baum, eine Stütze ist eine Stütze, ein Stab ein Stab und ein Mensch ist ein Mensch; niemand sei nur der Teil eines übergeordneten Systems.“[8]

Behnischs Weg vom industriellen Bauen hin zur Kritik daran mündete nicht in einer landläufigen Postmoderne – ganz im Gegenteil, wie seine Auseinandersetzung mit dem Wettbewerbsgewinn von James Stirling, Michael Wilford and Associates für die Stuttgarter Neue Staatsgalerie im Jahre 1977 zeigt. Ihnen wirft Behnisch in einer Stellungnahme auf einen am 27. Januar 1978 in der Wochenzeitschrift *Die Zeit* erschienenen Artikel von Vittorio Magnago Lampugnani vor, einem Verständnis von Kunst verpflichtet zu sein, die „nicht auf Freiheit zielt, nicht heilsam ist, daß sie vielmehr wie Opium wirkt, Schmerzen nur betäubt“.[9] Deren Architektur sieht er „vom rechten Weg“ abgekommen, bedauert gar, „daß dies in unserem Musterländle geschieht, das doch über große Tugenden und über eine lange Tradition liberaler, demokratischer, aber auch revolutionärer Kräfte verfügte“.[10] Vieles davon mag heute, da klar geworden ist, dass mit der Neuen Staatsgalerie kein dräuendes Monument, sondern eine virtuose Pop-Collage mit Landschaftsqualitäten entstanden ist, etwas übersteuert klingen. Doch muss man die Äußerungen aus der Zeit heraus verstehen – vor allem aus der Enttäuschung Behnischs heraus, an diesem Ort kein „demokratisiertes Museum“[11] entstehen zu sehen, in dem die Öffentlichkeit stärker einbezogen wird. Jahre später – in seinem Nachruf anlässlich des Todes von James Stirling an der Berliner Akademie der Künste (1992), hatte Behnisch die Größe zur Revision der eigenen, allzu schnell gefällten Urteile. „Wenn James Stirling nur diesen Bau geschaffen hätte“, so lobt Behnisch – „sein Platz in der Galerie großer Architekten wäre ihm sicher. In ihm, dem Architekten und in ihm, diesem Bauwerk, sind Landmarken zu sehen, Knotenpunkte, in denen sich Kräfte, Entwicklungen, Brüche und auch letztlich Versöhnendes treffen, in großartiger Art und Weise. Wir sind froh, daß dieses Bauwerk bei uns steht.“[12]

Behnisch vollzog seine Kehrtwendung bezüglich Stirling auch in Kenntnis neuer, nun wahrhaft besorgniserregender restaurativer bis reaktionärer Entwicklung in Berlin, wo unter dem ab 1991 amtierenden Senatsbaudirektor Hans Stimmann das Architekturgeschehen einer beispiellosen Rigidisierung unterzogen wurde: „Unglückswürmer müssen [...] herausgefunden haben, daß massive Wände und Lochfassaden zur Berliner Bautradition gehören würden.“[13] Dagegen setzte Behnisch – vor allem mit dem Bau der Akademie der Künste am Pariser Platz in Berlin (1993–2005) – seine Architektur der Offenheit, die er als eine „Möglichkeit der Selbstverwirklichung für Architektur selbst“ beziehungsweise ihrer Teile sieht.[14] Behnisch, dem alle, die ihn kannten, keine Temperamentgehemmtheit nachsagen, entpuppt sich bei der Lektüre seiner Texte als emphatische Kairos-Begabung mit Sinn für das Potenzial von Akzidenzien: „So formte sich vieles“, schreibt er mit Blick auf Olympia 1972, „die Sitzschalen im Stadion zum Beispiel, weich ausgeformt, aus warmem Material, perfekt gemacht, in verschiedenen Grüntönen – die Farbe der umgebenden Landschaft in das Stadion hereinführend.“[15] „So formte sich vieles“: Möge diese märchenhaft anmutende Formulierung einer (Auto-)Poiesis auch zur Traditionsbildung neuer architekturtheoretischer Möglichkeiten jenseits rationalistischer Verkürzungen beitragen.

Stephan Trüby
Stuttgart, im Mai 2022

ÜBER DIE PROBLEME DES BAUENS IN UNSERER GESELLSCHAFT

Rede zum Jahresschlussempfang des BDA
Stuttgart, 11. Dezember 1967

Sehr verehrte Gäste, liebe Freunde!

Nach dem Abschluß meiner vierjährigen Tätigkeit als Landesvorsitzender des Bundes Deutscher Architekten in Baden-Württemberg freue ich mich über die Gelegenheit, heute am Jahresempfang unseres Bundes des BDA noch einmal mit Ihnen sprechen zu können – mit Ihnen sprechen zu können über unsere Probleme, die Probleme der freien Architekten, darüber hinaus jedoch auch über die Probleme des Bauens in unserer Gesellschaft überhaupt. Am Ausgang des Jahres sind wir gerne noch einmal mit Ihnen zusammen, um mit Ihnen die Arbeit des vergangenen Jahres und unsere zukünftigen Aufgaben zu besprechen, Ihnen unsere Sorgen vorzutragen und Sie um Ihre verständnisvolle Hilfe zu bitten.

Zu Beginn meiner Ausführungen darf ich Ihnen allen – meine sehr verehrten Damen und Herren – für das Interesse und das Verständnis danken, das Sie in vielfältiger Form bei der Mitarbeit an den Aufgaben unseres Berufsstandes auch in diesem Jahre bekundet haben. Ich möchte mich bei Ihnen bedanken dafür, daß Sie auch im vergangenen Jahre uns geholfen haben – uns geholfen haben, unsere Schwierigkeiten zu meistern, uns geholfen haben, unsere Planungen durchzuführen, uns geholfen haben, unsere Bauten zu realisieren. Allen Kollegen, Mitarbeitern, Ingenieuren, Vertretern von Behörden und vor allem den Vertretern der Bauwirtschaft herzlichen Dank! Und Dank dazu unseren Bauherrschaften, die uns die Möglichkeit des Wirkens überhaupt erst geboten haben.

Vielleicht hätten wir guten Grund, zuversichtlich zu sein. Sind wir doch mit einem blauen Auge durch das ominöse Konjunktur-Tal geschritten, befinden wir uns doch hoffentlich am gegenüberliegenden aufsteigenden Hang dieses

Bildes. Wir könnten wohl zufrieden sein. Und sind es doch nicht. Sind es weniger als zuvor, sind es weniger als im Tal, sind am wenigsten zufrieden seit 20 Jahren überhaupt. Warum wohl? Wir sehen uns um. Was sehen wir?

Ich zitiere Hans Kammerer:
„Imponierende Zahlen umgeben uns allenthalben. Quantität ist zum nationalen Fetisch geworden. Erhaltung des Wachstums wird zwangsweise zur vordringlichen politischen Aufgabe. Und jetzt spüren wir plötzlich, daß wir von der Lawine des eigenen Wohlstandes erdrückt werden. Es wird uns klar, daß wir unsere Städte falsch aufgebaut haben könnten, daß wir im Individualverkehr ersticken, daß der neue köstliche Besitz an Grund, Boden und Haus dazu beigetragen hat, unsere Stadtlandschaften zu Vorstadtlandschaften zu machen. Daß diese vom Staat geförderten persönlichen Zugewinne zur fast uneinlösbaren nationalen Hypothek geführt haben, für die vor allem die Zahlungskraft unserer Städte und Gemeinden nicht mehr ausreicht. Aus den großen Katalysatoren unseres Wohlstandes sind lästige Tabus geworden, die uns daran hindern, unsere Umwelt neu zu ordnen, in letzter Minute dafür zu sorgen, daß sie lebenswert, ja auch nur existenzmöglich bleibt.“

Aber das ist‘s nicht alleine: Sehen wir uns weiter um. Sehen wir uns unsere Sonntagsbauten und Sonntagsplanungen an, sehen wir uns diejenigen Planungen an, in denen „das Ganze des Gemeinwesens seinen höchsten und umfassenden Ausdruck findet, Kulturbauten, politische Bauten“. Was finden wir da? Waren wir nicht eigentlich der Meinung, daß sich in unseren Bauten unsere Gesellschaft widerspiegeln sollte? Und wenn wir dieser Meinung noch sind? Wie steht es dann mit unseren Bauten und Planungen, mit unseren Sonntagsbauten – aber noch viel mehr mit der übergroßen Masse unserer Werktags-, besser noch Montags-Produkte? Ist unsere Gesellschaft so langweilig und auch teilweise so mies wie z.B. unser geförderter Wohnungsbau – im Einzelnen und in der Gruppierung. Und ist unsere Gesellschaft so langweilig und so risikolos wie z.B. die Masse unserer öffentlichen Bauten? Deckt sich der Charakter dieser Planungen und Bauten mit dem Wesen unserer Gesellschaft? Oder kann sich die Gesellschaft nur nicht ausdrücken? Warum dann nicht?

Wo ist denn das, was wir meinen, daß man es erkennen sollte: die Verschwiegenheit dem Einzelnen gegenüber, die Durchsichtigkeit unseres Zusammenlebens, die Achtung vor dem Menschen. Ich sehe vorwiegend Perfektheit. Die gleiche Perfektheit, die gleiche Risikolosigkeit, die gleiche Langeweile, wie wir sie in vielen Ländern – gleichgültig, welche politischen Systeme sie haben – vorfinden. Wir finden solche Bauten wahrscheinlich in Jugoslawien, in Polen, der Tschechoslowakei, der UdSSR, in Deutschland und in vielen anderen Ländern. Aber eigentlich vornehmlich in den Ländern, die das Verfahren höher schätzen als das freie Leben.

Es ist die Perfektheit, die Risikolosigkeit, die Langeweile des „bewährten", alle anderen Einflüsse übertrumpfenden Verfahrens. Dieses Verfahren wird produziert, unbeeinflußt von der Tatsache, daß sich unsere Gesellschaft in allen Zweigen immer schneller ändert, unbeeinflußt von jedem unvorhergesehenen, unkontrollierten und unkontrollierbaren Einfluß. Diesen unkontrollierbaren und damit ja schon eigentlich suspekten Elementen wird keine Chance eingeräumt, in diesem Verfahren an irgendeiner Stelle aufzutauchen, geschweige denn einzugreifen und damit „die bewährte Ordnung" zu stören. Diesen Elementen haben wir gründlich das Handwerk gelegt; das wäre ja noch schöner!

Und da dieses Verfahren in vielen Ländern gleich oder ähnlich geübt wird, so werden die Bauten, die unter diesem Verfahren entstehen, in vielen Ländern auch gleich oder ähnlich aussehen. Manche meinen nun, das wäre der Internationale Stil; das kann schon sein. Das ist der Internationale Stil des perfekten, risikolosen Verfahrens, der Internationale Stil der Abwicklung. Und Abwicklung reimt sich leider nur rein äußerlich auf Entwicklung. In der Praxis ist die Abwicklung der „Tod der Entwicklung".

Wir geben der Gesellschaft, den lebendigen, sich schnell verändernden und oft doch sehr interessanten und amüsanten Komponenten unseres Lebens überhaupt keine Chance in diesem Verfahren. Tatsächlich vorenthalten wir aus diesem Grunde – wegen des reibungslosen Verfahrens – dem Umsetzungsprozess Programm-Entwurf den erforderlichen Katalysator. Wenn wir bedenken, daß in diesen dadurch entstehenden, überdimensionalen Leitzordnern wir, unsere Kinder leben und arbeiten sollen. Sollen wir denn damit zufrieden sein?

Ich werde heute einige Male Adolf Arndt bemühen müssen, hier das erste Mal: „Albert Schweitzer soll einmal [...] geäußert haben, daß erst Menschen Häuser bauen und dann Häuser Menschen bauen. Hier zeigt sich eine komplementäre Sicht, für die Form und Funktion der unterschiedliche Aspekt desselben Beobachters vom gleichen Beobachteten ist. Muß es von dieser Erkenntnis her nicht für die Demokratie eine politisch-existenzielle Frage werden, wie gebaut und wie gewohnt wird, eine Frage, bei der es um mehr geht als um Hygiene, Sozialkomfort und Lebensstandard?" Und – möchte ich hinzufügen – kann denn das Verfahren, die Abwicklung überhaupt noch im Vordergrund stehen, wenn man das Bauen so betrachtet? Und – ist das nicht überhaupt die einzige mögliche Art der Betrachtung? Das ist doch wohl das Einzige, was wir wirklich verlangen und erwarten müssen; nämlich das, daß unsere Planungen und unsere Bauten uns die Möglichkeit geben, uns die Freiheit lassen, unserem gesellschaftlichen Leitbild entsprechend unser Leben führen zu können und uns entwickeln zu können.

Aber, da ist noch mehr, was zu einfach läuft: Die Prinzipien für den Wiederaufbau, die Sanierung, den Ausbau einer Stadt werden konzipiert; so konzipiert, daß sie – meinte man damals – daß sie der Stadt auf lange Zeit genügen werden. Sie wird durchgearbeitet – die Planung – ein Jahrzehnt vergeht; es werden Einzelpläne, Verträge – kurz: alles, was dazugehört – ausgearbeitet; man arbeitet lange, mit vielen Mitarbeitern, in vielen Räumen an dem Projekt – an einem Projekt, welches für diese Stadt lebenswichtig ist; man legt selbstverständlich alle Planungen auf – genau wie es im Verfahren vorgeschrieben ist; – man hat sogar einen sogenannten Beirat! Und plötzlich an einer Ecke – an einer Ecke, die so gefährlich gar nicht aussah – an dieser Ecke, da scheitert dieses ganze vorgeplante, risikolose, experimentfreie, langweilige Verfahren. Es läuft auf, läuft auf, so wie ein Schiff aufläuft, auf einen Felsen – obwohl die Mannschaft so sicher war, alle Untiefen und Klippen zu kennen und umschiffen zu können.

Fehlte hier vielleicht ein Lotse an Bord? Hatte sich die Planung zu weit von der öffentlichen Meinung, die ja Realität ist, entfernt? War es richtig, den Kurs fast ausschließlich im eigenen Kreise zu fixieren?

Dazu Adolf Arndt: „Ich halte es nicht für richtig, ein Kollegium der Fachleute als öffentlichen Bauherrn autonom von Staats wegen zu institutionalisieren, der gewissermaßen das souveräne Volk verkörpert. Denn das Merkmal der Ratgeber muß sein, daß sie gerade nicht im Namen des Staates sprechen, sondern als sie selber im eigenen Namen als freie Bürger der freien Gesellschaft. Das Entscheidende ist die Gleichgewichtigkeit im Zusammenwirken zwischen Staatsorgan und Gesellschaft mit der Maßgabe, daß die wissenschaftliche und künstlerische Verantwortung, die der Ratgeber vor sich selber, der Öffentlichkeit und der Geschichte trägt, die politische Verantwortung nicht ersetzen kann und umgekehrt."

Ich meine: Man war noch nicht geübt darin, vielleicht hatte man auch keine Lust dazu, ein durchsichtiges, demokratisiertes Planungsverfahren einzuschlagen; ein Verfahren, an dem in jedem Stadium die Öffentlichkeit korrigierend, sich orientierend, Alternativen bietend, beratend beteiligt ist. Wäre es anders gewesen, diese Kollision wäre nicht passiert. Wie lange wird es dauern, wieviel guter Wille wird erforderlich sein, bis dieses in vielen Jahren entstandene Mißtrauen abgebaut werden kann!

Und dann: Ein Land hat große, einmalige neue Aufgaben für unsere Gesellschaft. Die Architekten des Landes meinen, daß sie zu diesem Problem etwas zu sagen haben, daß die mit diesen Planungen zusammenhängenden Fragen in der Öffentlichkeit diskutiert werden sollten, daß die bei den freien Architekten verstreut liegenden, ungenutzten kreativen Kräfte, daß ihr Wissen und Können mobilisiert werden sollte – im Interesse dieser einmaligen Aufgabe unserer Gesellschaft, deren Mitglieder diese Architekten ja sind. Darüberhinaus wollen sie sich an diesen Aufgaben weiterbilden, wollen sich weiterentwickeln, in der Art, wie sie nun einmal mit den Aufgaben wachsen.

Die Versuche der Architekten, die zuständigen Repräsentanten davon zu überzeugen, daß dies wohl der richtige, der einzige diskutable demokratische Weg der Planung sei, scheiterten. Der Versuch wurde abgewiesen mit dem Argument, daß für diese schwierigen Aufgaben die freien Architekten nicht leistungsfähig genug seien und daß diese schwierige Aufgabe optimal nur in den eigens dafür geschaffenen Ämtern gelöst werden könne! Nun fragen sich die Architekten: Kann diese Aufgabe – im demokratischen Sinne – überhaupt dort gelöst werden?

Adolf Arndt:
„Aus politischen Gründen, um des demokratischen Selbstbewußtseins der gesellschaftlichen Kräfte willen, bin ich jedoch der Überzeugung, daß ein innerer Kernbereich öffentlicher Bauten, in denen das Ganze des Gemeinwesens seinen höchsten und umfassenden Ausdruck findet, Kulturbauten, politische Bauten, gerade freischaffenden Baumeistern anzuvertrauen ist – wegen des Zieles, daß solche Bauten Werke der Baukunst werden sollen." Wobei wir bedenken wollen, daß Arndt Baukunst hier als politische, gesellschaftliche Aufgabe und Leistung meint – und wohl nicht als vorwiegend ästhetischen Begriff.

Weiter: Unsere Städte wachsen, sie wachsen schnell; große neue Wohngebiete werden gebaut, müssen gebaut werden. Unsere Städte sehen sich Aufgaben gegenüber, deren Bewältigung mehr Kraft und Geld kostet als ihnen zur Verfügung steht. Nun, hier gibt es Ersatzorganisationen. Und es wäre wohl zu billig, diese Ersatzorganisationen noch zu schelten dafür, daß sie bereit sind, das Ihnen zur Verfügung stehende Geld einzusetzen, um die erforderlichen Neubauten zu erstellen. Und die Gemeinden sehen es dabei nicht ungerne, daß diese Gesellschaften auch noch – wenn es sein muß – bereit sind, die Erschließungskosten und einen Teil der Folgelasten vorzuschießen. Bis hierher klingt es gut. Aber: Die Bauherrschaften – in diesem Falle, für die Ortsplanung, ist es immer noch die Gemeinde –, diese Bauherrschaften haben doch nicht nur die Verantwortung für die Quantität oder für die juristisch oder finanziell korrekte Abwicklung. Sie – unsere Gemeinden – sind doch auch verantwortlich für die Qualität – und zwar für die baukünstlerische Qualität im weitesten Sinne. Was haben unsere Gemeinden getan, um hier mit der gleichen Zuverlässigkeit zu einem brauchbaren Ergebnis zu kommen – wie auf der juristischen Seite. Und die Bauträger – oder wie sie sich auch nennen: Gut, sie übernehmen diese Aufgabe, aber: Sie werden sicher nicht nur an der Quantität, die sie produzieren, zu messen sein. Die Gesellschaft wird sie in Zukunft messen daran, ob sie in der Lage sind, Qualität zu liefern – und auch hier handelt es sich bei der Qualität nicht vorwiegend um einen ästhetischen Begriff. Wie sie das machen sollen? Wir wollen darüber reden; es gibt mehrere Möglichkeiten. Mit Sicherheit ist aber eine Möglichkeit nicht tauglich dafür: Das ist die Möglichkeit, die sie bisher überwiegend bevorzugten: die reibungslose Abwicklung hinter der eigenen Türe.

„In Wahrheit stehen wir vor dem Problem, ob das öffentliche oder öffentlich geförderte Bauen als selbstherrliche Verwaltungsaufgabe gehandhabt wird, deren Bauherr die verselbständigte Verwaltung ist, oder ob der Bauherr der öffentlichen Bauten das souveräne Volk sein muß und sein kann.“ (Adolf Arndt) Die verselbständigte Verwaltung ist nun mal nicht das Privileg der Öffentlichen Hand.

Verehrte Gäste, liebe Freunde!
Ich kann die Reihe dieser Beispiele weiterführen; ich kann Ihnen sagen, daß Bauleitpläne und ähnliches für Gemeinden von einer übergeordneten Behörde ausgearbeitet und im gleichen Hause genehmigt werden, und daß die Architekten dies für ein schlechtes, sogar für ein ganz untaugliches Verfahren halten, welches sie seit langem laut und deutlich beanstanden. Von dem sie sagen: Nicht alles, was einfach scheint und was glatt läuft, ist auch gut! Von dem sie hoffen, daß es nunmehr unter der neuen Leitung des Hauses geändert werden wird, daß die Architekten bitten, daß das Land zu den Kosten der doch für den Schulbau des Landes so außerordentlich fruchtbaren Architektenwettbewerbe den für Schulbauten üblichen Landeszuschuß gewähren möge. Den vielfachen Aufwand an Geld und vor allem an Geist – bringen doch ohnehin in diesem Verfahren die Architekten mit. Bisher leider ohne Erfolg.

Ich kann noch sagen, daß die Architekten gebeten haben, mehrfach gebeten haben, Auskunft z.B. über den Umfang der Beauftragung freiberuflicher Architekten zu teilen. Ebenfalls bisher ohne Erfolg. Und zu diesem einen Punkt möchte ich noch einmal Adolf Arndt bemühen. Er sagt an einer Stelle seines Vortrages „Demokratie als Bauherr“: „Demokratie fußt eben auf Menschen, die sich selber zu eigen sind. Sie achtet und schützt deshalb die Innigkeit menschlichen Verschwiegenseins, während sie nach Durchsichtigkeit des Gemeinsamen strebt, um es einem jeden öffentlich zugänglich zu machen. [...] Man kann die Staaten und die Gesellschaftsformen geradezu nach dem einteilen, was veröffentlicht und was verheimlicht wird.“ Vielleicht will man gar nichts verheimlichen; aber warum ist man denn so ungeschickt?

Dann könnte ich noch sagen, daß das Bestreben der Architekten, brauchbare, den verteilten Risiken gerecht werdende, dem Planungsverfahren entsprechende Verträge abzuschließen, Verträge, mit denen man lebendig arbeiten kann, Verträge, bei denen man den Rücken auch einmal von der Wand wegnehmen kann, daß das Bemühen um solche Verträge immer wieder scheitert. Scheitert an der Kluft zwischen den schnell sich weiterentwickelnden Lebensformen unserer Gesellschaft und der statisch orientierten, z.T. sogar nach rückwärts orientierten Verwaltung. Nur wenig tröstlich sind dann die Hinweise, daß man auf Länderebene schon verständig wäre, daß man aber leider, leider an das Bundesmuster gebunden sei – wenn gleichzeitig der Versuch der Architekten, ihren Berufsstand auf Bundesebene zu ordnen, von denselben Ländern verhindert wird mit der Begründung, daß Architektur Kunst sei und somit in die Zuständigkeit nicht des Bundes, sondern der Länder falle. Und – zurück zur ersten Seite – mutet man wiederum dem Architekten zu, daß er für seine Architektur, die ja wie wir eben gehört haben, nach Auffassung der Länder Kunst sei, daß für diese Architektur das für Kunst selbstverständliche Urheberrecht den Architekten wiederum von diesen Ländern abgesprochen wird – zum Zwecke eines besser abwickelbaren Verfahrens, und das im angeblichen Interesse des Staates! Was ist das für ein Staat, der solches Interesse haben soll? Was soll ich Ihnen noch sagen? Daß man die Mehrwertsteuer zum Nachteil der Architekten anwenden will – im Gegensatz zu allen anderen Zweigen unserer Wirtschaft. Wir wären sicher erschrocken, wenn es anders gewesen wäre! Genug damit.

Sie haben es sicher schon lange erraten, es gibt im Leben der Architekten nicht nur Schatten; es gibt auch Sonne. So freuen wir uns z.B. auf die sonnigen Zeiten im nächsten Jahr. Wir werden dann erfahren, wie wichtig gerade wir – als Angehörige der freien Berufe – für das Leben unserer Gesellschaft und wie förderungswürdig wir als Vertreter des gesunden Mittelstandes sind. Dazu wünschen wir uns noch, daß wir alle in unserem Bemühen weiterkommen, daß sich in unseren Bauten, in unseren Planungen „etwas vom Geiste der Demokratie, etwas vom politischen Neuverständnis des Menschen, seiner Gemeinschaft und seiner Freiheit“ verkörpere. Und daß wir näherkommen dem dafür erforderlichen, demokratisch glaubwürdigen, durchsichtigen Planungsverfahren auf allen Ebenen.

Viele Möglichkeiten gibt es dafür. Sei es der Beirat, das Hearing, das Gutachten, der Wettbewerb oder ähnliches; die Hauptsache ist es doch wohl, daß es uns gelingt, die lebendigen Kräfte unserer Gesellschaft in ihrer Vielfalt für die repräsentativen Bauten dieser gleichen Gesellschaft zu mobilisieren. Ich kann mir dieses Miteinander, diese Zusammenarbeit auf breiter Basis vorstellen als eine lebendige, erregende und beglückende Arbeit. Als eine Arbeit, wie wir sie mit privaten Bauherren, Gesellschaften und Teilen der Öffentlichen Hand schon hin und wieder durchführen konnten. Eine Arbeitsweise, die wir zum üblichen, zum Normalfall machen sollten. Unsere Hand ist dafür ausgestreckt! Und nun bitte ich Sie, uns wie bisher wohlwollend darin zu unterstützen, daß wir diesem Ziele näher kommen.

Ich danke Ihnen für Ihre Aufmerksamkeit. Ich möchte meine Ausführungen beenden, indem ich Ihnen, verehrte Gäste und Ihnen, liebe Kollegen, für Ihre Mitarbeit an den Aufgaben unseres Berufes herzlich danke und Ihnen und Ihren Familien für die kommenden Feiertage alles Gute sowie ein friedliches und erfolgreiches Neues Jahr wünsche.

DAS DACH IST OBEN!

Ansprache zum Richtfest für das Olympiadach in München
München, 4. November 1971

Sehr verehrte Damen und Herren,
Liebe Freunde!

Das Dach ist oben!

Das Dach, das heute in Stahl leicht und filigran über uns schwebt.

Das Dach, das wir vor nunmehr vier Jahren entworfen und architektonisch entwickelt haben, entwickelt aus der architektonischen Konzeption der olympischen Landschaft heraus, angeregt durch die Arbeit Frei Ottos, dargestellt mittels eines Damenstrumpfes, gewiß unvollkommen damals und von vielen belächelt.

Das Dach, das wir von Anfang an bauen und realisieren wollten, weil als einzig mögliche Lösung der Überdachung der Sportstätten in unserer olympischen Landschaft denkbar.

Das Dach, für das sich unser großer Freund und damals wohl profiliertester deutscher Architekt – Egon Eiermann – in aller Öffentlichkeit und mit aller Überzeugungskraft engagiert hat, in einer Situation, als die Ausführbarkeit dieser Konstruktion angezweifelt wurde.

Das Dach, als dessen geistige Väter auch die anzusehen sind, die vor uns den Akkord der Olympischen Spiele 1972 angeschlagen haben:
Olympiade im Grünen – Sport und Kunst – jugendlich, offen, heiter.

Das Dach, auf das Ihr meine Freunde von der Presse, vom Rundfunk, vom Fernsehen uns vom ersten Tag an festgelegt habt und wegen dessen wir von Euch gelobt und auch reichlich getadelt wurden.

Das Dach ist oben!

Das Dach, dessen Kosten – und auch das gehört hierher – im frühen Stadium offensichtlich schwer erfaßbar waren.

Das Dach, das viele wegen seiner ungewöhnlichen Form, seiner neuartigen Konstruktion, seiner großen Abmessungen zaudern ließ.

Das Dach, von dem zu einem frühen Zeitpunkt unsere Freunde in der Sache, Fritz Leonhardt und Frei Otto sagten: Das geht!
Wir Architekten und Ingenieure – Behnisch & Partner, Frei Otto, Leonhardt + Andrä – planen es gemeinsam, und von dem unser Mitstreiter Wilhelm Schaupp später sagte: Gut, dabei helfe ich Euch.

Das Dach, das uns auch durch Tiefen geführt hat, von dem man uns abgeraten hat, was schon im Stadium der architektonischen Konzeption – gewissermaßen nach seiner Geburt – von Spezialisten und Gutachtern umgebracht werden sollte.

Das Dach, welches wir vor drei Jahren noch mit Holz, Beton, Dachpappe, Blech machen sollten.

Das Dach, das trotz aller Rückschläge am Leben blieb und hinter dem nun seit 2 1/2 Jahren auch die Bauherrschaft voll steht. Dank dafür!

Das Dach, das in unserer gemeinsamen Arbeit eigentlich nichts anderes als die Überdeckung eines Teiles der olympischen Landschaft sein sollte und das in unserer gemeinsamen Arbeit und für die Öffentlichkeit unwillkürlich als architektonisches Zeichen der Spiele in den Vordergrund gerückt ist.

Das Dach, das uns allen zeigt, welche Kraft architektonische Ideen beinhalten können, welche Energien sie freisetzen können und das alle die Architekten und Planer widerlegt, die ihre Arbeit opportunistisch als Vollzugsbeamte der sogenannten „bestehenden Verhältnisse“ erledigen.

Das Dach, das Bauherrschaft, Architekten, Ingenieure, Mathematiker und Geodäten, Werksleiter und Techniker, Netzplantechniker, Bauleiter und Bauhandwerker und viele andere mehr zusammengezwungen hat zu gemeinsamen neuen Wegen und Leistungen, für das neue Konstruktionen, Rechenverfahren und Denkmodelle entwickelt wurden, dem seitens der genehmigenden Behörden Offenheit und Verständnis entgegengebracht wurde.

Das Dach, das in vielen Werkstätten vorbereitet wurde.

Das Dach, das uns Tag und Nacht beschäftigt hat.

Das Dach, das von Euch, meine Freunde auf der Baustelle, mit erstaunlicher Selbstverständlichkeit vorgefertigt, geknüpft, verschraubt, ausgelegt, aufgestellt, hochgezogen und gespannt wurde.

Das Dach, das schon heute zu den interessantesten, schönsten und bekanntesten Bauwerken zählt.

Das Dach – allen Dank, die zu seiner Entstehung beigetragen haben!

Das Dach ist oben!

Gott sei Dank!

SITUATIONSARCHITEKTUR – GEDANKEN ÜBER DIE PLANUNG FÜR DIE BAUTEN DER OLYMPISCHEN SPIELE IN MÜNCHEN

Vortrag an der TH Darmstadt aus Anlass der Emeritierung von Theo Pabst
Darmstadt, im Sommer 1972

Meine sehr verehrten Damen und Herren,
die Bauten sind noch nicht fertiggestellt – ich bin in der Rolle des von Heinrich von Kleist in der kleinen Schrift „Von der Überlegung" beschriebenen Ringers, „der in dem Augenblick, da er seinen Gegner umfasst hält, schlechthin nach keiner anderen Rücksicht als nach bloßen, augenblicklichen Eingebungen verfahren kann und der, wenn er berechnen wollte, welchen Muskel er anstrengen und welche Glieder er in Bewegung setzen soll, um zu überwinden, würde unfehlbar den Kürzeren ziehen und unterliegen. Aber nachher, wenn er gesiegt hat oder am Boden liegt, mag es zweckmäßig sein, zu überlegen, durch welchen Druck er seinen Gegner niederwarf, oder welch ein Bein er ihm hätte stellen sollen, um sich aufrecht zu erhalten."

Nun, Sie wissen, mein Ringen ist noch nicht zu Ende – und nach Heinrich von Kleist sollte ich darüber noch nicht zu denken beginnen. Wenn ich dies dennoch wage, so meines verehrten Kollegen Professor Theo Pabst zuliebe, der mit seiner Emeritierung nicht weiter warten wollte. Ich bitte Sie allerdings, die bisher nur skizzenhafte Form dieser Gedanken aus dem gleichen Grunde zu entschuldigen.

Schauen wir uns zunächst die Aufgabe des Olympiageländes in München an, die Bilder, die Sie sehen werden, haben im zweiten Teil meines Vortrages keinen direkten Bezug zum Wort. Sie sind mehr als Hintergrund zu dem Gesagten zu betrachten. Einiges hat natürlich Bezug zu unserer Arbeit hier im Fachbereich Architektur.

Wir haben unsere Architektur „Situationsarchitektur“ genannt. Das war ein Arbeitstitel, der eigentlich nie genau definiert wurde. Der gebraucht wurde, obwohl keiner sich die Mühe gemacht hatte, genau zu formulieren, was damit gemeint war. Ich will beschreiben, wie wir diesen Titel verwendet haben. Zunächst als Gegenüberstellung, als Abgrenzung zur akademischen Architektur oder, wenn man will, zur Stilarchitektur. Auf keinen Fall wollten wir eine der gängigen Architekturauffassungen praktizieren, die wir immer mehr als Trick oder als Notbehelf des Architekten kennengelernt zu haben glaubten. Wir wollten auch keine äußeren Ordnungen konstruktiver oder geometrischer Art einfügen. Die Sicherheits- bzw. Administrationsarchitektur schied von vornherein aus.

Was wir wollten war, daß während der drei Wochen im Sommer 1972 die Olympischen Spiele als jugendliches, fröhliches, etwas unordentliches, aber lebensfrohes Spektakel in der von uns neu geschaffenen Architektur (besser hier nun: Situation) sich produzieren können, daß nach den Spielen eine den anderen großen Münchner Parkanlagen adäquate, unserer Zeit entsprechende Erholungslandschaft entstehen sollte. Und das kann nur heißen: Abbau der Zwänge der Großstadt, Einführen von Freiheiten im Kontrast zu diesen großstädtischen Zwängen, am Menschen orientierte Gestalt im Einzelnen – also dem Menschlichen im Menschen angemessene Situationen schaffen und Einweben in das städtische Gefüge von München.

Die olympische Landschaft soll in verschiedenen Bereichen unterschiedlichen Nutzungen dienen. Wir haben Bereiche wie zum Beispiel den Berg, in denen jeder tun und lassen kann, was er für richtig hält. Dann gibt es andere Bereiche, die deutlicher organisiert sind, wie z.B. die Zugangswege oder die Olympischen Sportstätten selbst. Es gibt Bereiche, die Autos vorbehalten sind, es gibt Bereiche, in denen man wohnt, in denen man zur Schule geht, in denen man einkauft usw. Heute ist es üblich, das Ganze zu belegen mit den vom Bereich der intensivsten Nutzung abgeleiteten organisatorischen, konstruktiven und formalen Einrichtungen. Ähnlich wie es die Verwaltung zu tun pflegt, die aus einem Unglück, aus Fehlern und Versagen die Norm für alles zukünftige Vorgehen ableitet. Die dadurch entstehenden Zwänge legen sich dann Stück für Stück über unser Leben. Das wollten wir vermeiden, wir wollten eine liberale Architektur.

Was heißt das? Das Oberwiesenfeld mußte unterschiedliche Gestalten haben, mußte unterschiedlich ausgeformt und ausgestattet werden, mußte letztlich unterschiedliche Atmosphären ausweisen, mußte kurz gesagt unterschiedliche Situationen anbieten. Also keinen Überbau stilistischer, mathematisch-geometrischer Art, sondern: Die Probleme werden an Ort und Stelle gelöst, nur für den Ort und nur für die Stelle – nicht generell, da ja ein anderer Ort zu einer anderen Situation gehören könnte.

Unsere Orientierungshilfen dabei heißen: Olympiade im Grünen, Olympiade der kurzen Wege, Sport und Kunst, jugendlich, menschlich, heiter – und nicht: Konstruktivismus, Funktionalismus, Material- bzw. Werkgerechtigkeit, Modulor, Euromaß, industrialisiertes Bauen oder ähnliches. Diese Formulierung – also die der Situationsarchitektur – hat uns unsere Arbeit erst ermöglicht. Wir konnten nun mit einer großen Anzahl von Mitarbeitern und mit einem großen Maß an Freiheit für den einzelnen Mitarbeiter diese Aufgabe, die Bebauung des Oberwiesenfeldes mit einem gemeinsamen Ziel ansteuern und letztlich auch bewältigen.

Diese Arbeitsweise kann ich Ihnen am Beispiel der Sporthalle zeigen: Diese Arena ist als Mulde in der Landschaft konzipiert, nicht als Haus. Wir wollten ja eine olympische Landschaft schaffen. Sie ist so konzipiert, daß sie des Menschen bedarf, daß sie für sich und an sich noch nicht fertig ist. Mit 10.000 Besuchern, mit Sport- oder sonstigen Veranstaltungen beginnt dann die Situation zu leben. Diesem Ziele dienen alle Maßnahmen, seien sie technischer, funktioneller oder dekorativer Art. Alle diese Teile sind für diese Situation ausgeformt und ausgesucht worden, wie z.B. die Luftführung, aber auch die Lüftungsauslässe, die natürlich als technisches Instrument vom Ingenieur dimensioniert waren, die aber dann von uns um die Arena herumgestellt, herumkonzipiert wurden, dieselbe räumlich fassend, die die Orientierung zum Ergebnis, zum Sportereignis, dessentwillen alle Besucher ja zusammengekommen sind, unterstützen, die mit ihrer Farbe die Besonderheit der Situation zeigen.

Und das Gestühl, das in Größe, Ausbildung, Material und Farbe die Arena so möbliert, daß man nie einen leeren Raum betritt und daß man auf den speziellen Charakter der zu erwartenden Veranstaltung eingestimmt wird. Die technisch gleichen Geräte treten auch in anderen Situationen auf, sind dann aber anders gestaltet und erzeugen eine andere Gesamtgestalt. Und das Dach, das mit seinem zeltartigen Aussehen Assoziationen zur Zirkuswelt weckt. Erinnerungen an den Zirkus, der auf der Wiese vor der Stadt ausschließlich für einen Abend ein Haus für uns errichtet hat, der eine Situation erzeugt, die nicht alltäglich, dafür aber aufregend und abenteuerlich ist. Wir meinen, daß diese Empfindungen dem Spektakel Olympiade entsprechen und für den Einzelnen angenehm sind.

Das Oberwiesenfeld gleicht in diesem Zusammenhang einem Wasser, in das eine Hand voll Kies geworfen wurde, an dessen Oberfläche nun große und kleinere, starke und schwächere Wellenkreise entstehen und sich durchdringen. Dieses Oberwiesenfeld war nun zu realisieren. Mit Hilfe der Technik, die, wie wir immer wieder erfahren, die Art hat, sich verselbständigen zu wollen.

Deshalb nun zu Architektur und Technik. In der Situationsarchitektur sind architektonische Vorstellungen zunächst unabhängig – auch unbeeinflußt von Konstruktion und Material. Die architektonische Antwort auf die Forderung Olympiade im Grünen, jugendlich, heiter, heißt also z.B.: „Olympische Landschaft“ und nicht „Zweirangstadion“ oder „Stahlbetonrahmen mit Fertigteilstufen“. Und die Antwort auf Regenschutz für bestimmte Situationen heißt: „Leichter Regenschirm“ und nicht „Parabolisches Hyperboloid“, „leichtes Flächentragwerk“ oder schon gar nicht „Betonschale“. Die Überprüfung der Möglichkeiten der Realisierung ist ein nachfolgender Prozess, der selbstverständlich bei negativem Ergebnis neue Lösungen im architektonischen Bereich verlangt.

Fassen wir nun den Begriff Technik weiter, als Bezeichnung für die Regeln und Kunstgriffe einer Tätigkeit überhaupt (wie z.B. Atemtechnik). Also hier: Entwurfstechnik, Konstruktionstechnik, Finanzierungstechnik, Planungstechnik usw. Ich meine, auch diese Techniken gehören zu den

Realisierungsmitteln und sollten die architektonischen Lösungen nur in der Rückkopplung beeinflussen. So verstehe ich den Architekten gegenüber dem Techniker. Der Techniker bewertet vorrangig die Techniken, vielleicht ergibt sich dann ein Stück Architektur – aber die Chancen sind gering. Der Architekt denkt architektonisch und benutzt die verschiedenen Techniken zur Realisierung seiner architektonischen Konzeption.

Wie läuft das z.B. im sozialen Wohnungsbau? Finanzierung, Verfahrens-, Organisations-, Genehmigungstechnik usw. und mögliche Kostenmiete – das wird zuerst bearbeitet und gelöst. Auf dem übriggebliebenen, schmalen Sektor entsteht die Wohnung. Genauer: Es entstehen Betonwände mit so viel Raum dazwischen, daß gerade Betten, Schränke, Tische aufgestellt werden können. Anstelle von Wohnungen, die doch die Möglichkeit zur Selbstverwirklichung des Menschen bieten sollten.

Richtig wäre, wenn der Architekt diese Wohnung für den Menschen entwerfen, wenn der Techniker die wirtschaftliche Realisierungsmöglichkeit entwickeln würde und letztlich die politisch Verantwortlichen die dazugehörenden Verordnungen ableiten würden. Zurzeit läuft es in umgekehrter Richtung. Ich meine: hier könnten wir für die Ausbildung des Architekten einiges ableiten. Ich bin mir sicher, daß der Architekt seine Regel- und Kunstgriffe (also seine Technik) beherrschen muß – wie ein Klavierspieler seine Spieltechnik. Je müheloser, umso besser – je unbewußter, umso besser. Wie wollten wir denn Musik schaffen, wenn wir überlegen müssten, welchen Finger wir in Tätigkeit setzen sollen. (Über das Marionettenspiel – Heinrich von Kleist)

Was aber ist unsere Technik, also die Technik des Architekten? Sollten wir unsere Häuser selbst zusammenfügen? Selbst berechnen? Sollten wir die zur Aufgabenstellung erforderlichen statistischen Erhebungen selbst durchführen? Um bei dem vorausgegangenen Beispiel zu bleiben: Was würden wir von dem Pianisten halten, der den Guß des Rahmens seines Flügels selbst vornimmt, überwacht oder plant? Der darüber wacht, daß die Druckerei die Noten richtig setzt? Wie könnte er sich auf sein Spiel konzentrieren?

Die Situation ist die, daß es mehr Techniker als Architekten gibt (das hat nichts mit der Berufsbezeichnung zu tun). Folgerichtig wird von jüngeren Kollegen die Bezeichnung Planer bevorzugt gegenüber dem Architekten. Das trifft ganz gut, markiert doch das Wort Planer einen technokratischen Teil unserer Aufgabe, der Architektur. Ich meine dann allerdings, die Planer sollten dann auch die offizielle Position des Architekten für Architekten räumen, wenn sie nicht bereit – ich meine sogar, wenn sie nicht in der Lage sind –, seine Aufgaben zu übernehmen. Im Orchester hält der unmusische Planer die Partitur des Architekten, ohne die Stimme übernehmen zu können, was ist das für ein Konzert?! Das Resultat sehen wir an unseren Gebäuden, viel stärker jedoch in unseren Städten. Diese Planer pflegen sich mit den Tageserrungenschaften, Geräten und den dazu gehörenden Vokabeln zu umgeben. Sie leiten ihre eigene Wichtigkeit von z.B. der Wirksamkeit elektronischer Rechner ab.

Nun: In München sind elektronische Rechner, EDV-Anlagen in großem Umfang eingesetzt worden. So wird zum Beispiel eine Anlage seit mehr als einem Jahr programmiert, die dann während der Spiele bei den Fernsehübertragungen alle Daten von Sport und Sportlern einblenden kann. Die Berechnung des Daches sowohl für die Dimensionierung wie für die Ausformungen und den Zuschnitt, war nur in einem Rechenzentrum, in dem Spitzenkräfte gearbeitet haben, möglich. Terminplanung und Terminkontrolle wurden mit diesen Anlagen durchgeführt. Desgleichen Ausschreibungen und Abrechnung und vieles andere mehr. Mit zum Teil ausgezeichneten wie zum Teil miserablen Erfolgen.

Wie wir alle wissen, ist die Frage, ob Erfolg oder kein Erfolg zu erwarten ist, nicht eine Frage des Apparates, sondern eine Frage der Qualität des Benützenden. Wenn wir diese Anlage klug als Hilfsmittel benutzen, können wir schnell zu guten Ergebnissen kommen. Überall da, wo mit allgemein anerkannten und mit unserem Denken vertrauten, ohnehin üblichen Einheiten gearbeitet wird (mit Zahlen, Metern, Kilogramm und Stunden) können wir unsere Wirksamkeit vervielfältigen. Überall da, wo neue Einheiten aus der Eigengesetzlichkeit des Apparates entwickelt werden, sollten wir vorsichtig sein, so z.B. bei Standardleistungsverzeichnissen oder Abrechnungseinheiten. Dort schlägt die mögliche Erleichterung allzu leicht in Belastung um. Plötzlich fordert diese Anlage, daß die Architektur so geplant, gemessen und bemessen wird, daß sie von dieser Anlage zu verarbeiten ist. Wir wollten unsere Architektur jedoch am Menschen und nicht an den Arbeitseinheiten dieses Apparates messen. Wir können nicht mehr sehen, wer diese neuen Einheiten festgelegt und bestimmt hat. Wir können nicht hineinschauen, wir wissen nicht, welche Qualität die Person besaß, die die Anlage programmiert hat.

Aus meinen Erfahrungen in München kann ich weder gut noch böse feststellen. Den Architekten möchte ich allerdings sagen: Laßt das andere tun. Stellt sinnvolle Fragen und verlangt, daß in der zur Verfügung stehenden Zeit sinnvolle Antworten kommen. Welche technischen Mittel der Gefragte benutzt, sollte uns bei gutem Ergebnis eigentlich nicht so wichtig sein. Hierher gehört auch die Technik des industrialisierten Bauens.

Seit 15 Jahren haben wir uns mit dem industrialisierten Bauen beschäftigt. Zu Beginn unserer Arbeit in München hatten wir unsere Stellung in dieser Frage so weit geklärt, daß es für uns keine Frage des Prinzipes mehr war; wir haben in München handwerkliche und industrielle Techniken und Produkte nebeneinander verwendet. Die Entscheidung für das eine oder das andere wurde gefällt, nicht nur nach rationalen Gesichtspunkten. Oft war es uns auch einfach wichtig, daß Geräte, Konstruktionen, allgemein Dinge, denen der Besucher des Oberwiesenfeldes direkt gegenübertritt, nicht die Merkmale der industriellen Fertigung trugen. Der Wunsch, dem Einzelnen – gerade dem Einzelnen in der großen Masse – zu zeigen, daß wir in seiner direkten Umgebung, unter der großen Masse, ihn als Individuum nicht vergessen haben; das war schon Anlaß genug, uns gegen Serienprodukte zu entscheiden. Wir wollen uns nicht in die Situation des Naturwissenschaftlers manövrieren, der hilflos ist, wenn er vor Alternativen steht, deren Auswahl ihm mit allein rationalen Methoden nicht mehr möglich ist.

Architektur als Wissenschaft.
Ich bezweifle, daß Architektur als Ganzes wissenschaftlich zu betreiben und zu lehren ist. Die heute üblichen physikähnlichen Betrachtungsweisen sind schon gar nicht anwendbar – könnte damit doch höchstens der materielle Teil der Architektur behandelt werden. Le Corbusier hat sich bei seiner Arbeit

unter anderem, jedoch akzentuiert, auf die Poesie berufen. Ich kann von der Tatsache, daß die Architektur an den technischen Hochschulen angesiedelt ist, nicht auch noch ableiten, daß ich die Architektur naturwissenschaftlich oder technisch betreiben, betrachten oder lehren sollte. Ich halte auch die Bestrebung, den Architekturstudenten die Spezialisierung während des Studiums zu ermöglichen, für sinnwidrig. Immer noch ist das Ganze größer als sein Teil und auch mehr als die Summe seiner Teile.

Um hier ganz deutlich zu werden, lassen Sie mich zwei Beschreibungen von Bauwerken vorlesen: [...] Das Beispiel führt uns nach Italien und zeigt eine Beschreibung von J.J. Volkmann, einem Reiseführer, den Goethe auf seiner Reise nach Italien bei sich trug, und im Folgenden die Darstellung Goethes, wie er dieses Bauwerk erlebte.

Zitat J.J. Volkmann: „Dieses ovale Gebäude ist, die Dicke der Mauer mitgerechnet, 464 Fuß lang und 367 breit und folglich etwas kleiner als das römische, welches 582 Fuß in der Länge und 482 in der Breite hält. Der äußere Umfang der Mauer hat 1331 Fuß und bei dem römischen 1615. Der eigentliche Kampfplatz (Arena) ist 225 Fuß lang und 133 breit. Ringsumher gehen 45 Reihen Sitze von schönen Marmorstücken, die 18 Zoll hoch und 26 breit sind. Wenn man auf die Person anderthalb Fuß errechnet, so haben hier 22184 Menschen Platz gehabt“. Ich hoffe, Sie wissen nun ganz genau, um was es sich handelt.

Dazu Goethe: „Verona, den 16. Sept. 1786. Das Amphitheater ist also das erste bedeutende Monument der alten Zeit, das ich sehe und so gut erhalten! Als ich hineintrat, mehr noch aber als ich oben auf dem Rande umherging, schien es mir seltsam, etwas Großes und doch eigentlich nichts zu sehen. Auch will es leer nicht gesehen sein, sondern ganz voll von Menschen, wie man es neuerer Zeit Joseph dem Zweiten und Pius dem Sechsten zu Ehren veranstaltet. Der Kaiser, der doch auch Menschenmassen vor Augen gewohnt war, soll darüber erstaunt sein. Doch nur in der frühesten Zeit tat es seine ganze Wirkung, da das Volk noch mehr Volk war, als es jetzt ist. Denn eigentlich ist so ein Amphitheater recht gemacht, dem Volk mit sich selbst zu imponieren, das Volk mit sich selbst zum Besten zu haben.

Wenn irgendetwas Schauwürdiges auf flacher Erde vorgeht und alles zuläuft, suchen die Hintersten auf alle mögliche Weise sich über die Vordersten zu erheben: man tritt auf Bänke, rollt Fässer herbei, fährt mit Wagen heran, legt Bretter hinüber und herüber, besetzt einen benachbarten Hügel, und es bildet sich in der Geschwindigkeit ein Krater.
Kommt das Schauspiel öfters auf derselben Stelle vor, so baut man leichte Gerüste für die, so bezahlen können und die übrige Masse behilft sich, wie sie mag. Dieses allgemeine Bedürfnis zu befriedigen ist hier die Aufgabe des Architekten. Er bereitet einen solchen Krater durch Kunst, so einfach als nur möglich, damit dessen Zierrat das Volk selbst werde. Wenn es sich so beisammen sah, mußte es über sich selbst erstaunen; denn da es sonst nur gewohnt, sich durcheinander laufen zu sehen, sich in einem Gewühle ohne Ordnung und sonderliche Zucht zu finden, so sieht das vielköpfige, vielsinnige, schwankende, hin und her irrende Tier sich zu einem edlen Körper vereinigt, zu einer Einheit bestimmt, in einer Masse verbunden und befestigt, als eine Gestalt, von einem Geiste belebt. Die Simplizität des Oval ist jedem Auge auf die angenehmste Weise fühlbar, und jeder Kopf dient zum Maße, wie ungeheuer das Ganze sei. Jetzt, wenn man es leer sieht, hat man keinen Maßstab, man weiß nicht, ob es groß oder klein ist."

Diese Wertung, diese Auffassung vom Architekten und von der Architektur wurde letztlich von den an der Planung Beteiligten akzeptiert. Wir haben uns darauf geeinigt, daß Konstruktionen und Materialien an sich notwendige Übel sind, daß sie ihren physikalischen Funktionen gerade gerecht werden sollten, daß allerdings die Aussagekraft ihrer Gestalt, ihres Wesens der von uns besonders zu behandelnde Teil sei. Beispiel Olympiastadion: Unsere Situation lautete: 80.000 Menschen erleben sich und die Olympischen Spiele, Stufen, Stützen usw. sind zum Herstellen dieser Situation erforderlich. Für das Erlebnis, für die Situation der 80.000 Menschen haben sie wenig Bedeutung.

Konstruktionen können allerdings das Erlebnis stören, wenn sie sich in den Vordergrund drängen, wenn sie ihren nachgeordneten Platz verlassen, wenn sie zum Selbstzweck werden. Nicht die Konstruktion, nicht das Gebäude ist unsere Architektur und unsere Kunst, sondern die Olympiade. Wir haben deshalb, wenn wir überhaupt Auswahlmöglichkeiten hatten, die vertrauten, die alltäglichen, die dem Thema Landschaft angemessenen Konstruktionen und Materialien gewählt. Pfiffige Konstruktionen oder pfiffige Materialien, überraschende Materialien waren unerwünscht. Das Erlebnis, die Überraschung liegt bei dem Fest der 200.000 und danach in der Landschaft und nicht in der Technik.

Eine Ausnahme gibt es hier: das Dach. Es wäre uns recht gewesen, wenn die für die Realisierung dieses Daches erforderlichen Konstruktionen und Erfahrungen schon vor einigen Jahrzehnten von Frei Otto entwickelt bzw. gemacht worden wären, wenn wir mit diesem Instrumentarium dann diese Dächer hätten leicht bauen, leicht hantierbar bauen können. So war es nun nicht. Die Grundlagen waren da, aber das Instrumentarium für diese Größe der Dächer mußte anhand dieser Aufgabe während der Bauplanung mit entwickelt werden. Die Technik hat hier (sicher auch infolge der Größe des Bauwerkes) eine stärkere Rolle gespielt als bei den anderen Teilen unserer Architektur. Und im Vergleich zu diesen anderen Teilen ist das Dach auch unbeholfener gelungen. Man sieht ihm den Kampf mit der Technik an. Form und Detail sind gewissermaßen archaisch. Aber – so ungereimt es klingt – gerade das macht wiederum einen erheblichen Teil des besonderen Reizes dieses Architekturgliedes, dieses Daches aus.

Das Erleben einer Gestalt ist nun mal nicht identisch mit dem Erfassen der Teile oder dem Erfassen der Beziehungen der Teile untereinander. Hier kann auch Sport getrieben werden. Während der Aufnahme zu einer Fernsehsendung wurde ich kürzlich von einem Bekannten darauf aufmerksam gemacht, daß wir doch ein eigentlich recht unsoziales Stadion gebaut hätten. Es seien zwar 80.000 Plätze vorhanden. Von diesen seien jedoch 30.000 Stehplätze gegen 50.000 Sitzplätze und ca. 50.000 regengeschützte gegenüber 30.000 ungeschützten Plätzen vorgesehen. Ich konnte diesen Vorwurf leicht entkräften. Zufrieden war er mit meinen Entgegnungen nicht.

Die Gestalt eines Stadions kann ich nicht vorwiegend als soziales Problem erkennen. Ich meine, daß die Akzentuierung unserer Arbeit ausschließlich oder vorwiegend auf soziale Probleme – wie es im Bereich der Stadt- und Regionalplanung und neuerdings auch in der Hochbauplanung üblich ist oder wird (diese neue Gewichtung wird dann als Überwindung der technologischen Denk- und Arbeitsansätze betrachtet) – daß diese Wichtung ungerechtfertigt ist. Ich nehme an, daß wir alle tief betroffen sind von den sozialen Ungerechtigkeiten, die auch in unserer Zeit noch vorhanden sind. Und ich kann nur hoffen, daß jeder in seinem Bereich bemüht ist, hier ausgleichend zu wirken. Ich zweifle jedoch daran, daß wir soziale Ungerechtigkeiten mit Bauen oder mit der Regionalplanung lösen können. Ich kann auch die Schwierigkeiten des Menschen in unserer Zeit nicht vorwiegend sehen in dem unterschiedlichen uns zugehörendem Maß an Besitz, Recht und Pflichten. C.G. Jung, ich meine jedenfalls, daß er es war, erwähnt, daß die sogenannten unterprivilegierten Schichten zumindestens in ihrem materiellen Bereich besser, wenigstens nicht schlechter leben als die privilegierten Schichten vor zwei oder drei Generationen und daß diese Entwicklung mit gleicher Tendenz und mit großer Wahrscheinlichkeit anhalten wird.

Wir sollten auch bedenken, daß unsere Planungen und Bauten lange Zeit überdauern. Daß also die temporären Probleme bei der Lösung unserer Aufgabe nicht Probleme sein können, selbst wenn wir die Probleme persönlich im Moment als besonders schwerwiegend erkennen, wenn sie uns bedrücken. Wir sollten die Konstanten in unserer Arbeit suchen.

Mit Architektur sind gesellschaftliche, politische Entwicklungen wohl kaum aufzuhalten oder zu ändern. Es ist weder gelungen, mit dem Stadtplan von Karlsruhe die Monarchie zu retten, noch mit der Arbeiterburg in Wien die Herrschaft des Proletariats zu entwickeln. Und auch der sozialistische Städtebau in der DDR ist ein ähnlich wirkungsloses Instrument wie die sozialistische Wohneinheit. Das sind Produkte von Herrschaftsformen und Ideologien; sie sind als Mittel zum Erreichen politischer Veränderungen nicht geeignet.

Wir sollten auch bedenken, daß unsere Planungen bei der Fertigstellung bereits von der Zeit überholt worden sind. Daß also die Bedingungen, die zu Beginn der Planung bestanden, zum Zeitpunkt der Fertigstellung nicht mehr bestehen. Von Hausmanns Straßendurchbrüchen in Paris sind die schönen Boulevards übriggeblieben, der Zweck – die Schußschneise – wurde bald vergessen, zumindest jedoch sinnlos. Und ich meine, daß wir im übertragenen Sinne bei unseren Schußschneisen unsere Boulevards nicht vergessen sollten. Mir erscheint es z.B. ein Zeugnis besonders primitiven Geistes zu sein, wenn unser Problem Boulevard oder auch Straße reduziert wird auf das Teilproblem Verkehrsband. Genauso wenig können wir den Weg zur Arbeit lösen mit der Antwort: Öffentliches Verkehrsmittel oder vielleicht sogar U-Bahn.

Genauso unsinnig wäre es, die Aufgabe Olympia-Stadion ausschließlich zu beantworten mit z.B. 80.000 gleichberechtigten Sitzplätzen mit guten Sichtbedingungen und Tartanbelag für die Laufbahn. Ich meine, wir sollten Boulevards bauen im Sinne des oben angeführten Beispiels. Auch auf Boulevards kann man sich fortbewegen, aber das ist nicht der ausschließliche Zweck dieser architektonischen Einheiten. Kenzo Tange hat beim Besuch des Oberwiesenfeldes in München vor einigen Monaten gesagt: „Das ist schön. Hier kann auch Sport gemacht werden. Aber das ist nicht das Wesentliche dieser Architektur.“ – Das hat mir gefallen.

Ich wollte mit Ihnen noch sprechen über das Medium Fernsehen, das sich längst nicht mehr als Medium versteht, sondern als Zweck und das die Welt und das Leben sieht wie das „Heitere Beruferaten“ von Robert Lembke, gut aufbereitet für die Aufnahme und das mehr Einfluß auf die Architektur genommen hat als andere Techniken. Welche Änderungen die Farbfotografie bewirkt hat in der farblichen Gestaltung unserer Bauten und wie unsere Architektur plastisch werden würde, wenn das dreidimensionale Fernsehen eingeführt würde. Über das Verhältnis der klassischen Künste zur Architektur, über die Demokratie als Bauherr, anknüpfend an den Vortrag von Adolf Arndt, daß es an der Zeit ist, den jahrzehntelang ausgeschlossenen Begriff „Schönheit“ wieder in die Architektur einzuführen. Und vor allem über die Möglichkeiten, die heute noch bestehen, die Architektur am Menschen zu orientieren, in unserer Zeit, in der die Prinzipien rationeller Fertigung im Vordergrund stehen. Und über vieles mehr von dem, was in München praktiziert wurde.

Ich meine, daß in München bei den Bauten für die Olympiade auf dem Oberwiesenfeld eine einmalige Gelegenheit bestand, sich vom Gewohnten, von den sogenannten Sachzwängen zu lösen. Und ich meine, daß das in weiten Bereichen auch gelungen ist.

VOM WERDEN ARCHITEKTONISCHER GESTALTEN

Aufsatz, veröffentlicht in *Bauen + Wohnen*, 11/1977

Situationsarchitektur haben wir die Architektur des Olympiaparkes in München genannt. Das war zunächst ein Arbeitstitel. Wir konnten uns viel darunter vorstellen und die vielen an der Planung Beteiligten wurden durch diesen Titel wenig eingeengt. Situationsarchitektur – das sollte heißen: Die architektonische Lösung liegt in der Situation und entsteht aus der Situation, durch die in der Situation wirksamen Kräfte. Diesen zunächst in der unsichtbaren Welt existierenden Kräften, Kräftekonstellationen wollten wir zu einer Existenz in der Welt der sichtbaren Gegenstände verhelfen.

Situation: Das ist zunächst die örtliche und funktionale Situation, muß dann natürlich erweitert werden um die zeitbedingten, gesellschaftlichen, technischen Aspekte und schließlich um die aus der Konstellation der beteiligten und betroffenen Personen sich bildenden Kräfte.

Nicht der Planende macht die Gestalt; architektonische Gestalten werden. Damit entstehen Dinge, die im Wesentlichen von den Problemen, den Kräften ihrer „Geburtssituation", weniger von den Formvorstellungen der Planenden geprägt, besser gezeugt werden. Gestalten, die das Ergebnis des Planungsvorganges sind, die nicht vorwegbestimmtes Ziel, sondern die materielle, sichtbare Gestalt des ohnehin Vorhandenen und damit wahrhaftig sind; geeignet, die Situation überschaubar, durchschaubar, verständlich zu machen; geeignet, von den Benützern benützt, zu eigen gemacht, in die eigene Welt aufgenommen zu werden.

So formte sich vieles: die Sitzschalen im Stadion zum Beispiel, weich ausgeformt, aus warmem Material, perfekt gemacht, in verschiedenen Grüntönen – die Farbe der umgebenden Landschaft in das Stadion hereinführend. So entstand der Fußpunkt der Bäume im Wegbelag, Pflasterkreise, begehbar, luft- und regendurchlässig; so die unterschiedlichen Wegbeläge: Makadam, Pflaster, Kies, gestampfte Erde; so entstanden die Mastköpfe, durch die großen Kräfte, die dort umgelenkt werden, geformt, eindeutige Leistungsformen; so entstanden die Landschaften, die Glashaut der Überdachung usw., äußerlich, formal unterschiedlich, die Verschiedenheit der Gestalt begründet in der Verschiedenheit des Wesens, der Bestimmung der Dinge, die sich selbst und ihrem Platz im Ganzen entsprechen: Baum, Strauch, Wasser, Stützmauer, Sitz, Glashaut, Handlauf, Stufe.

Während der Jahre, in denen wir den Olympiapark geplant haben (1968–1972), haben wir auch andere Anlagen entworfen. Eine Schulanlage in Waiblingen „Rechts der Rems" z.B., das kleine Verwaltungsgebäude der Zentralkasse der Viehbesitzer in Stuttgart, das Gebäude für die Realschule auf dem Schäfersfeld in Lorch u.a.m. Hier konnten wir unsere Vorstellungen von der Art und vom Werden architektonischer Gestalten weiterentwickeln. Das Resultat dieser Bemühungen können wir aus dem Gebäude der Realschule auf dem Schäfersfeld besonders gut herauslesen. Wir sehen, wie frei von nur scheinbar in Kauf zu nehmenden Zwängen ein Gebäude sein kann. Die Dinge lösen sich auseinander, sie lösen sich aus dominierenden, sie bevormundenden Scheinordnungen, kommen zu sich selbst und als Individuum zum Ganzen. Hier steht der Schüler nicht großen Architekturpaketen, Herrschaft ausübenden Ordnungsprinzipien gegenüber, wie denen einer Maßordnung, eines Systems, oder was sonst alles verordnet wird, sondern kleineren, in ihrem Wesen, in ihrer Aufgabe erkennbaren, wiedererkennbaren Dingen, Gestalten und Gestaltfamilien.

Zugegeben, auch Übertreibungen haben sich eingeschlichen. Aber unübersehbar ist doch die Leichtigkeit, das befreite, nicht belastende Verhältnis zwischen baulichen und natürlichen Gestalten, zwischen Haus, Stütze, Tür, Wand und Mensch, Pflanze, Himmel, Sonne, Luft. Ein Baum ist ein Baum, eine Stütze ist eine Stütze, ein Stab ein Stab und ein Mensch ist ein Mensch; niemand sei nur der Teil eines übergeordneten Systems.

10 Jahre davor – als wir Fertigbausysteme entwickelt und angewandt hatten – konnten wir beobachten, welche intolerante Herrschaft über andere diese „Manifestationen technologischen Denkens" ausüben wollten; aber wir wünschten nicht noch mehr Bevormundung, sondern mehr Raum,

mehr Freiraum, Spielraum, mehr Entwicklungsraum geben zu können. Dies gilt auch für die Auswahl der Materialien, besser: dafür, welche Materialien wir zur Verfügung stellen. Die Auswahl ist groß, die Dinge sind von verschiedener Art, sie können unterschiedlich gesehen werden ... Welche Vielfalt könnte entstehen! Jedes Ding sucht sein Material. Was mischen wir uns ein?

Jedes Ding hat auch sein Maß und seine Maße. Wir müssen diese nicht ändern. Wenn uns harmonische Maße zugehören, dann werden diese auch in der von uns beeinflußten Welt sein. Der Modulor, was soll das? Gehhilfe für Lahme, Sehhilfe für Blinde? Die Gesamtgestalt bezieht einen speziellen Wert daraus, daß ihre Teile in ihrer Individualität sich gegenüberstehen, daß die Andersartigkeiten der Teile, ihre Distanzen sichtbar werden. Harmonisierungsmaßnahmen eliminieren diesen Wert. Das Gemeinsame sollte nicht aufgeschminkt und sollte nicht aufgepreßt werden. Das Gemeinsame in den unterschiedlichen Erscheinungsgliedern entsteht auf einer gemeinsamen Basis. Innerhalb eines Büros müssen einige grundsätzliche Fragen behandelt werden, die schon angedeutete Frage z.B., welchen Wert wir im Rahmen einer architektonischen Gestalt den Teilen dieser Gestalt zubilligen. Werden diese Teile im Interesse einer homogenen Gesamterscheinung in ihrer Individualität zerstört, verfremdet oder in uniforme Erscheinungsbilder gepreßt? Oder gestehen wir den Teilen das Recht zu, zu ihrer – zugegebenermaßen kleineren – individuellen Gestalt zu kommen? Streben wir das an? Ermuntern wir die Schwachen dazu, sich selbst zu verwirklichen? Schützen wir sie vor den Kräften, die gewöhnt sind, zu dominieren? Wünschen wir eine homogene Gesamtgestalt oder streben wir an, daß die Gesellschaft der Teile die Gesamtgestalt bildet?

Insofern ist die Frage nach der Struktur architektonischer Gestalten zunächst nicht nur eine Architektur-Fach-Frage. Freiheit und Sicherheit, Individualität und Apparat, Recht und Pflicht ... diese Begriffspaare finden wir wieder beim Werden architektonischer Gestalten. Zu diesen Fragen nehmen wir Stellung in unserer Arbeit; so entsteht in unseren Gebäuden ein Teil der

Gestalt unserer Gesellschaft. Wir können nicht annehmen, dies könnte ohne Bedeutung, dies könnte ohne Wirkung sein, wir seien quasi nur privat als Architekt tätig.

In unseren Gebäuden entstehen Beispiele, Normen für das, was wir für wünschenswert, für das, was wir noch als zumutbar, als annehmbar ansehen. Wie könnten wir für uns ein Recht auf Selbstverwirklichung beanspruchen, wenn wir dies nicht auch den Teilen, d.h. den einzelnen Dingen und den einzelnen Aspekten, architektonischer Gesamtgestalten zugestehen wollten, wenn wir gar Teile ohne Not von mächtigen Generalordnungen beherrschen ließen, welcher Art sie auch seien – formal, konstruktiv, ökonomisch –, oder wenn wir zuließen, daß andere dies wollten.

Eine andere Grundfrage ist die, wie weit, wie eindeutig und wie endgültig architektonische Gestalten ausgeformt werden sollten, sich ausformen sollen. Einfach zu beantworten bei Dingen, die durch nur eine überragende Kraft geprägt werden. Waffen, Flugzeuge, Raumkapseln werden eine eindeutige, endgültige Form annehmen. Ähnliches gilt für Bauwerke oder Bauteile, die an einer Leistungsgrenze operieren; weitgespannte Hängebrücken z.B., aber auch Behausungen, die durch Engpässe anderer Art determiniert wurden: Nissen-Hütten, Iglus z.B. In der Geschichte muß es Situationen gegeben haben, die zu „endgültigen" Formulierungen führten. Auch Diktaturen meinen, über überragende, endgültige Kräfte zu verfügen, die zu einer auf ewigen Werten basierenden Staatsarchitektur führen müßten, auch andere Organisationen, z.B. solche der wirtschaftlichen Macht, des Apparates, etc.

Hiervon können wir uns fernhalten. In unseren Arbeitsbereichen steht nur dem an einer Leistungsgrenze operierenden Teil Eindeutigkeit, die unveränderbare Leistungsform zu. Alles andere ist mehrfach, vielfach deutbar. Hier können wir Freiraum lassen für andere Betrachtungsweisen, Raum lassen, der vom Einzelnen mittels seiner Phantasie gefüllt werden kann, so, daß viele in dem von uns Erschaffenen auch ihre Welten erkennen können, die sich in unserer Zeit nicht gleichen.

Es wird Bauten geben, Staatsbauten z.B., in denen eher allgemeine, übergeordnete, alle betreffende Probleme bearbeitet und dann wohl auch deutlicher ausformuliert werden sollten – z.B. Demokratie / Parlamentarismus / Bürger-Staat / Föderalismus / Staat / Gesellschaft – Probleme, die die Gestalt unseres Staates prägen. In seinem Haus dagegen müßte der Einzelne weitgehend seine erweiterte Gestalt bauen können, nicht die, die ihm die Siedlungsgesellschaft zubilligt, nicht die, die ihm der Planungsapparat zuweist, sondern die, die durch ihn wird.

Viele Probleme führen jeweils zu einer Gestalt. Bei jeder Aufgabe stehen neben allgemeinen auch spezielle Probleme im Vordergrund, Probleme, die gerade an dieser Stelle bearbeitet werden wollen und die zur Gestalt drängen. Meistens sind diese Probleme nicht technischer oder gar konstruktiver Art, vielmehr sind sie mit Begriffspaaren wie „Mensch – Technik" oder „Individuum – Apparat" o. ä. zu charakterisieren oder/und es sind solche, die sich aus der örtlichen Situation ablesen lassen. In den wenigsten Fällen konnten also architektonische Gestalten von konstruktiven Problemen her ihre Individualität beziehen. Ist dies dennoch der Fall, so ist zu vermuten, daß unangemessener Einfluß ausgeübt wurde, vielleicht vom Techniker, vielleicht auch nur vom „Gestalter" her. Diese Art der Architektur, die ja hoch angesehen ist, müßte man wohl als technischen Manierismus bezeichnen, genauso wie die durch Leerformen bestimmten Bauten nur zum formalen Manierismus gehören.

Im Rahmen dieser gemeinsamen Betrachtungsweise sind in den letzten Jahren innerhalb des Büros unterschiedliche Planungen entstanden. Beim Altenheim in Reutlingen sprach z.B. die Umgebung stark mit: ein Wohngebiet, durchgrünt mit geschwungenen Straßen, das durch einen großen, geraden Baukörper wesentlich verändert worden wäre, das eine vielgliedrige Anlage mit mehreren Fassadenabschnitten, mit einigen charakteristischen Außenräumen jedoch noch hinnimmt. Wir konnten uns auch nicht vorstellen, daß die Bewohner mit einer spektakulären Architektur konfrontiert werden sollten; vielmehr sollte eine Summe von Freundlichkeiten und Entgegenkommen die Bewohner umgeben. So entstanden Wohnzimmer, geprägt durch eigene Möbel, durch Balkone, durch das Gegenüber, durch den Übergang ins

Gebäude. Stück für Stück hat so seine Gestalt gefunden. Entstanden ist ein Gebilde aus unterschiedlichen Einzelgestalten, das formal auseinanderzufallen scheint, jedoch zusammengehalten wird dadurch, daß alle Teile den Bewohnern in ihrer besonderen Situation entgegenkommen.

Oder der Schloßplatz in Stuttgart, der nach unseren Plänen aufgefrischt wurde, von dem wir zunächst annahmen, daß es sich hier um eines der wenigen geplanten Architekturstücke der Stadt Stuttgart handele, von dem wir dann erfuhren, daß er mehrmals geplant, oft verändert und mit Zusätzen wie Siegessäule, Denkmal, Musikpavillon ... versehen wurde – was uns dazu brachte, ebenso zu verfahren, ihn etwas zu säubern, aufzufrischen und seinen Zutaten eine eher zweckfreie Plastik unserer Zeit hinzuzugesellen.

Wir sind überrascht, wenn wir erkennen, welche Gestalten unsere Bauaufgaben annahmen. In der Gestalt erkennen wir die Aufgabe. Wir sind froh, wenn diese vielfältig ausdeutbar ist, denn wir haben versucht, sie vielfältig zu bedenken.

Eine Planung sollten wir noch erwähnen: die der Parlamentsbauten in Bonn. Über einen Zeitraum von vier Jahren arbeiteten wir daran. Nun scheint es so, als sollen unsere Entwürfe für Plenarsaal, Bundesratsgebäude und die dazugehörenden Straßen, Plätze, Parkanlagen und Uferbereiche weitergeführt werden. Darauf freuen wir uns. Wir bedauern allerdings, daß unser Vorschlag für die Arbeitsbereiche der Abgeordneten nicht weiterverfolgt wird. Diese Bereiche waren wesentliche Beiträge zum Parlamentsbau. Vieles war hier bedacht. Natürliches und künstliches Klima, der individuelle Bereich des einzelnen Abgeordneten, das Zueinander von Natürlichem und Künstlichem und vieles andere fügt sich zu einer baulichen Gestalt, die dieser Aufgabe wohl angemessen gewesen wäre.

MODERNE ARCHITEKTUR – NEUE ARCHITEKTUR?

Stellungnahme zum Neubau der Staatsgalerie Stuttgart
Stuttgart, im Januar 1978

Die Diskussion um Architektur wird immer dann heftiger, wenn neue Architekturen „erfunden" werden. Diesmal sind es die neuen Rationalisten und wir müssen uns mit dem zu dieser Richtung gehörenden Entwurf Stirlings für den Neubau der Staatsgalerie in Stuttgart auseinandersetzen. Diese Auseinandersetzung muß, sollte sie uns weiterbringen, scharf geführt werden. Unter diesem Anspruch ist der dieses Thema behandelnde Artikel von Vittorio Magnago Lampugnani in *Die Zeit* vom 27. Januar 1978 zu unverbindlich. Es könnte der Eindruck entstehen, als könne man in Architektur willkürlich werkeln. Dem stimme ich nicht zu.

Dem Verfasser des genannten Beitrages sind auch einige gedankliche Kurzschlüsse unterlaufen; vielleicht hat er diese auch nur nicht aufgedeckt, z.B. in der folgenden Gleichsetzung: „Moderne Architektur = Bauhaus = Kiste und Container". Daraus wird gefolgert: „Die moderne Architektur hat versagt – wir müssen eine neue Architektur (Stil) erfinden." Bei einer solchen Betrachtung werden die Leistungen, wird das Wesentliche der Modernen Architektur nicht berücksichtigt: ein einzelner Aspekt und später eine Entgleisung werden zur Hauptsache ernannt.

Das Bauhaus als Teil des Gesamtvorganges war entwicklungsgeschichtlich notwendig. Das Bauhaus war ein Markstein von vielen auf dem Wege zu einer zeitgemäßen Architektur. Keinesfalls ist das Bauhaus jedoch die ganze Moderne Architektur. Auch wäre es falsch, wollten wir das Bauhaus oder die Moderne Architektur verantwortlich machen für die „Architektur", die uns umgibt, z.B. die Kisten, die Anstoß erregen und denen wir entgehen möchten. Den Dieb ließen wir damit doch laufen! Wir würden doch Augen und Ohren verschließen gegenüber den Bedingungen, unter welchen heute die Masse der Häuser entstehen muß. Die „Kisten" sind das sichtbare

Zeichen dafür. Aber weder diese, noch die Moderne Architektur, noch das Bauhaus können dies vertreten oder hätten dies etwa zu tun. Sie sind vielmehr das Opfer, das Objekt des rücksichtslosen Einsatzes unverantworteter Macht, was zu ändern sie und die für sie Tätigen allein nicht in der Lage sind.

Es wäre jedoch verhängnisvoll, würden wir uns, würde Moderne Architektur sich deshalb geschlagen geben. Sie zielt allen Widrigkeiten zum Trotz beharrlich auf Freiheit, und wer wollte da aufgeben?! Moderne Architektur ist geprägt von diesem Ziel und von den materiellen Bedingungen und den Kräften unserer Zeit. Sie setzt sich auseinander mit den Problemen, die dadurch entstehen, daß die Bedingungen unserer Zeit einerseits den Weg zu unseren Zielen dort, wo früher Mangel und Bedrängnis herrschten, freigeräumt haben, andererseits an anderer Stelle neue Barrieren aufgerichtet haben und uns damit die Aufgabe stellen, diese wieder abzutragen.

Grundlegend hat sich Architektur geändert mit der Veränderung der Produktionsbedingungen, mit der industriellen Revolution. Wissenschaft, Technik, neue Baumaterialien und neue Bauaufgaben haben – zusammen mit der die überkommenen ästhetischen Leitbilder aufhebenden Philosophie – bewirkt, daß die Bauelemente, die bis dahin als Elemente der Architektur mit Bedeutungen versehen waren, die nicht in ihrer konstruktiven Aufgabe lagen, sondern über diese hinauswiesen, jetzt als Konstruktionselemente ihre Gestalt gerade durch ihre konstruktive Aufgabe, daneben durch neue effiziente Materialien, neue Produktionsmethoden und neu gefundene Konstruktionssysteme bezogen. Das führte zwangsläufig dazu, daß – anders als früher, da Architektur nach hinter den Dingen liegenden Idealen, nach übergeordneten Vorbildern gestaltet wurde – nun jeder Teil, jede Funktion speziell behandelt, abgewogen und aus sich heraus gelöst werden muß. Im physikalischen Bereich wird so (tendenziell) jeder Aufgabe ein eigenes Konstruktionselement zugeordnet. Welche Vielfalt, welche Vielfarbigkeit und welche innere Einheitlichkeit kann so entstehen!

So wurden die kühnen Ingenieurbauwerke geschaffen: der Traum des 19. Jahrhunderts, ein tausend Fuß hohes Bauwerk, der Eiffelturm, die Brücken, Bahnhofshallen usw. Das wohl bekannteste frühe Zeitdokument dieser Architektur ist die Iron Bridge bei Coalbrookdale über den Severn, eine Bogenbrücke aus Gußeisen, gefertigt von A. Darby 1775/80. Welche neue Welt!

Dagegen blieb die „richtige" Architektur dieser Zeit zunächst verhaftet in gewohnten Vorstellungen. Sie verlor damit den Kontakt zu Wissenschaft und Technik und zu den Bedürfnissen der Gesellschaft. Im Bemühen, diesen Anschluß wiederzugewinnen, Architektur in der Zeit zu bauen, mußte Architektur einen langen Weg zurücklegen, und dieser Weg war nicht gradlinig und nicht direkt. Er ist vielmehr gekennzeichnet von Irrtümern und Klarheit, von Sicherheit und Zweifeln, von Stärke und Schwäche. So gleicht dieser Weg eher einem Strom, der nicht kanalisiert, vielmehr breit und schmal, tief und flach, vielarmig und gebündelt ist, der gerade Strecken aufweist neben Mäandern und toten Armen, der nicht stetig fließt, sondern reißend, wirbelnd und an anderer Stelle fast stille steht, der Grobes und Feines mitreißt und den Ballast wieder absetzt, dessen Wasser so klar und trübe sind, Lasten transportieren und versickern kann, dessen Kraft gebraucht und mißbraucht wird, der dennoch in eine Richtung führt. Ohne Überblick ist er nur schwer zu befahren.

Viele Landmarken kennzeichnen diesen Weg. Einzelne Abschnitte sind markiert mit: Klassizismus, Revolutionsarchitektur, Eklektizismus, Rationalismus, englische Reformarchitektur, Jugendstil, Chicagoer Schule, Organische Architektur, Bauhaus, Funktionalismus, Werkbund, Heimatstil usw. Es ist der Weg der Neuen oder Modernen Architektur, die, da noch nicht abgeschlossen, noch keinen ihr Wesen endgültig fixierenden Namen hat. Ihr Name sagt zunächst nur, daß sie „neu", „modern" ist und „von heute" sein sollte. Diese Neue Architektur ist gekennzeichnet durch ihre neuen Materialien, deren Effizienz, durch dünnere, leichtere und leistungsfähigere Konstruktionen. Die Beschränkungen, der sich die vorangegangene Architektur noch fügen mußte, durch die z.B. Raum nur zwischen Tragwänden denkbar war, hat sie überwunden. Eine befreite und befreiende Architektur konnte entwickelt werden, für die hier nur ein Beispiel von vielen, der Pavillon auf der Ausstellung in Barcelona 1929 von Mies van der Rohe, dem Leiter des Bauhauses von 1930 bis 1933, genannt sei.

Freiheit ist immer bedroht durch die Möglichkeit ihres Mißbrauches. Doch diesem Risiko kann niemand entgehen, da wir dann, wenn wir dieses ausschließen wollten, auch Freiheit beschränken oder gar verhindern würden. Die Gefahren, die Freiheit bedrohen, erwachsen ihr weniger aus sich selbst, mehr aus den Verhältnissen, den Kräften, die Freiheit verhindern oder sie mißbrauchen wollen und gegen die sie sich stemmen muß. So wurden durch die neuentwickelten Techniken nicht nur leichtere, offenere Gebäude, sondern auch höhere, konzentriertere, Grund und Boden extrem ausnützende Bauten möglich, in denen die gewonnene Freiheit wieder verloren ging. Die stählernen, gläsernen Kisten blieben übrig.

Aber nicht nur das. Die Tatsache, daß Architektur und ihre Elemente nun nicht mehr wie vorher in hinter oder über ihnen stehenden Bedeutungen verankert waren, machte sie disponibel und manipulierbar. Dort, wo früher höhere Bedeutungen Architektur und ihre Elemente unangreifbar machten, ihnen Autorität verliehen, mußte jetzt von Fall zu Fall untersucht und abgewogen werden, was notwendig, nützlich, erträglich, angemessen und „richtig“ sei. Die Verantwortung für das Richtig und Falsch, für das Maß, für alles das, diese Verantwortung, die in der Architektur früherer Epochen letztlich bei Gott, später in der Welt der Ideen lag, mußte nun von Menschen übernommen werden ... und kam – wie sollte es anders sein – in schwache und in starke, in gute und in schlechte Hände. Die schönsten, freiesten Räume entstanden so: beispielhaft im Konzertsaal der Philharmonie in Berlin 1956/63 von Scharoun – und auch miserable Gebilde.

Jetzt konnte jeder, der Macht hatte, nicht nur festlegen was, wieviel, sondern auch wie gebaut wurde, mit zum Teil katastrophalen Folgen, waren deren Vertreter doch nur für einen Teil des Ganzen, z.B. nur für die Mehrung des Kapitals verantwortlich. Kaum verhüllt und rücksichtslos bestimmten diese Kräfte nun die architektonische Gestalt, und das machte die Container und die neuen Untertanen. Diese Architektur der Unfreiheit, der Unterdrückung, verfehlt den tatsächlich „höheren" Auftrag der Architektur, der wohl darin gesehen werden muß, in Architektur unserer Welt die Teile zurückzugeben, die ihr in der Realität verwehrt werden.

Die Tatsache jedoch, daß Mächtige die mögliche Freiheit, die Offenheit, Anpassungsfähigkeit heutiger Architektur mißbraucht haben, dürfte uns nicht gegen die Neue Architektur, sollte uns vielmehr gegen die Kräfte aufbringen, die ihre Macht und die gewonnene Freiheit mißbraucht haben. Auch dies ist – wie leicht erkennbar sein muß – nicht zuerst ein architektonisches Problem. Hier liegt der Auftrag der Gesellschaft bei den FREIEN Architekten: In der Auseinandersetzung mit den Mächtigen unserer Zeit, mit den Vertretern der Teilverantwortungen muß er erkennen, wer, was und wodurch verwehrt und wer die eigenen Gesetze, seine Identität anderen aufzwingen will. Er muß sich diesen selbstverständlich starken, oft rücksichtslosen Kräften entgegenstellen und den unterdrückten Teilen aufhelfen. Das sind Aufgaben ganz im Realen! In eigener Verantwortung muß er dies tun. Jeder Teil seiner vielfältigen Aufgaben muß abgewogen und ausgeglichen, nichts soll geopfert werden; entscheidet doch gerade der Erfolg in diesem Teil seiner Aufgabe über die Autorität, über das Hier und Heute, über die Echtheit von Architektur.

Bestehen wir hier, dann kann das Bild einer freien, offenen Welt entstehen, das gleichzeitig die Aufforderung beinhaltet, diese zu fordern und dieser sich zu nähern. Weichen wir jedoch aus, stellen wir uns dieser Forderung nicht, so reproduziert sich Gewalt, dann liefern wir uns, andere und anderes einer sich immer wieder bildenden Macht aus. Wenn wir annehmen, wir müßten uns dieser Aufgabe, die uns in harte Auseinandersetzungen und in bedrohliche Situationen führen kann, nicht stellen, wenn wir vielleicht meinen, wir könnten gefällig sein, wir könnten vielleicht direkt und losgelöst von den Problemen unserer Zeit Kunst produzieren, wenn wir glauben, Kunst entstünde durch ein Zusätzliches, das hinzugefügt oder auch weggelassen werden könnte, ... dann weichen wir aus, dann müssen wir versagen, auch wenn das von uns Geplante groß, glatt, perfekt, glänzend, wohlproportioniert oder sonstwie imposant wäre, dann setzen wir gerade den Aspekt von Kunst ein, der bewirkt, daß die Situation vernebelt und der Betroffene getäuscht wird, daß Kunst nicht auf Freiheit zielt, nicht heilsam ist, daß sie vielmehr wie Opium wirkt, Schmerzen nur betäubt.

Und hier ist Stirlings Entwurf für die Erweiterung der Staatsgalerie in Stuttgart angesiedelt. Solche Architektur gibt sich wieder den Charakter eines Kultgegenstandes, der der Neuen Architektur nicht zu eigen ist, den sie nicht haben will. Die Neue Architektur hat ihren Sinn, ihre Ziele nicht – wie die vergangener Epochen – im Überwirklichen. Die Architektur unserer Zeit fühlt sich der realen Wirklichkeit verpflichtet. Die Neue Architektur ist auch nicht nur sich selbst oder dem ihr innewohnenden Anteil Kunst zugewandt. Auch diese Architektur um ihrer selbst oder um der Kunst willen, die wir unter l'art pour l'art kennen, führt uns in die Sackgasse, müßte uns abbringen vom rechten Weg. Aber wir dürfen nicht erstaunt sein, daß sich der Staat mit seinen Apparaten hin und wieder solchen, eigentlich anachronistischen Werken zuneigt, wird ihm mit diesen Werken und durch sie doch Architektur, Kunst und Repräsentation versprochen, losgelöst von den Problemen von Zeit und Ort, von den Problemen, die stören, die zu lösen das eigene Infragestellen voraussetzte.

Ich bedauere jedoch, daß dies in unserem Musterländle geschieht, das doch über große Tugenden und über eine lange Tradition liberaler, demokratischer, aber auch revolutionärer Kräfte verfügte. Der Geist der Zeit weist wohl heute weniger in die Zukunft; er scheint sich gerade weniger der Seite der Freiheit, die auch Risiko bedeutet, zuzuneigen. Vielleicht ruhen wir uns gerade aus.

ZUR STAATSGALERIE – EIN ANGEMESSENER BAU FÜR STUTTGARTS BEHÖRDLICHEN KUNSTBETRIEB

Gespräch mit Falk Jaeger
Stuttgart, im Dezember 1980
veröffentlicht in: *Forum Stuttgart,* 1/1981

Mehr als drei Jahre sind vergangen, seit der Disput um den Entwurf zur Erweiterung der Stuttgarter Staatsgalerie von James Stirling in ganz Deutschland Aufmerksamkeit erregte. Insbesondere Günter Behnischs Verbalattacke (s. Forum Stuttgart Heft 4/1980) wurde häufig zitiert und in Verkürzung dramatisiert. So sprach DER SPIEGEL in gewohnt flapsig-oberflächlicher Manier geringschätzig vom „Duodez-Architekten" eines „schwäbischen Ringvereins", der ärgste Schmähungen ausgesprochen habe. Mittlerweile eroberte der „neue Historismus" auf der Architekturszene immer mehr Terrain, hat die „Post-Moderne" den Frankfurter Römerberg und den Tegeler Hafen eingenommen. James Stirling scheint aufs richtige Pferd gesetzt zu haben. Angesichts der jüngsten Entwicklung der Baukunst erläuterte Günter Behnisch seine heutige Position zu dieser Entwicklung und zur Staatsgalerie, deren Bau unterdessen zügig voranschreitet.

Herr Behnisch, sind Sie noch immer zornig über James Stirling?
Ich habe nichts gegen Stirling! Ich war nur zornig über das Preisgericht, das da plötzlich alle Kontinuität über Bord geworfen hat und gedacht hat, mit dem Stirling-Entwurf bekommt es Architektur, ohne sich bemühen zu müssen, die Straßen und die städtebauliche Situation in Ordnung zu bringen.

Sie hätten sie in Ordnung gebracht?
Ich bin noch immer der Meinung, daß wir mit den Illusionen der staatlichen Bauverwaltung nicht weiterkommen. Hätte man die Existenz der Konrad-Adenauer-Straße endlich anerkannt, so hätte es eine städtebauliche Chance gegeben, die Konzeption weiterzuführen, die mit dem Amerikanischen Konsulat und dem etwas unbeholfenen Gebilde der Landesbibliothek begonnen worden ist. Wir können doch keine 200 Millionen ausgeben, um die B 14 abzusenken,

zu überdeckeln und einen Kiesweg draufzumachen, wer wollte denn das politisch verantworten, wenn zur gleichen Zeit viele junge Familien keine Wohnung haben? Nun hat man dort eine Quartierbebauung geplant, die nie existiert hat. Man ist klassischer geworden, als man je in Stuttgart war. Wir hatten bei unserem Entwurf die Grünanlagen von der Haußmannstraße bis zum Schloßgarten wenigstens optisch heruntergeführt, und ich halte dies heute noch für eine auf der Realität aufbauende, sinnvolle Erweiterung der städtebaulichen Situation dort.

Diese Realität ist doch aber Kriegsfolge, ein solcher Grünzug ist doch nur durch die Ausradierung ganzer Häuserblöcke ermöglicht worden! Ist der überkommene Stadtorganismus nicht zu wertvoll, als daß man seine Strukturen nicht wieder rekonstruieren sollte?

Man soll die Erinnerung an das Durchgemachte nicht so künstlich beseitigen. Ich habe ein anderes Geschichtsverständnis. Ich bedauere sehr, daß heutzutage – auch in Frankfurt, in Berlin, überall – die letzten offenen Stellen der Städte zugemacht werden, als ob die Leute die Erinnerung an den Krieg, an ihre Geschichte möglichst vollständig beseitigen wollten. Schöne Fassaden davor und so tun, als seien Probleme nie gewesen! Für mich ist durch die Kriegseinwirkungen auch Freiheit entstanden, und diesen Anteil Freiheit in der jeweiligen örtlichen Situation möchte ich bei neuer Planung ungern reduzieren. Bei der Neuplanung der Konrad-Adenauer-Straße aber sind die Zwänge vermehrt worden, ist der Anteil an Freiheit reduziert worden. Deshalb widerspricht mir das prinzipiell.

Lassen Sie uns auf die formalen Aspekte kommen. Der Wettbewerbsentwurf, den Sie mit Hans Kammerer und Walter Belz zusammen abgeliefert hatten, ist immer als „Nichtarchitektur" apostrophiert worden, als möglichst neutrale Hülle. Sie würden also nicht die Zielsetzung übernehmen wollen, die da lautet, ein Museum solle auch als Gebäude ein Kunstwerk sein, nicht nur ein Container für Kunst?

Ich meine, daß Kunst sich heute eben nicht im rein Formalen erschöpfen sollte und in der Realität keine Zwänge erzeugen darf, auch nicht als Baukunst. Und tatsächlich sollte das Gehäuse bezüglich seines künstlerischen Anspruchs unter dem Anspruch der Kunstwerke sein, die darin gezeigt werden. Und dann muß man überlegen, was ein solches Gebäude darstellen soll. Was soll bei einem

Museum durchscheinen? Bestimmt nicht der Anspruch, daß der Staat, der es baut, und die Museumsdirektion, die den Inhalt bestimmt, mehr sein kann, höher steht als die Bevölkerung. Das würde wegfallen bei mir, und das genau ist drin in dem Stirling-Entwurf.
Wenn Sie den Menschen in der Realität mißachten, müssen Sie ihn mit dem schönen Schein trösten. Die Kunst hat zwei mögliche Funktionen diesbezüglich. Zum einen Opium fürs Volk zu sein, indem man ihn mit dem schönen Schein über seine miese reale Situation hinwegtröstet. Zum anderen als Aufruf, sich der Mißhandlung in der Realität zu widersetzen. Der revolutionäre Aspekt der Kunst. Ich bin mehr für letzteres.
Man muß die Kunst herunterholen von dem Sockel, auf dem sie gerne stehen möchte. Schauen Sie doch an, wie die Leute hier wohnen müssen, und die Kunstwerke kommen in einen Palast!

Wie würde das Gebäude denn prinzipiell aussehen müssen?
Na ja, das hat nichts direkt mit Äußerlichkeiten zu tun. Das hat mit dem Charakter des Gebäudes zu tun, mit dem Charakter des Kunstbetriebs. Der ästhetische Wert sollte nicht an der Oberfläche sitzen, sondern dem Gebäude innewohnen, sodaß es sich öffnet, die Leute herbeiruft, Betrieb organisiert, daß die Leute etwas mit den Händen produzieren, nicht nur staunend davor stehen und konsumieren.
Aber ich glaube schon, daß die geplante Staatsgalerie den Vorstellungen des Kunstbetriebes in Stuttgart entspricht. Aber, muß man hier fragen, ist man mit dem Kunstbetrieb hier in Stuttgart besonders glücklich?

Was bemängeln Sie am Kunstbetrieb in Stuttgart?
Also die Staatsgalerie würde ich als staatlichen Sammlungsbetrieb betrachten, als eine Behörde, die die Aufgabe hat zu sammeln, zu katalogisieren und Teile davon auszustellen. Aber das ist natürlich kurios, daß die Künstler unserer Zeit, die doch angeblich Kunst unter ganz anderen Gesichtspunkten gemacht haben, nämlich als Aufstand gegen die Bevormundung, gegen die allgegenwärtige Bürokratie, daß diese Künstler sich nichts anderes wünschen, als möglichst schnell mit ihren Werken in diesen staatlichen Sammlungsbetrieb eingehen zu dürfen. Also wir haben hier in Stuttgart keinen

intakten Kunstbetrieb. Man braucht nur in Paris das Centre Pompidou anzusehen. Nun wollen wir ja nicht ein kleines Centre Beaubourle hier haben, aber ein bißchen vom Inhaltlichen wäre schon schön gewesen.

Welche Auswirkungen erwarten, oder muß man sagen befürchten Sie, welche Signalwirkung wird die neue Staatsgalerie haben?

Die Staatsgalerie als solche interessiert mich eigentlich nicht mehr so brennend. Das wird bestimmt ein schönes, schnuckeliges Gebäude, und der Museumsdirektor wird glücklich sein, daß er seinen Stirling hat.
Wenn man allerdings die geschichtliche Entwicklung der Menschheit als die Entwicklung des Bewußtseins der Freiheit auffaßt, so bin ich ziemlich sicher, daß die Art und Weise, wie ich Architektur und unseren Beruf sehe, mehr in diese Richtung geht, als das, was zur Zeit geschieht. Ich räume aber ein, daß die gegenwärtige politische Realität nicht in dem wünschenswerten Trend dieser geschichtlichen Entwicklung liegt, sondern daß wir gerade wieder in einer Phase sind, in der der Mensch bedrängt und eingeengt wird.

Sie sehen also in der Architekturentwicklung der Gegenwart eine restaurative Tendenz und sehen die im Einklang mit der gesamtgesellschaftlichen Tendenz?

Ja, durchaus. Ich sehe die Entmündigung, Bevormundung und Verwaltung des Menschen. Adolf Arndt sagte einmal, demokratische Staaten hätten das Ziel, den einzelnen Menschen privat zu lassen und das Staatswesen offen zu legen, so daß es der einzelne durchschauen kann. Heute durchschaut der Staat den Einzelmenschen und hält sich selbst verschlossen. Und der Staat baut sich die Architektur dazu, keine demokratisierte Architektur. Ein demokratisiertes – ich räume ein, daß dies bei einem Museumsbetrieb schwierig ist, aber es gibt Versuche – ein demokratisiertes Museum würde bestimmt die Öffentlichkeit stärker einbeziehen in das, was darin geschieht. Wir hingegen haben einen behördlichen Museumsbetrieb und bekommen das angemessene Gebäude dazu.

JAMES STIRLING

Nachruf anlässlich des Todes von James Stirling an der Akademie der Künste in Berlin
Berlin, im Oktober 1992

Sir James Stirling, Architekt und Riba-Gold-Medaillist, starb in Folge einer Herzattacke am 25. Juni im Alter von 66 Jahren nach Komplikationen nach einer Bruchoperation. Er war 1926 in Glasgow geboren.

Das die kurze Meldung der „Times" am Samstag, den 27. Juni 1992. Ergänzt durch einen sehr guten, ganzseitigen Artikel.

Daten aus seinem Leben: Geboren in Glasgow 1926. Sein Vater war Marine-Ingenieur. Aufgewachsen in Liverpool im Angesicht der Dock-Landschaft. Ausgebildet in der Quarry Bank High School. Dann zum Liverpool College of Art. Teilnahme am Krieg bei britischen Fallschirmtruppen. Zweimal verwundet. Ab 1945 Studium an der Liverpool School of Architecture. Ab 1956 freier Architekt in Partnerschaft mit James Gowan. Wohnbauten, mehrere unrealisierte Entwürfe, brutalistische Tendenzen. Dann 1959–1964 der erste internationale Erfolg: das Gebäude der Ingenieur-Fakultät der Universität Leicester. Trennung von seinem Partner James Gowan. Der zweite Höhepunkt: das Gebäude für die Bibliothek der Historischen Fakultät in Cambridge. Auch dieses Gebäude, wie das vorangegangene, gezeichnet von hoher Qualität bezüglich des Räumlichen und des Formalen, aber auch behaftet mit Mängeln im Bereich der Technik. Ab 1971 Partnerschaft mit Michael Wilford.

Dann sein Meisterstück: der Neubau der Staatsgalerie in Stuttgart 1977–1984. Mit diesem Gebäude und wohl auch mit Sinn für Publicity war James Stirling, genannt Big Jim, ganz oben.

Die „building design" (ein Magazin) publizierte anlässlich seines Todes sechs ganze Seiten mit Beiträgen großer britischer Architekten. Sir Richard

Rogers schrieb unter anderem: „… Ich war mit ihm vor einem Monat in Japan anläßlich der Architektur-Triennale in Nara. Dort war eine große Zahl von Architekten aus aller Welt. Und er war der wirkliche König …“

Anläßlich des Neubaues der Staatsgalerie in Stuttgart habe ich James Stirling getroffen, später wiederholt. Bei seinem Stuttgarter Meisterwerk gab es zunächst Probleme mit Stuttgarter Architekten. Zum einen störte wohl sein Bild von dieser Stadt. Dort, wo Stuttgart zwischen Wald und Reben gesehen wurde, eine Stadt, deren grüne Hänge bis ins Zentrum reichten – ein Charakteristikum dieser Stadt –, sah Stirling offensichtlich geschlossene Straßenzüge mit Häuserfronten, dasjenige kurzum, was man allgemein repräsentative Straßenzüge und repräsentative Architektur nennt. Den Regierenden und deren Apparaten gefiel‘s. Und das steigerte die Unruhe am Ort. Aber das war nur das eine. Das andere war die Art von Architektur, die James Stirling vorschlug. Da gab es große ausdeterminierte Formen, geschlossene Sandsteinmauern, repräsentative Terrassen, dasjenige also, was alten repräsentativen Bauwerken zugeschrieben wird und was in früheren Zeiten gebunden war an und in den Kontext von Architektur. Reste von Schinkelschen Grundrissen gab es ebenso wie gotische Fenster.

Mancher sah in dieser Arbeit einen Rückschritt, ein Ausweichen vor den unendlichen Schwierigkeiten, die sich aufbauen, wenn man auf dem Weg durch das Differenzieren und durch das Aufsplittern zum Ziel kommen möchte. Mancher sah in diesen Ansätzen das Hinwenden zu alten Zeiten, in denen nur wenig zur Verfügung stand an Material für Architektur, an Zeiten, in denen einfache Räume zwischen einfachen Wänden entstanden; ein sich Verschließen vor der Einsicht, daß die Dinge sich heute lösen voneinander, sich verselbständigen und in ihrer eigenen Art gesehen werden wollen, daß letztlich nichts mehr aneinander haftet und schon gar nicht mehr ineinander. Wie kam es dazu, daß James Stirling, der „jugendliche Held“ von Cambridge und Leicester, dieses völlig andere Museum wollte?

Mit seiner Begründung, die Moderne neige zu „flachen“ Gebäuden, sie sei nicht geeignet, „tiefe“ Gebäude entstehen zu lassen, übertrieb James Stirling sicher. Er machte eine Tendenz zur Konsequenz. James Stirlings eigene

Bauten in Leicester und Cambridge bewiesen, daß man mit dem heute anfallenden Material von Architektur durchaus Tiefe erreichen kann, frische, junge Bauten, mit zeitgemäßer Technik, mit neuen Materialien, differenziert, kühn konzipiert, mit wunderbaren Räumen und wunderbarem Licht. Zwei Bauten, die die Architekten erfreuten, die ihnen Mut machten. Zwei Werke, die jeder Architekturstudent kannte. Allerdings steckte in diesen Werken Stirlings noch eine gewisse Inkonsequenz. Ihre Gesamtordnung des Formalen ist eher noch konservativ-traditionell: in sich geschlossene Gebilde, denen nichts hinzuzufügen, von denen nichts wegzunehmen war. Und diese Geschlossenheit der Erscheinung verschloß die mögliche Vielfalt und die mögliche Offenheit des modernen Apparates – besonders bei der berühmten Anlage in Leicester.

Heute meine ich: Möglicherweise hat der Brite James Stirling seinen Entwurf für die Staatsgalerie anders gesehen als Stuttgarter diesen zunächst sahen. Möglicherweise knüpfte er wieder an Traditionen englischer Architektur und englischer Architekten an. Solche Tendenzen, Tradition fortzuschreiben, zeigen sich bei fast allen britischen Architekten. Das wird die Art sein, in der Entwicklungssprünge verschliffen werden. Man scheint gewohnt zu sein, Traditionen fortzuschreiben und die dazugehörenden Kleider, auch Kostüme und Rituale weiterzureichen. Diese vermitteln wohl die Gewissheit, Glied einer Kette zu sein. Kontinuität wird betont, diese verspricht Sicherheit.

In Leicester und Cambridge hatte Stirling gegen diese Tradition verstoßen. Niemand wird ihm verübelt haben, daß er moderne Materialien und moderne Techniken anwandte. Das wurde wohl erwartet. Diese können größere Anforderungen befriedigen. Auch die schönen neuen Räume werden akzeptiert worden sein, auch das schöne Licht. Möglicherweise nicht akzeptabel jedoch erschien zu dieser Zeit und in dieser Gesellschaft, das aus solchen Ansätzen heraus entwickelte Formenrepertoire und die Tatsache, daß dieses demonstrativ zur Schau gestellt wurde. Traditionen wurden verletzt. Dazu kam, daß die seinerzeit als Extravaganzen gesehenen Architekturen – heute sind diese normal –, daß diese Erscheinungen entwickelt wurden mittels der Elemente aus dem Bereich der Technik und der praktischen Funktionen. Und diese sind gefesselt an Gesetze der Naturwissenschaften, der Physik z.B. Schon von daher eignen sie sich weniger für Außerordentliches. Aber solches wiederum gehörte zu Stirling, der es wohl liebte, als Neuerer, Normenbrecher und, wie seine englischen Kollegen meinen, als Kobold zu erscheinen. Das führte zu Problemen. Nur im letzten Augenblick konnte der Senat der Universität Cambridge verhindern, daß das schöne Bibliotheksgebäude abgerissen wurde.

Stirlings Ansehen bei Architekten hatte keinesfalls gelitten – im Gegenteil. Diese hielten und halten Stirling für einen großen Architekten und die Gebäude in Leicester und Cambridge für Marksteine der Architektur unseres Jahrhunderts. Für den Architekten James Stirling werden diese Ereignisse schwerer zu bewältigen gewesen sein. Seine Klienten in England verließen ihn. Auf dem Kontinent jedoch öffnete sich ein neues Arbeitsfeld. Erst am Ende seines Lebens kehrte er zurück nach England, eigentlich über Deutschland und die USA. Nun, anerkannt und reich geehrt, wurde er geadelt.

Stirling entwickelte in seiner Architektur in Deutschland neue architektonische Ordnungen und Erscheinungen. Diese verletzten die Tradition nicht mehr so offensichtlich. Und die Technik konnte in Ordnung gebracht werden, verborgen hinter der äußeren Erscheinung: James Stirling zog seinen früher unbekleideten Skelettkonstruktionen wieder Kleider an, Kostüme. Es scheint so, als sei er hier sehr englisch geworden. Nun mischte er Erscheinungen alter Architektur mit solchen aus unserer Zeit, entwickelte die Elemente aus deren Gesetzen, überzog dabei manches, machte diese damit ostentativ zu Individuen, entwarf Wege, die bestimmt waren – scheinbar – von Riten, die aus dem Praktischen heraus nicht zu erklären sind. Und all das collagierte er lebendig und vielfältig zu einem eindrucksvollen Gebilde. Man sollte auch den Witz und den Humor Stirlings entdecken, gemischt mit der seiner Zeit ihm aufgebürdeten Beweislast.

Der in früheren Bauten aufleuchtende Schein der Perfektion und des Rechthabens – heute erscheint uns das anmaßend, seinerzeit wohl eher ein Sicherheitsnetz unter dem hohen Seil, auf dem er tanzte – diesen Schein gibt es in Stuttgart nicht. Stattdessen freundliche Zeichen der Unvollkommenheit und auch von Unsicherheit. Der großartige Versuch Stirlings, von seiner Welt zu sprechen in einer anderen Art.

Vieles hatte er nun erreicht: Er hatte zu Traditionen zurückgefunden – scheinbar –, er hatte „Repräsentation“ geboten – scheinbar –, er hatte altes und neues Material von Architektur bearbeitet und das und manch anderes mehr collagiert, mehrere Bereiche unserer Wirklichkeit betreffend. Eine großartige Leistung. Ein Demonstrationsobjekt war entstanden, ein Markstein. Auch als Museum zu gebrauchen.

Jeder sieht dasjenige, was er sehen kann und was er sehen will: So sieht unsere Regierung und unser Staatsapparat Stirlings Architektur als repräsentativ und als Bestätigung der eigenen Bedeutung. Für Stirling sicher ein Mißverständnis, wenn auch vielleicht nicht unwillkommen. Stirling konnte oder wollte seine Arbeit nicht symbolisch sehen. Das hat er öfter deutlich gemacht. Für ihn war das Ganze eher das Weiterführen und das Weiterentwickeln von Architektur im Rahmen der Möglichkeiten und der Tradition. Er behauptete, Praktiker zu sein, und hat nicht verstehen wollen, daß man Anstoß nahm daran, daß er dem Staate in seinen Gebäuden Repräsentation an sich bot. Vielleicht meinte er auch, dies stünde dem Staate zu. Andere geschichtliche Erfahrungen!

In Schwaben wurde das Gebäude symbolisch gesehen und ernst genommen. Den Regierenden zur Freude, der Bevölkerung zum Stolze, daß der ihnen ihrer Meinung nach zustehende Wert, den diese Bevölkerung in Folge ihrer pietistischen Art nicht selbst formulieren mochte, bestätigt wurde von einem großen Engländer, anderen als Ärgernis und Anlaß zur Reflektion. Aber auch diese sind nun versöhnt und anerkennen die Größe der Leistung des Architekten Stirling.

Wenn James Stirling nur diesen Bau geschaffen hätte, sein Platz in der Galerie großer Architekten wäre ihm sicher. In ihm, dem Architekten und in ihm, diesem Bauwerk, sind Landmarken zu sehen, Knotenpunkte, in denen sich Kräfte, Entwicklungen, Brüche und auch letztlich Versöhnendes treffen, in großartiger Art und Weise. Wir sind froh, daß dieses Bauwerk bei uns steht. Mit seinen späteren Werken hat er das Einmalige dieses Hauses nicht mehr übertreffen können. Vor seinen späteren Bauten stand immer die Staatsgalerie in Stuttgart.

DAS „FREIE“ ODER AUCH DAS „BEFREIENDE“ IN ODER DURCH ARCHITEKTUR

Vorlesung Baukonstruktion III an der Technischen Hochschule Darmstadt
Darmstadt, 19. April 1978

Kunst und Architektur sind nicht in allen Zeiten gleich, füllen nicht einen einmal für immer abgegrenzten Bereich. Ein heute gebauter Tempel wäre banal – so erhaben solcher in seiner Zeit gewesen sein mag. Ebenso der Versuch, heute Bilder zu malen wie vielleicht Raffael, Rembrandt – und um in die neuere Zeit zu gehen – Renoir oder Miró dies taten.

In Kunst spiegeln sich die Kräfte wider, die bei ihrem Entstehen wirksam waren. Ändern sich diese Kräfte, so muß einfach das sichtbare Phänomen dieser Kräftekonstellation sich ebenfalls ändern. Schon von hier aus können wir erkennen, daß Mies van der Rohe, Le Corbusier, Frank Lloyd Wright – um die drei Großen der vorangegangenen Generation zu nennen – selbstverständlich auch zeit-, orts-, kurzum situationsgebunden waren in ihrer Arbeit und daß es „nicht richtig wäre“, wollte man versuchen, ein Haus wie Mies van der Rohe zum Beispiel zu bauen.

Kunst und Architektur entstehen in ihrer Zeit und unter den zahlreichen, vielfältigen Bedingungen ihrer Zeit. Und so kann zeitgemäße Architektur nicht entstehen – in Unkenntnis der Zeit, der technischen, gesellschaftlichen und sonstigen Probleme, des „Materials“ für Architektur in der Zeit. Und so kann Architektur auch nicht beurteilt werden ohne Kenntnis der geschichtlichen Situation, in der sie entstanden ist und auch nicht nur von einem Aspekt her.

Wenn diese Gedanken schlüssig sind, so müßen wir folgern, daß Architektur immer neu sein muß, daß geradezu die ihr innewohnenden innovativen Teile unverzichtbar Teil einer zeitgemäßen Architektur sind, daß Architektur, die nicht entwickelt wird, die ausgetretenen oder auch nur bewährten Rahmen folgt, ohne wenigstens ein Fünkchen Neues zu enthalten, zu behandeln, daß diese Architektur eigentlich nicht Architektur sein kann. Architektur muß also immer anders sein.

Trotz dieser und anderer Schwierigkeiten muß es – so meine ich – eine übergeordnete Aufgabe, einen Sinn geben, ohne den Kunst und Architektur nicht sein können, ohne den Kunst wahrscheinlich Handwerk und Architektur wohl Technik wären, ein Charakteristikum, eine Aufgabe, das bzw. die zwar mit einem übergeordneten Prinzip erfaßt werden kann, jedoch in den unterschiedlichen Zeiten unter unterschiedlichen Bedingungen mit unterschiedlichen Mitteln angegangen werden mußte.

Und nun meine ich, daß diese eine, andauernde Aufgabe darin gesehen werden sollte, daß Kunst und Architektur frei machen, befreien müßen. Daß diese übergeordnete Aufgabe zu allen Zeiten darin liegt, daß wir mit unserer Arbeit Menschen und Dinge lösen müßen von Zwängen, die ihnen in der erfahrbaren Wirklichkeit angetan werden – angetan werden durch Kräfte, die sich dort immer wieder aufbauen und die Mensch und Dinge daran hindern, sich zu finden. Und diese Aufgabe müßen wir immer wieder neu angehen, in jeder Zeit, in jeder Situation neu, das Ganze und seine Teile und Aspekte betreffend müßen wir diese Aufgabe lösen, aus den speziellen, realen Problemen heraus.

Als Beispiel sei genannt: unsere zunächst unproblematisch erscheinende Aufgabe, geschützten Raum für Menschen zu schaffen. So einfach das zunächst erscheint, oder sich anhört, sie wird problematisch, sobald die Aufgabe real angegangen wird und das heute anders als gestern, morgen oder vorgestern. Bei den frühen Kuppelräumen mußten für diese Aufgabe riesige Steinmassen aufgetürmt werden, die dann wohl Schutz boten, jedoch auch Nacht und Bedrängnis herstellten, Zwänge, Einschränkungen, die real nicht aufzulösen waren, ebenso wenig wie die Bedrückungen, die dadurch entstanden, daß Menschen unter andere uneingeschränkt oder auch nur zum Teil unterstellt waren.

Hier befreite (erlöste) das – heute als Kunstwerk bezeichnete – in Kuppeln angebrachte Bild des Gottessohnes Mensch, Ding und Raum. Vor Gott wurden alle Menschen gleich. Das Reich Gottes entfaltete sich in der Enge des Raumes, weitete diesen, löste ihn auf, erlöste ihn von seinen bedrükkenden Bindungen, und das Gold der Mosaiken widerspiegelte vieltausendfach das Licht der Kerzen und zauberte Helle in die Finsternis. Wie schön war das damals – wie frei, wie erleichternd, wie befreiend von allen Übeln.

Aber – das sind nicht mehr unsere Probleme! Helligkeit haben wir in Hülle und Fülle; und große Räume können wir leicht und durchsichtig überspannen; und der Mensch ist nicht mehr im gleichen Maße anderen unterstellt. So wäre es wohl unredlich, würden wir uns heute der künstlerischen Mittel früherer Zeiten bedienen, oder vielleicht sogar – wie ja heute wieder in Mode – die Probleme und damit Zwänge früherer Zeiten willkürlich aufbauen, z.B. indem wir mit schweren Massen bauen oder sie vortäuschen, um dann mit dem Schein der Berechtigung die dazu gehörenden architektonischen Mittel vergangener Epochen – z.B. der Gotik, der Renaissance oder des Klassizismus – anwenden zu können.

Nein, so geht das nicht. Wir müßen schon unsere Probleme, unsere Realität bearbeiten, und wahrlich, da gibt es zahlreiche und schwere Bedrückungen, denen wir in unserer Zeit ausgesetzt sind – und die wir aufzulösen haben; was zugegebenermaßen schwieriger ist als das „im Schein der Kunst Überwinden“ der Bedrückungen früherer Epochen, derjenigen Probleme aus der Vergangenheit, die uns heute nicht mehr drücken. Auch die Mittel für unsere Bemühungen müßen von heute sein, zunächst müßen wir die realen, materiellen Möglichkeiten unserer Zeit ausschöpfen, diese erweitern, wenn die materiellen Möglichkeiten eingeschränkt, ungenügend sein sollten.

Erst dann, wenn hier ausgereizt wäre, dürfen wir zaubern oder idealisieren. Erst dann dürften wir uns dieser immateriellen Mittel bedienen – so wie die es tun mußten, deren Situation stärker eingeschränkt war als die unsere und in deren Zeit die Möglichkeit zur realen Befreiung von diesen Bedrükkungen und Einschränkungen nicht gegeben waren. Aber dafür sehe ich kaum noch Raum. Was sollte das schon sein!

Die Flucht in die Bilder der Geschichte, deren Probleme wir heute besser als die unsrigen zu kennen und beherrschen glauben – wobei wir übersehen, daß wir die bedrückende Situation der damals Untergeordneten kaum noch erkennen – diese Flucht in die Bilder der Geschichte würde doch – so verständlich sie sein mag – bedeuten, daß wir verzichten auf Wesentliches von Architektur, sie damit eigentlich aufgeben. Wir würden den Teil unserer Aufgabe versäumen, der bewirken kann, daß unsere Bauten zu sich selbst kommen können, daß in unseren Bauten der Welt ein Bild dessen wiedergegeben wird, was unsere Realität ihr heute verweigert.

Die im Entstehen von Architektur angesiedelte Aufforderung, ja sogar Notwendigkeit, Bedrängungen der Zeit zu erkennen, um diese überwinden zu können und diese dann auch tatsächlich zu überwinden, ist doch unerläßlich, unverzichtbar. Verweigern wir diese Auseinandersetzung, so machen wir mit unserer Kraft, mit unserem Können die ohnehin Mächtigen mächtiger. Dann verweigern wir Mensch und Dingen die eigene Identität oder verfälschen diese.

Die auch für unser Sein erforderliche, in Architektur mögliche Identität der Dinge mit sich selbst können wir nicht ersetzen durch die Identität anderer – ohnehin versuchen die Mächte der Zeit ihre Vorstellungen allen anderen und allem anderen aufzupressen. Wir können sie auch nicht ersetzen durch die Willkür freigewählter Bilder, auch nicht durch Bilder aus der Vergangenheit. Wenn wir auf konkrete Aufgaben das übertragen, können wir erkennen, was das bedeutet. So wäre beispielsweise unsere Bundeshauptstadt schlecht bedient mit Regierungsalleen, Blickschneisen, Gedenkplätzen und sonstigen Gestalten aus der Zeit des Werdens von Nationalstaaten oder von Staaten, in denen Macht konzentriert ist. Wir haben nicht den „Nationalstaat"; bei uns ist die Einheit der Nation nicht in einem Staate hergestellt; und bei uns ist Macht vielfältig dezentralisiert, aufgeteilt, hebt sich auf und läßt uns so Freiraum.

Dies ist eine Qualität, die uns ermöglicht, uns selbst in unserer Gesellschaft zu finden. Diese Qualität z.B. sollte in bauliche Gestalten eingehen. Das würde heißen: keine übergeordneten, dominierenden, zentral angesetzten

Ordnungssysteme, seien sie formaler, organisatorischer, geometrischer oder sonstiger Art. Mit dem Ziele, den nachfolgenden Gestaltelementen das Recht der Eigenständigkeit, das Recht auf die eigene Individualität in Gestaltungsform und vor allem Funktion einzuräumen.

Unsere Möglichkeiten liegen und unseren Auftrag für Architektur finden wir in unserer Zeit. Die Techniken unserer Zeit bieten uns die Realisierungsmittel. Die Techniken früherer Zeiten sind – soweit sie überholt durch neue Techniken wurden – im Prinzip untauglich für die Architektur der Zeit. Die Erscheinungsformen – auch solche wie Plastizität oder Ornament oder Ähnliches sind nicht Voraussetzung.

Von sich aus ist Architektur weder groß noch klein, weder umfassend noch beschränkt, weder Stein noch Stahl. Architektur kann plastisch, massiv, farbig etc. sich entfalten, muß das aber nicht. Jedoch: Vieles deutet darauf hin, daß es ein schlechtes Zeichen wäre, wenn Architektur willkürlich oder monumental, repräsentativ oder geometrisch starr würde. Auch die Gestaltelemente sind nicht im Vornherein festgelegt, weder vom Architekten noch im Namen einer höheren Macht.

Eigentlich: Von sich aus – als Formenregel – gibt es moderne Architektur nicht, sollte es sie nicht geben. Als „Spielregel" ja, als Stil nein – nicht im Formalen. Als Art und Weise des Verfahrens: ja.

Das Mehr, das finden wir in uns – und in den Problemen unserer Zeit, z.B. in denen, die verursacht werden durch die Macht der Apparate, der Produktion, Administration und der vielen anderen Apparate, die wir geschaffen haben, um effizienter und abgesicherter wirken zu können. Diese Apparate verselbständigen sich, sie optimieren vorwiegend sich selbst und beschneiden von daher freien Raum. Diesen Kräften müssen wir uns stellen, in dieser Realität. Diese zuerst verhindern heute Identität, außer der eigenen. Diese drängen mit Macht zur Gestalt, diese zwingen ihre Identität anderen auf, manchmal in Worten, manchmal in Beton, manchmal in Stahl und Glas; uniform, manchmal schwarz, manchmal weiß; rechthaberisch, intolerant, meistens hart und unpersönlich und nie: vielgestaltig, offen und heiter!

Sollte aber unsere Welt nicht gerade sein: vielfältig, vielgestaltig, offen ...? In der Welt der Architektur kann heute kein Raum sein für Willkür, für Macht an sich, für das „Recht des Stärkeren", für Kolossallösungen oder Kolossalordnungen ... Der Eine, der alles klärt, der für uns entscheidet, der weiß, was uns fehlt und was uns zusteht, der gehört nicht zu unserer Zeit und nicht zu unserer Ordnung.

Nicht nur die Mächtigen sollten in Architektur zu Wort kommen. Im Gegenteil! Entgegenstellen müssen wir uns diesen Mächtigen und so Raum sichern für schwächere Kräfte. Wir sollten das üben. Es ist nicht so schwierig, wie wir meinen könnten. Es mag zwar unsere Zuverlässigkeit im Auge der Mächtigen beeinträchtigen, gelingt uns dies, so können wir frei sein und wir setzen andere frei. Dann können wir beobachten das Sich-frei-Entfalten architektonischer Gestalten. Und das ist heute schön.

Aber beleidigend ist der Ausdruck der zur architektonischen Gestalt gekommenen Übermacht, der Herrschaft von Menschen über Menschen und – was eigentlich noch demütigender ist – der Ausdruck der Herrschaft, der Macht der Apparate über uns. Hier dürfen wir uns nicht beugen. Unerläßlich ist es, daß wir für unsere Arbeit unser Material kennenlernen, dieses handhaben können. Unser Bemühen wird scheitern, wenn wir meinen, Architektur läge in uns. Der Anlaß für Architektur liegt außerhalb unserer selbst. Dieser Ansatz erlaubt es uns, uns selbst nicht im Mittelpunkt unserer Arbeit zu sehen.

Im Rahmen unserer Tätigkeit hier im Fache Baukonstruktion III / Baugestaltung wollen wir Baustoffe, Konstruktionen und Techniken kennenlernen in ihrer Eigengesetzlichkeit, in ihrer Individualität und wollen diese messen an unterschiedlichen Aufgaben mit dem Ziele Funktion, Technik, Material zu einer sinnvollen, maßvollen Gestalt gelangen zu lassen. Und diesem Ziele wollen wir uns gemeinsam ein Jahr widmen.

FÜR EINE OFFENE UND FREIE ARCHITEKTUR

Vortrag zum 7. Godesburger Gespräch
Bonn, 7. Dezember 1978
veröffentlicht in: *Der Architekt,* 01/1979

Meine Erkenntnisse – auch Architektur betreffend – sind nicht endgültig. Heute entdecke ich Momente von Architektur, die ich gestern so nicht sehen konnte. Ich versuche, diese „Entdeckungen" aufzuarbeiten. Was zur Folge hat, daß einerseits meine schriftlichen und mündlichen Äußerungen zum Thema im Rückblick über die Jahre recht bunt erscheinen. Und andererseits „meine" Architektur, ich muß sagen „unsere" Architektur – wie diese in „unserem" Büro entsteht –, schon aus diesem Grunde über Jahre hinweg nicht gleichbleiben kann, vielmehr ebenfalls buntfleckig sein muß. Wenn ich eine Entwicklungsrichtung in unserer Arbeit angeben sollte, vielleicht könnte ich diese charakterisieren mit dem Titel: „Der Weg nach unten" und/oder „Der Weg in die Unordnung". Viele haben uns dabei geholfen, denen gegenüber wir zu Dank verpflichtet sind.

Nach Alberti, 1404 bis 1472 (früher Kunsttheoretiker der Renaissance; Abhandlung über Baukunst ca. 1450), soll der Tempel (gemeint ist: die Kirche) durch einen hohen Unterbau aus dem Alltagsleben, das ihn umgibt, herausgehoben sein. Nun, wir meinen: Unsere Bauten sollten nicht mehr auf Sockeln stehen. Weder tatsächlich, noch vom Anspruch her. Auch wir möchten dort nicht sein. Wir arbeiten fürs Alltagsleben und bemühen uns, tatsächlich unten zu sein und unten zu bleiben. Architektur ist für uns säkularisiert (ihres quasi Sakral-Charakters entkleidet).

Welche Ordnung, welche Unordnung? In der Renaissance finden wir die in unserem Kulturkreis wohl letzte „verbindliche" Ordnung, mit dem zentralen Dogma, „daß die Baukunst eine mathematische Wissenschaft ist, und daß jeder Teil eines Gebäudes, sei es innen oder außen, in ein einheitliches System mathematischer Beziehungen eingeordnet werden muß". (Wittkower, Grundlagen der Architektur im Zeitalter des Humanismus). Dieses System sei dasselbe, welches dem Weltall zugrunde liege. Im Menschen, dem Ebenbild Gottes, werden diese Beziehungen (Harmonien) sichtbar. Der Mensch im Kreise ist ein Bild der Welt usw. Eine Konstruktion, der wohl auch schon seinerzeit akademische Züge zueigen waren, deren Gefüge nicht sehr haltbar sein konnte und das dennoch als letztes geschlossenes System bis in unsere Zeit wirkt, obwohl es den Konditionen der Zeit schon lange nicht mehr genügen konnte.

Seitdem ist Architektur offen, frei, losgelöst von ihren Bindungen an hohe Dinge. Jetzt konnten andere Momente von Architektur, die bisher unterdrückt wurden, zu Wort kommen, sich selbst und ihre Gestalt finden. Sei es: die wissenschaftliche Klärung der Auseinandersetzung mit der Schwerkraft, sei es: die Auseinandersetzung mit der Natur, mit dem Menschen, mit dem ihm zugestandenen Raum usw. Aus Säulen wurden damit Stützen, aus Portalen Eingangssituationen, aus der Hierarchie der „Architekturglieder" Systeme von „Funktionsgliedern". Immer dann, wenn ein Tabu aufgelöst werden konnte, wurde unser Blick weiter, offener auf zuvor verstellte Alternativen, verfeinert sich das Bild unserer Welt – auch in der Architektur.

In der „offenen" Architektur kann tendenziell jeder Aspekt sich realisieren: Die mangelnde Kraft des Kindes zum Beispiel, seine Offenheit, seine Verletzlichkeit, seine Angewiesenheit auf Oasen in unserer effizienten Erwachsenenwelt oder die Leistungsfähigkeit des auf Effizienz hin optimierten Materials, des minimierten Konstruktionssystems, oder die alles erdrückende Macht Mächtiger, des Kapitals, das sich rentieren muß, zum Beispiel Egoismus, Rücksichtslosigkeit von Menschen und Apparaten, das Ausgeliefertsein des Einzelnen in unserer Zeit, aber auch das Problem des Schutzes vor Kälte und Lärm usw. usw. In der offenen Architektur setzen sich – da sie ja von sich aus offen gegenüber allem ist – die starken Kräfte zuerst durch. Das sind heute Kapital, Produktion, Administration, sonstige Apparate usw. Diese pressen ihre Eigengesetzlichkeit allem auf. So wird aus der anfangs offenen Architektur die neue, nun wieder verschlossene Alltagsarchitektur unserer Zeit.

Das gefällt uns nicht. Wir wollen das verhindern, zum Beispiel, indem wir das tun, was in Renaissance und in den nachfolgenden Epochen „Architektur" noch einmal „gerettet" hatte. Wir stellen Architektur wieder auf Podeste, entziehen sie damit den Niederungen des Alltags, ästhetisieren, tabuisieren einzelne Aspekte, vielleicht: Geometrie, Plastizität, Konstruktion, Material, Produktionstechnik, historische Formen, den Dienst am Staate (Stalinallee) oder auch nur die subjektive Festlegung. Wir machen Architektur wieder stark, verschließen sie wieder, heben sie aus dem Alltagsleben, können uns damit vielleicht eine Zeit der rücksichtslosesten Kräfte erwehren, unterdrücken damit jedoch auch die anderen, vielfältigen Momente von Architektur, die uns willkommen sein sollten, verhindern wieder das, was wir erreichen wollten. So wird ein Teufel mit einem anderen ausgetrieben.

Architektur ist eine Erscheinungsform menschlichen Schaffens – eine unter vielen. Sie kann nicht für sich, sie kann nicht als Selbstzweck gesehen werden. Sie unterliegt den Faktoren, den Bedingungen unserer Zeit, hat jedoch gegenüber anderen Erscheinungsformen, z.B. Wissenschaft, Literatur, Fernsehen ... eingeschränktere Ausdrucksmöglichkeiten. Alles, was zu sagen ist, kann nur durch Material, Technik und Raum gesagt werden. Der offene Raum, vielfältige Materialien und differenzierte Techniken vergrößern und differenzieren die Möglichkeiten für den architektonischen Ausdruck. Auch schwächere Kräfte können dann durchdrücken. Ein – vielleicht sogar sprödes – Material, eine Technik, eine Kraft ergeben undifferenzierte, tendenziell monotone, jedoch starke Gestalten. Und umgekehrt: Viele, leicht verformbare Materialien, viele Techniken, viele Kräfte – das sind die Konditionen unserer Zeit, und die ergeben ein buntes Bild.

Architektur kann aber nicht nur die Reproduktion der Realität sein. Sie ist – wie alle Erscheinungsformen unseres Schaffens – mehr. Was ist das, mehr? Mehr Design? Mehr Material? Mehr Aufwand? Wir meinen, daß dieses Mehr nicht ein Mehr materieller oder äußerer Art sein kann, daß dieses Mehr eher ein Weniger ist, ein Weniger an Macht und Zwang, an Übergriffen, und dadurch ein Mehr an Freiheit, Individualität, an Möglichkeit der Selbstverwirklichung aller Menschen, der Dinge und der Natur. Die Geschichte der Architektur kann als ein Wechsel aus dem Prozeß der Befreiung, der Differenzierung, der Selbstfindung, der Selbstverwirklichung gesehen werden, so daß immer wieder neu Befreiung, Differenzierung, Selbstfindung notwendig wird.

Dieselbe Kraft, die die anderen Erscheinungsformen menschlichen Schaffens, Wissenschaft, Technik, Literatur etc. benötigen, um sich der Unterdrückung und Beeinflussung zu entziehen, braucht auch Architektur immer wieder. Das ist unsere erste Aufgabe. Entziehen wir uns dieser, so setzen sich Mächtige durch – quasi vor Architektur unsichtbar –, aber in den Ergebnissen unserer Arbeit sichtbar. Und hier liegt der Grund für unseren Streit mit den Apparaten der Produktion, des Kapitals und der Administration.

Und Gewalt und Macht reproduzieren Gewalt und Macht. Wir können nicht wirklich mit uns ins Reine kommen, wenn rings um uns Natur, Menschen, Material ... gezwungen werden. Eine offene und „freie“ Architektur erfordert Offenheit allem gegenüber. So gesehen ist Architektur eine Möglichkeit der Selbstverwirklichung für Architektur selbst, ihre Momente, ihre Teile, die Betroffenen, die am Entstehungsprozeß Beteiligten. Sie ist ein Bild unserer Welt, einer Welt, in der die Hoffnung zu Hause ist.

Jeder Inhalt, jede Funktion hat sein bzw. ihr Material, Technik, Form. Hier kann nicht viel Raum für willkürliche Entscheidungen sein. Überzogene „Kunstabsicht“ wie auch Rücksichtslosigkeit dem Zwecke gegenüber verdrängen den Zweck, verdrängen das Wesentliche und stellen das Mittel in die Mitte.

Historisierende Architektur steht dem Bewußtsein, auch als Architekt Glied einer geschichtlichen Entwicklung, Moment seiner eigenen historischen Situation zu sein, entgegen. Die Geschichte manifestiert sich für uns im Material für Architektur, in dessen Geschichte, seiner augenblicklichen Situation, seiner Zukunft. Historisierende Plätze z.B. ohne Kutschen, ohne Flaneure, ohne Paraden, ohne das große Staats- oder Stadtschauspiel, ohne all das, wofür diese Plätze Platz und ihre Häuser Kulissen waren ... Können solche Plätze heute noch entstehen? Von sich aus – meine ich.

Die Geschichte entläßt immer wieder Momente von Architektur, zum Beispiel die Plastizität, eine Eigenheit der Architektur, die in Situationen sich ergab, in denen zum Zwecke des Vorhabens Massen von körperhaftem Material aufgehäuft werden mußten. Aus dem Bilde des Löwentores in Mykene lesen wir heute Macht und Ohnmacht. Und in dem Reliefstein über dem Tore den

Wunsch, sich zu erheben über die vorhandenen Zwänge. An der Befreiung von solchen Zwängen, die differenzierte Momente unserer Welt unterdrücken, haben Jahrtausende hunderte von Generationen gearbeitet. Sicher – es gibt auch heute noch die Eigengesetzlichkeit des Plastischen. Wir können das studieren, in der Architektur unserer Zeit jedoch nimmt dies einen geringeren Platz ein.

Unsere Architektur wird strukturell, von unserer Arbeitsweise her, bestimmt. Und auch diese ist veränderbar, ändert sich von sich aus, solange wir Teile und Momente von Architektur noch suchen, ihnen zum Licht verhelfen und versuchen, ihre Bedeutung im Rahmen des Ganzen zu ermessen.

Harmonisierungsmaßnahmen stören. Das, was sich selbst gefunden hat, das in sich Freie, ist in Ruhe und harmoniert mit dem anderen, welches gleichermaßen Ruhe ist, ungezwungen, ohne Gestaltmerkmale des anderen anzunehmen, ohne zu fordern, daß der andere dies tue. Wer will da noch „Ordnung“ schaffen? Und mit welchem Ziel? Ordnung hat‘s in der Geschichte oft genug gegeben, doch was ist das Resultat? So selbstbewußt müßte Architektur doch sich selbst, ihren Teilen, Momenten, Benutzern, umgebenden Gestalten usw. gegenüber sein können, daß sie diese nicht „gestalten“, diesen nicht ihren Willen aufzwingen wollte – müßte, wenigstens als Ziel: Architektur sollte nicht beherrschen wollen.

Es gibt unterschiedliche „Architekturen“: Architektur für Alte, Junge und für die dazwischen, Architektur für Schwache und Starke, für Kranke und Gesunde, Architektur in der Stadt und auf dem Dorf und in der freien Landschaft, offizielle und private Architektur, usw. Nur schwer können wir insgesamt von Architektur sprechen. Die Frage lautet: Wie baue ich für Kinder, für Alte, für Kranke; wie baue ich am bestimmten Platze in der Stadt oder auf dem Lande usw.?

Vom „Überbau“ werden wir motiviert. Die unsere Probleme verursachenden „Zustände“ finden wir jedoch in der „Realität“. Wir sollten nicht versuchen, uns und andere hier zu überlisten an und mit der Oberfläche der Dinge. Mit 0,2 mm Naturholz, 10 mm Historisierendem, mit plastischer Gestaltung, mit Geometrie oder ähnlichem können wir für kurze Zeit Schmerzen lindern. Probleme unserer Realität lösen wir damit nicht.

HUGO HÄRING ZUM 100. GEBURTSTAG

Vortrag zum Symposium Hugo Häring in Biberach
Biberach, 20. Mai 1982

Sehr verehrte Damen und Herren,
liebe Freunde,

zum 100. Geburtstag Hugo Härings fällt es uns nicht leicht, uns – wie es uns aufgegeben wurde – vorwiegend mit der eigenen Zeit zu beschäftigen, mit der Basis und der Legitimation für die eigene Arbeit; besonders dann nicht, wenn wir den, den Gedanken Hugo Härings zugrundeliegenden Anspruch vergleichen mit der Praxis unseres Alltages.

Sicher, auch zu unserer Rechtfertigung kann uns manches einfallen: z.B., daß Hugo Häring den in seinen theoretischen Schriften formulierten Anspruch in der Praxis seines Alltags nur wenig „ausprobieren" konnte, daß von ihm selbst – leider – nur recht wenige Bauten existieren. Dieser Mangel an Praxis konnte möglicherweise dazu führen, daß Hugo Häring sich in seinen Gedanken doch etwas abgehoben haben könnte von dem, was wir Realität nennen. Aber diese Überlegungen sollten nicht den starken Eindruck verdrängen, den wir erleben, wenn wir erkennen, daß es Hugo Häring – eben gerade in dieser etwas abgehobenen Position – offensichtlich gelungen ist, sich seine Ideale, die seiner Jugend zu erhalten, diese Ideale sich nicht zerstören zu lassen, sie statt dessen zu pflegen, auszubauen, vielleicht auch um, gebunden an diese Ideale, mit Halt, Sinn und Ziel leben zu können. Und das scheint uns doch nicht wenig zu sein.

Es ist auch nicht so, daß Härings Gedanken fruchtlos versackt seien, daß sie ohne Einfluß auf Architekten geblieben und nicht ausprobiert worden wären. Einmal hat er natürlich selbst gebaut; aber schließlich wurde auch die Philharmonie in Berlin gebaut, nicht von Hugo Häring natürlich, aber von seinem Wahl-Verwandten Hans Scharoun. Und in dieser „wesenhaften Gestalt", die doch sicher zu dem Großartigsten gehört, was in unserer Zeit überhaupt gebaut wurde, erkennen wir auch Hugo Häring, seine Gedanken und Begriffe: das Prinzip z.B. „von innen nach außen zu bauen", das Problem der „Gestaltfindung", der „Individualität", die eben etwas anderes ist als das Resultat willkürlicher Gestaltungsprozesse; das Wissen, daß dem Menschen Vollkommenheit nicht gegeben ist, daß er dann diese auch nicht vortäuschen sollte, zumal sie ihm nur in relativ unbedeutenden Teilen des Ganzen gelingen könnte; die Überzeugung, daß die Dinge i h r e Gestalt f i n d e n und nicht zugewiesen bekommen sollten; das Problem der „Leistungsform" die dann später zur „wesenhaften Gestalt" erweitert wurde; das Wissen darüber, daß Bauen zur Notwendigkeit führt, Entscheidungen treffen zu müssen, die selbstverständlich Bekenntnisse beinhalten usw.

Eine reiche Quelle, die uns wegführt von Macht, Gewalt und Willkür, hin zu Toleranz, Freiheit und Individualität. Das ist ein weites Feld, das wir in 30 Minuten nicht pflügen können. Aber diese Zeit reicht, um einen Gedanken Hugo Härings weiter verfolgen und mit eigenen Überlegungen verknüpfen zu können (ohnehin stoßen Überlegungen in unserem Büro immer öfter auf Gedanken Scharouns und Hugo Härings). [...]

Vielleicht angeregt durch Jean Gebser, vielleicht auch parallel zu ihm, entwickelte Häring die Vorstellung, daß zu jeder Kulturepoche eine geometrische Grundform gehören würde, daß diese geometrische Grundform allen Erscheinungen der jeweiligen Kulturepoche zueigen wäre, den Strukturen der Gesellschaft und den „Produkten" ihrer Kultur – also auch der Architektur. Den Ägyptern sei das Quadrat zueigen gewesen, den Griechen das Rechteck, den Römern der Kreis und der Barockzeit die Ellipse. Und unserer Zeit sei das organische Prinzip zueigen, wobei davor gewarnt werden müßte, das organische Prinzip mit pflanzlichen Formen gleichsetzen zu wollen.

Häring und Scharoun waren der Meinung, wir lebten heute in einer Übergangsphase. Wir planten damit für eine neue Gesellschaft, deren Strukturen uns noch nicht bekannt seien. Dabei entsteht natürlich ein „Loch" zwischen dem Auftrag, für eine neue Gesellschaft planen zu sollen und der Erkenntnis, diese Gesellschaft nicht kennen zu können. Scharoun hat dieses Loch in der Praxis offensichtlich ohne Schwierigkeiten überwunden, vielleicht intuitiv, jedenfalls ohne dies verbal nachzuweisen. Wir selbst versuchen, für unseren Alltag dieses Loch zu überbrücken. Wir meinen, dies könnte uns eher gelingen, wenn wir uns an näherliegenden Zielen orientieren würden, wenn wir kleinere Schritte uns vornehmen würden.

Zunächst muß man sagen, daß Architektur von sich aus die Strukturen der Realität, die Strukturen der Gesellschaft annimmt. Darum müssen wir uns nicht bemühen. Die empirische Realität zwingt ihre Strukturen ohnehin allem auf. Tatsächlich sehen wir überall – und ich muß dies hier nicht ausdrücklich nachweisen – die Konditionen unserer Realität in Architektur durchscheinen. Wenn wir jedoch das schwierige Unterfangen angehen wollen, mit Architektur der Struktur einer zukünftigen Gesellschaft entsprechen zu wollen, so müssen wir für den Bereich, in dem Architektur entsteht, im Vorfeld von Architektur also die Bedingungen herstellen, die einer zukünftigen Gesellschaft entsprechen würden. Vor Architektur also. Und das können wir nur, wenn wir uns klar werden darüber, in welche Richtung sich unsere Gesellschaft entwickeln könnte, entwickeln sollte.

Wir sehen natürlich sofort, daß das Ganze utopische Züge annimmt, daß wir Architektur machen dann für eine Gesellschaft, wie wir sie uns wünschen, die es nicht gibt, die es vielleicht sogar niemals geben wird. Aber wie könnten wir leben ohne Utopien, ohne den Glauben an eine Zukunft, in der Mängel unserer Realität aufgehoben sein könnten?! Und im Zuge dieser Überlegungen kommen wir – hier sehr verkürzt dargestellt – zu der Frage, ob es denn nicht eine demokratische Architektur geben könnte?

Mancher Architekt behauptet, eine demokratische Architektur gäbe es nicht und könne es im Übrigen auch nicht geben, handele es sich doch beim „Demokratischen" um einen politischen Begriff, einen Begriff, der nicht architektonisch wäre. Sicher, dieser Architekt entgeht damit der Auseinandersetzung mit der Frage, was er zu tun hat, um eine demokratische Architektur planen zu können, entzieht sich dieser Frage vielleicht sogar, und findet so vielleicht die Legitimation für s e i n e Architektur, für die Art und Weise, wie e r seine Aufgaben bearbeitet.

Andere behaupten, es müsse eine demokratische Architektur geben, da ja die Art und Weise, wie wir miteinander umgehen, sich auch in Architektur ausdrücken müsse und daß, wenn wir demokratische Verfahren anwenden, diese dann auch in Architektur sich niederschlagen müßten.
Gibt es eine demokratische Architektur?
Gibt es eine christliche Architektur?
Gab es eine christliche Architektur?
Gab es eine Architektur des römischen Staates?
Gab es eine Architektur des Absolutismus und eine solche des zentralisierten, administrativen Staates nach der französischen Revolution?
Gab es eine Architektur der Gegenreformation?
Und eine solche des Beamtenstaates im 19. Jahrhundert?
usw.

Ich meine, wir müssen diese Fragen positiv beantworten. Die römische Staatsarchitektur mit ihren Foren, Hallen, Tempeln, Brücken usw., mit ihrer geradezu administrativen Ordnung, mit der von den Griechen übernommenen symbolbeladenen Säulenarchitektur und den eher praktischen Bögen, Pfeilern, Tonnen und Kuppeln. Die Architektur des Christentums im Mittelalter, ihre Kathedralen. Die Architektur der absoluten Herrscher in Versailles z.B., der Stadtgrundriß von Karlsruhe, die Pracht der Marienverehrung im Barock der Gegenreformation, die kalte, absolute, unmenschliche, bürokratische Architektur nach der französischen Revolution, die wohl eher mißverständlich Revolutionsarchitektur genannt wird, der kühle Klassizismus des Beamtenstaates usw.

Sicher, diese Architekturen gab es. Sie waren Ergebnis einer speziellen kulturellen, politischen, geschichtlichen, wirtschaftlichen usw. Situation. Und wenn es diese Architekturen gab, dann muß es einfach auch die einem demokratisch funktionierenden Staats- und Gesellschaftswesen zugehörende Architektur geben. Und wir müssen in der Architektur dieses Staats- und Gesellschaftswesens erkennen können, ob es wirklich demokratischen Tendenzen folgt, oder ob ihm nur der Schein äußerlich demokratisch sich darstellender Techniken zueigen ist.

Wenn wir das Problem auf unsere Situation beziehen, so müssen wir fragen:
1. Ob eine demokratische Architektur bei uns entsteht und wenn nein – warum nicht – und
2. was das Wesen einer solchen demokratischen Architektur wäre – und
3. wie sie rein äußerlich aussehen würde, wie wir diese Architektur als demokratisch erkennen könnten?

Zur 1. Frage:
Demokratische Architektur könnte entstehen, wenn es bei uns – im Vorfeld der Architektur – demokratisch zuginge. Aber daran hapert es ja. Carlo Schmid wies darauf hin, daß es im Einzelnen des Alltags durchaus demokratisch zugehen kann, auch wenn Regierungen nicht auf demokratische Art und Weise zustande gekommen sind; und wir wissen, daß bei uns, wo Regierungen und Parlamente demokratisch gewählt werden, Einzelheiten in der Regel nicht demokratisch erledigt werden, auch solche, die uns alle betreffen. Ich denke hier an Konzerne, in denen von wenigen entschieden wird, nichts veröffentlicht wird und nichts begründet wird; Entscheidungen, deren Konsequenzen wir alle tragen müssen, fallen intern. Raffinerien werden gebaut, selbstverständlich auf den besten Böden, in Betrieb genommen und wieder geschlossen, so, wie die Rentierlichkeit des Konzerns dies erfordert. Giftige Säuren und andere Chemikalien werden in Flüsse und Meere geschüttet – verklappt nennt man das undeutlich – durchaus gegen den Willen der Bevölkerung und gegen deren Interessen. Verklappt, disloziert – wie diese Begriffe, die die Brutalität des Vorganges „zivilisieren" sollen, alle heißen: Betriebswirtschaftlich mag das effizient sein, demokratisch ist es nicht.

Ich denke aber auch daran, daß die von uns Gewählten ganze Bereiche an übernationale Organisationen abgetreten haben, an Organisationen, die Entscheidungen fällen, geheimhalten, nicht begründen, die die Kriterien und Konsequenzen nicht veröffentlichen, obwohl es z.B. im Bereich der Rüstung um u n s e r Leben und gegebenenfalls um u n s e r e n Tod geht. Vielleicht ist auch dieses Verfahren effizient, demokratisch ist es nicht. Sind bei uns nun Giftgase und Atomraketen gelagert, wo liegen diese?

Wo sind die Stellungen der Atomraketen des Westens, auf die die Atomraketen des potentiellen Feindes (auch so ein Begriff, der eher verschleiert als erhellt) gerichtet sind? Welche Landes- und Bevölkerungsteile werden sofort und welche erst im zweiten Schlag vernichtet? Trifft uns das nicht ganz direkt?

Und ich denke an die Wohnungen der Einzelnen. Zu großen Teilen werden diese durch Behörden, Konzerne und Bauträger zugewiesen. Ich erinnere hier an das Märkische Viertel, an Neuperlach und an viele andere Beispiele. Auch das mag effizient sein, demokratisch ist auch das nicht. Ja, wie sollte bei solchen Voraussetzungen eine demokratische Architektur entstehen können?

Und zur 2. Frage:
Und wenn wir fragen, was das Wesen der demokratischen Architektur sei, dann müssen wir nach dem Wesen des „Demokratischen“ fragen. Und wieder hilft uns Carlo Schmid weiter: „Die Technik der demokratischen Prozeduren hat ihren letzten Sinn darin, das Zusammenleben der Menschen so in Verfassung zu bringen, daß der Würde aller genüge getan wird und allen, auch Minderheiten, institutionell die Möglichkeit gegeben wird, ihr Vermögen in Freiheit entfalten zu können.“
Du liebes bißchen, schauen wir doch unsere Realität an, im sozialen Wohnungsbau z.B.: die Würde des Menschen! Die Würde von Minderheiten! Wo gibt es denn das? Welche Rolle hat die Würde des Menschen gespielt, als das Märkische Viertel geplant wurde? Wie werden bei uns Minderheiten behandelt, direkt Betroffene z.B., vielleicht bei der Erweiterung eines Flughafens, bei dem Bau von Kernkraftwerken, von Aufbereitungsanlagen, dort, wo diese Minderheiten Wohnungen suchen z.B., wer denkt denn da tatsächlich an die Würde des Menschen? Bei solchen Bedingungen, wie soll denn da demokratische Architektur entstehen?

Und zur 3. Frage:
Ob die durch demokratische Prozeduren entstandene Architektur ein besonderes Aussehen hat? Ob es vielleicht sogar einen demokratischen Stil gäbe? Alternativ vielleicht zum Metabolismus, zum Rationalismus,

Kubismus, Brutalismus usw., zu Architekturrichtungen, die sich schon rein äußerlich in Gruppen einordnen lassen. Wir ahnen es: Ein solcher Versuch wird nicht weiterführen. Die Frage nach der demokratischen Architektur zielt nicht zuerst nach dem Äußeren von Architektur, nicht nach einem Formenkanon, das Demokratische liegt in den Prozeduren. Wir müssen also fragen: Haben wir uns demokratischer Prozeduren bedient? Und weiter: Haben wir unsere Arbeit orientiert an den Zielen, die unserem Verständnis, unseren Idealen von Demokratie heute entsprechen? Und wieder Carlo Schmid. Er sagt: „Durch die Rezeption der Menschenrechte ist Demokratie neben einer politischen zu einer moralischen Kategorie geworden." Also: Es ist nicht damit getan, daß ein demokratisch zustandegekommenes Gremium einen Planungsauftrag erteilt.

Auch danach müssen wir uns
1. demokratischer Verfahren bedienen und
2. die Chance, die diese demokratischen Prozeduren bieten, nützen, die dahin zielen, den Staat, unser Zusammenleben auch unsere Bauten, Architektur, die Wirklichkeit des Menschen zu vermenschlichen.
Und wenn wir davon ausgehen, daß Architektur die Kräfte widerspiegelt, die bei ihrem Entstehen wirksam waren, dann müssten solche demokratischen Prozeduren auch in Architektur, im Haus, in der Stadtanlage durchscheinen. Und das tun sie auch.

Schauen wir auf städtebauliche Lösungen in der Schweiz, auf den sozialen Wohnungsbau in Holland und auf Universitätsbauten in England und vergleichen wir diese mit „unseren Objekten" in der Bundesrepublik. Leicht können wir den Unterschied sehen und müssen nicht mehr danach fragen, wo das Demokratische eher zuhause ist und wo die Menschenrechte selbstverständlicher sind. Aber so arbeiten wir nicht. Wir arbeiten an anderem, an Architektur! Ich habe vielmehr den Eindruck, als würden wir in der Mitte Europas immer besonders gebeutelt von den kurzlebigen Tendenzen in Architektur. Sicher, diese immer wieder neu auftauchenden Tendenzen werden begünstigt durch die Tatsache, daß z.B. auch in Architektur Probleme sichtbar gemacht werden – und damit „gebannt" werden –, die in unserer Realität vernachlässigt worden sind. So hat sicher der durch die analytische, strukturelle Architektur bedingte Verlust der materiellen und plastischen Quantität und Qualität mit dazu geführt, daß im Brutalismus das Materielle und Plastische ästhetisiert wurde. Der Verlust der Notwendigkeit, geometrische Gesetze beherrschen zu müssen und dafür zu lernen, führte sicher auch dazu, daß diese Gesetze nun in Architektur wiederentdeckt und materialisiert werden.

Und der Verlust der Übersicht über unsere komplexe, komplizierte und auch recht chaotische (d.h. aber auch: vitale) Realität führte dazu, daß in Architektur vereinfachte Ordnungsvorstellungen in den Vordergrund gerückt werden (Achsen, einfache geometrische Körper und Bezüge usw.). Diese Reihe läßt sich fortführen. Ich meine, daß solche Architekturtendenzen einerseits verständlich sind, andererseits kurzlebig sein müssen. Sie verlieren ihre Legitimation in dem Moment, in dem das Problem sichtbar und aufgearbeitet wurde.

Übergeordnet ist aber auch all diesen Strömungen ein Gemeinsames zueigen, der Wunsch nämlich, Architektur nicht ausschließlich den Konditionen der Realität auszuliefern, Architektur nicht einfach dem Einfluß der Macht zu überlassen, Architektur vielmehr an Anderes, an Höheres zu binden. Auch unter diesem Gesichtspunkt können wir Architektur betrachten, eben so, daß wir in ihr das jeweilige „Höhere“ herauszulesen versuchen, das „Höhere“, was bei ihrem Entstehen wirksam war, das, was Architektur über das hinaus hebt, was ihr von der Realität ohnehin mitgegeben wird. Und dann taucht vieles auf: Höheres und Hochgehobenes, auch all die Ersatzgötter: Technik, Geometrie, Organisation, Verwaltbarkeit, Variabilität, Plastizität usw.; Aspekte, die durchaus ihren Platz im Ganzen haben, die auch ihre eigenen Gesetze besitzen, die dann jedoch, wenn sie herausgestellt, übergeordnet werden, eine hervorgehobene Position erlangen, die ihnen doch kaum zusteht; Aspekte, die dann von dieser Position aus mit ihren Gesetzen alles andere unterordnen und damit schwächeren Kräften die Existenz verweigern, ein einseitiges Weltbild zeigen. (Was dann eben zu den genannten kurzlebigen Tendenzen führt.) Diese Ersatzgötter sind verführerisch eindeutig und „nachweisbar“. Das übergeordnete Höhere, den Sinn unseres Bemühens … können diese aber nicht ersetzen.

Wollen wir nach den stetigen Tendenzen in Architektur suchen, so müssen wir nach den stetigen übergeordneten Kräften, nach den Zielen, Idealen unserer Zeit schauen. Nach Zielen, denen wir alle verpflichtet sind und die ohne unsere Hilfe in den Hintergrund geraten. Hierher gehört das Streben nach Freiheit und Würde für jeden (und auch für jedes) und unsere Hoffnung, uns diesem Ziele nähern zu können. (Dabei ist Freiheit nicht mit der Möglichkeit, willkürlich agieren zu können, zu beschreiben, sondern mit der Möglichkeit, aus sich heraus leben und wirken zu können. Und die Würde ist eng damit verbunden.) Und diese Würde ist allen und allem zuzubilligen.

Diese Tendenz ist durch die Geschichte zu verfolgen, und auch die immer wiederkehrenden Versuche, Freiheit und Würde zu verweigern – in anderem Interesse. Freiheit und Würde für sich und für andere, für alle und für alles, auch für Dinge. Diesen Tendenzen waren zunächst auch die Moderne und das Neue Bauen verpflichtet. In diesem Sinne sind dann Mays Wohnsiedlungen in Frankfurt und Scharouns Philharmonie in Berlin und Härings Gedanken Landmarken unserer Kulturgeschichte. Fühlen wir uns dieser Tradition verpflichtet, dann müssen wir uns den fortwährend neu sich aufbauenden Zwängen der Realität entgegenstellen, diese zurückweisen, Freiraum, Entwicklungsraum, Spielraum für alle und alles in Realität schaffen, und die Möglichkeit für jeden und für jedes, sich, seine Gestalt und seinen Platz in der Gesellschaft (und natürlich dann auch in der architektonischen Gestalt) finden zu können.

Es ist fraglich, ob wir dieses Ziel erreichen werden. Aber: Dieser Zweifel befreit uns nicht von der Aufgabe, uns diesem Ziele nähern zu wollen. Würden wir dies nicht tun, so würden die immer wieder und immer neu sich aufbauenden Zwänge uns immer weiter abdrängen, vom Ziele entfernen. Hierfür sind wohl zuerst Aktionen vor Architektur erforderlich. Wir können dann nicht mehr ohne weiteres Bauaufgaben, die auf uns zukommen, hinnehmen, einfach „verlängern“ und in Architektur umgießen. Ein großer Teil der Bauaufgaben muß im Zustand der Aufgabe korrigiert und transformiert werden.

Aber auch in Architektur schlägt sich ein solcher Ansatz nieder. Auch für Architektur müssen die aus den Konditionen der Zeit sich entwickelnden Vorstellungen, Ordnungen, Prioritäten etc. durchleuchtet, zurückgewiesen und transformiert werden, mit der o.a. Tendenz, Freiheit und Würde allen und allem zuzugestehen und sich selbst auch dafür zu engagieren. Diese Tendenz wird dann auch durch das fertige Werk scheinen. Es ergeben sich dann Lösungen, denen diese Tendenzen zueigen sind, in denen auch die Teile des Ganzen frei sind für sich und für ihre Funktion im Ganzen stehen werden. Ein Idealbild unserer Gesellschaft.

Zusätzliche Harmonisierungsmaßnahmen, geometrischer, formaler oder sonstiger Art sind dann fehl am Platze. Solche Harmonisierungsmaßnahmen würden sogar das Wesentliche solcher Architektur verderben, indem sie Architektur um die ihr und ihren Teilen anhaftende Freiheit bringt. Solche Architektur könnte dann mit einer Landschaft verglichen werden (tendenziell), in der ja auch jedes für sich und in Verbindung zum Anderen und zum Ganzen steht – so lange, bis Übermächtige eingreifen. Ein Baum sollte ein Baum bleiben dürfen, eine Stütze eine Stütze, eine Rose eine Rose und ein Stuhl ein Stuhl usw. Eine vielfältige Architektur, eine einheitliche Architektur. Die Vielfalt der Erscheinung hat ihre Einheit in der gemeinsamen Freiheit, Würde, Hoffnung und Toleranz – Tendenzen, die ja auch Ziele unseres Zusammenlebens sind.

Ja – es gibt eine Architektur der Demokratie und diese ist anders, funktioniert anders und sieht auch anders aus als die Architektur der Apparate des Staates, der Produktion und der Konzerne, anders als die Architektur der Griechen, Römer, Ägypter, anders als die Architektur der Gegenreformation und natürlich auch anders als die Architektur des Metabolismus, Brutalismus, Rationalismus, Kubismus usw. Während diese letzteren einen eigentlich doch recht nebensächlichen Aspekt des Ganzen in den Mittelpunkt der Bemühungen stellen, z.B. die Austauschbarkeit von Teilen, die plastische Qualität, die geometrisch-formale Qualität, das Autarke der Architektur – was doch heißt: den Willen, Architektur vom Alltag und vom Menschen und von seinen Idealen zu lösen usw. – wird eine demokratische Architektur sich demokratischer Prozeduren bedienen und den Menschen – genauer: die Rechte und die Würde des Menschen, seine Individualität – in den Mittelpunkt stellen; eine solche Architektur ist anders.

Und eine solche Architektur sieht auch anders aus. Eine solche Architektur wird fairer, offener, weniger rechthaberisch, toleranter, weniger auf dem Sockel, auf keinen Fall totalitär sein, sie wird differenzierter, weniger hart, weniger monumental sein. Sie wird menschlicher sein, natürlicher, wahrscheinlich hätte Hugo Häring gesagt: organischer.

Vom Prinzip her kann das nicht schwer sein. In Realität dann doch, müssen wir uns doch entgegenstellen all dem und allen denen, die gerade dies im Alltag verhindern, den Mächten der Tagespolitik, der Produktion, der Administration usw., all denen, die bei der Wahl der Mittel zum Erreichen ihrer Ziele nicht pingelig sind.

Aber ich meine schon, es lohnt sich, dafür zu arbeiten. Für was sonst möchten wir uns engagieren?

ÜBER DEN BEGRIFF „ORDNUNG“

Abschiedsvorlesung an der Technischen Hochschule Darmstadt
Darmstadt, 8. Juli 1987

Ich möchte anknüpfen an dasjenige, was ich meinte, während meiner Tätigkeit hier in Darmstadt sagen zu sollen, in meiner Lehre in dem von mir vertretenen Fache Baukonstruktion/Baugestaltung. Darüber hinaus trage ich etwas über den Begriff „Ordnung“ vor. Vielleicht, weil es mir nicht gelingt, die Dinge um mich so zu ordnen, wie es üblich ist. Vielleicht auch, weil ich andere Vorstellungen in diesem Zusammenhang habe als allgemein. Sicher auch, weil mich der Anspruch, der seitens der Architekten erhoben wird, ihre Aufgabe sei es, in ihrer Arbeit „die Dinge zu ordnen“, schon immer empört. Warum sollte ausgerechnet ein Architekt in der Lage sein dazu. Ich habe erfahren, in der Regel sind die Dinge durch Menschen nicht in eine bessere Ordnung gekommen, auch nicht durch Architekten.

Der Architekt Paul Schmitthenner z.B., der vor 50 Jahren einen Vortrag hielt über „Das sanfte Gesetz in der Kunst“, was doch vom Titel her sympathisch klingt, hat vor 40 Jahren eine Schrift verfaßt mit dem Titel: „Schönheit ruht in der Ordnung“; acht Druckseiten lang, ohne dabei zu sagen, welche Ordnung er meint und wessen Ordnung er meint. Die göttliche Ordnung, darüber wollen wir nicht streiten; die Ordnung der Produktionsapparate jedoch, oder die des Marktes oder die der Telekommunikationssysteme, die möchten wir doch in ihrer Absolutheit nicht ohne weiteres akzeptieren.

Den üblichen Ordnungsvorstellungen mißtraue ich. Das ist fast ein Reflex.

Seinem Text stellt Paul Schmitthenner ein Zitat von Novalis (Friedrich von Hardenberg 1772–1801, Frühromantiker) voran: „So nötig es vielleicht ist, daß in gewissen Perioden alles in Fluß gebracht werde, um neue notwendige Mischungen hervorzubringen und eine neue, reine Kristallisation zu veranlassen, so unentbehrlich ist es ebenfalls, die Krisis zu mildern und die totale Zerfließung zu behindern, damit ein Stock übrigbleibe, ein Kern, an dem die neue Masse anschließe und in neuer, schöner Form sich um ihn her bilde." Geschrieben sicher unter dem Eindruck der Ereignisse der Französischen Revolution. Schmitthenner war offensichtlich interessiert am zweiten Teil dieses Zitates. Ich bin engagiert und interessiert am ersten Teil.

Kristallisation, das gefällt mir nicht. Kristalle sind hart. Kristalle, das sind doch diejenigen Dinge, die das Unglück hatten, in einem sehr frühen Stadium ihrer Entwicklung zu erstarren – ich glaube, dieser Gedanke stammt von Teilhard de Chardin – und so nur das eigene Gesetz, die eigene Ordnung kennenlernten, nicht den Nachbarn, nicht die Entwicklung, nicht die Offenheit anderen gegenüber, Dinge, die sich nicht weiterentwickeln konnten. Und „Ordnung um der Ordnung Willen, das ist der Tod", so oder so ähnlich soll auch Teilhard de Chardin gesagt haben, jedenfalls berichtete dies mein Kollege Hansjakob Führer, dem ich hier für 20 Jahre kollegialer Zusammenarbeit danke. Ich nehme an, er wollte mich trösten im Angesicht der Schwierigkeiten, die ich mit dem Begriff „Ordnung" habe.

In der Lehre im Fache Baukonstruktion/Baugestaltung habe ich mich bemüht, Baumaterialien, Konstruktionen, Bautechniken und andere zu diesem Bereich gehörenden Momente von Architektur zu lehren – aus ihren Gesetzen, aus den ihnen innewohnenden Ordnungen heraus, soweit dies möglich war. Der Fachbereich Architektur der THD ist ja so aufgebaut, daß verschiedene Aspekte von Architektur für sich gelehrt werden: Baukonstruktion z.B., aber auch Festigkeitslehre, Baugeschichte, Zeichnen usw. Wir nehmen an, daß in dieser Art diese Aspekte von Architektur deutlicher erkennbar werden. Der Studierende muß dann im Fache „Entwerfen" diese Einzelteile zu einem neuen Ganzen zusammenfügen. Viele Momente von Architektur sind bei uns nicht vertreten: Sozialwissenschaft z.B., Philosophie, Anthropologie, Physiologie, Psychologie usw. Einiges davon kann man aus anderen Fachbereichen beziehen. Vieles müßen die Studierenden sich selbst irgendwo besorgen.

Es gibt mehrere Wege für den Anfänger, in Architektur einzusteigen, über das Formale, über die Inhalte, über das Tragwerk usw. Nach wie vor scheint der Einstieg über das Machen – und nicht zuerst ausschließlich über den Kopf – sinnvoll, und hierbei über Konstruktionen und Funktionen, schon deshalb, weil so ein Weg begangen werden kann, der für den Studierenden selbst gut beurteilbar und kontrollierbar ist; ein Weg, auf dem Hand und Kopf geübt werden können, wenn auch – das räume ich ein – dies der Weg zum „Macher“ sein könnte.

Ich war der Meinung, daß man seine Techniken kennen und beherrschen muß, wenn man Pirouetten drehen will, daß das Beherrschen der Techniken und das sind mehrere, nicht nur die Konstruktionstechniken, erst die Möglichkeit öffnet, auf dem „hohen Seil zu tanzen“, vielleicht sogar in scheinbar spielerischer Art. Es wäre jedoch falsch, würden wir annehmen, daß die Techniken selbst Architektur wären oder daß die Techniken quasi von sich aus zu Architektur führen würden. Genausowenig wie das wörtliche Nachfahren erkannter Funktionen zu einem guten Hause führen kann. Im Gegenteil: Der Schein des Rechthabens und der Schein der Perfektion – beide leicht den Techniken und dem Funktionalen zu eigen – sind widerwärtig in unseren Häusern. Wir können uns doch sicher Häuser vorstellen, in denen die Wärmedämmwerte ungenügend sind, durch deren Dach vielleicht der Schnee weht, in denen Ameisen ihre Straßen anlegen … Und wir fühlen uns wohl dort, möchten unsere Familie dort ansiedeln und unsere Kinder dort aufwachsen sehen. – Und wieviel widerwärtige Häuser gibt es, deren Dächer dicht sind.

Der Umkehrschluß allerdings ist nicht erlaubt, daß zu einem guten Haus ein undichtes Dach gehören müßte – oder sogar, daß ein Haus dadurch gut werde, daß Regen durch sein Dach dringt. Obwohl, ein bißchen ist schon daran. Sagen wir so: Ein Haus wird sympathisch auch dadurch, daß es so aussieht, als könnte das Dach nicht ganz dicht sein. Also, wie wir Menschen auch aussehen und auch sind. Diesen Gedanken möchte ich nicht weiterführen, schon um die Bedeutung des von mir vertretenen Faches im Nachhinein nicht in Frage zu stellen, sicher auch im Interesse meines Nachfolgers. Mit der materiellen Seite der Architektur müssen wir uns wohl auseinandersetzen, auch wenn das als Last empfunden werden könnte.

Über den Begriff „Ordnung“

Mancher mag sich Räume denken: heiter, licht, sonnig, erhebend, und wenn er diese Räume dann bauen will, trifft er auf Steine, Stahl, Beton, Wasserrohre, Regenrinnen usw. Das ist doch banal und desillusionierend. Sicher, es gibt da Möglichkeiten: Vielleicht kann man vom Material ablenken, Sonne, Licht, Schatten, Geräusche, Gerüche, Wandlungen, das Phänomen Zeit, vielleicht noch Vorhänge, die im Winde wehen ... das könnte wohl gehen, scheinbar ohne Materialien und ohne Konstruktionen. Hans Scharoun ist diesen Weg gegangen. Ihm verdanken wir den für diesen Ansatz exemplarischen Innenraum für die Philharmonie in Berlin. Diesen Raum sehe ich auch als Hinweis darauf, daß wir – obwohl wir im Materiellen verhaftet sind – uns erheben können über die einengenden Bindungen des Materiellen. Ein genialer und ein erhebender Ansatz, für manche Architekten-Aufgaben nützlich, ideal korrespondierend mit der Funktion dieser Aufgabe „Musikraum Philharmonie".

Nur selten gelingt ein solch stimmiger Wurf. Aber Versuche hierzu gibt es immerwährend. Eigentlich schon immer wurden mit Architektur auch andere, das Triviale übersteigende Momente behandelt. Wenn auch solche Momente im Laufe der Geschichte wechselten. So waren alte Architekturen an höhere Welten gebunden. Im Humanismus z.B. über Zahl, Proportion und damit auch über reine geometrische Figuren mit dem Makrokosmos, dem man solche Ordnung zumaß – und durch den Rückgriff auf Architekturelemente der Antike, einer Zeit, für die man die Übereinstimmung von Mikrokosmos und Makrokosmos annahm. Das war doch ein Ansatz, wenn auch vielleicht schon seinerzeit etwas akademisch, denn die reinen Wissenschaften hatten ja nicht bei diesem Weltbild haltgemacht.

Was haben wir heute in diesem Bereich zu bieten? Nichts? Wenn wir z.B. völlig ohne die das Triviale übersteigenden Momente arbeiten würden, wenn wir einfach beiseitetreten würden, was würde dann passieren? Wenn wir nur unseren Sachverstand und nur unser Fachkönnen unseren Auftraggebern zur Verfügung stellten und nichts darüber hinaus, wenn wir also nichts wollten, als das, was der Baufachmann Architekt liefern kann, und wenn wir auch nichts tun würden darüber hinaus, wenn wir uns mit unseren Meinungen völlig zurückhalten würden, was würde dann passieren?

Das ist nicht schwer zu sagen: Dann kämen die in der speziellen Situation wirksamen Kräfte, die ja ohnehin vorhanden sind auch ohne uns, deutlich zum Ausdruck in Architektur. Solchermaßen entstandene Bauten kennen wir alle: an den Rändern unserer Städte, in Gewerbegebieten oder an den Ausfallstraßen, die Supermärkte z.B.

Was sagen uns diese Bauten? Sie sagen uns, daß hier jemand so viel wie möglich, so schnell wie möglich und so billig wie möglich haben wollte und daß jemand da war, der diesen Wunsch erfüllen konnte. Offensichtlich haben solche Forderungen andere Regungen und andere Momente unterdrücken können. Diese Bauten werden der Architektur und dem Stande des Architekten vorgehalten als Beispiele mangelhaften Könnens. Das ist falsch. In diesen Bauten spiegelt sich doch nicht wider das Können oder das Nichtkönnen des Architekten. In diesen Bauten spiegelt sich doch nur dasjenige wider, was die Situation bestimmte beim Realisieren dieser Bauten und dasjenige, was dann dort steht, ist genau das, was unsere Gesellschaft abgerufen hat aus dem großen Fundus, der zur Verfügung gestanden hätte.

Geschichtlich war es wohl so, daß derjenige Teil des Bauens, der sich auf eine höhere Welt bezog, Architektur war. Das andere Bauen gehörte zum trivialen Bereich des Bauens. Also, nicht alles war Architektur, was gebaut wurde. Zur Architektur zählten Bauten für Aufgaben, Institutionen und Menschen, denen die Teilhabe am Höheren zugebilligt wurde bzw., die diese Teilhabe am Höheren beanspruchten. Also Anlagen für Götter, Fürsten, Adel, Staat, später Großbürger, dann auch Konzerne, Industriefürsten, Geldadel ... Dagegen: Bauernhäuser, Scheunen, Wohnhäuser für Land- und Fabrikarbeiter gehören in der Regel nicht zur Architektur. Und bei den Stadthäusern für einfachere Mietwohnungen konnte man säuberlich trennen: Derjenige Anteil des Hauses, der zum öffentlichen Raum gehörte, also zu dem Raum, der der Obrigkeit gehörte, die Fassade, der bzw. die wurden der Architektur zugeschlagen. Diese gehörte zur höheren Welt, während die dahinterliegenden Wohnungen, Treppen, Höfe, Fassaden zur Trivialität des Alltages gerechnet wurden.

Eigentlich sollte diese Trennung des Bauens in höhere Welten und gemeine Welt tendenziell beendet sein. Eine solche Vermutung hält allerdings genauer Betrachtung nicht stand. Heute meint mancher, dass z.B. Bauten des Staates eine höhere Würde zugebilligt werden müßte als gewöhnlichen Wohnbauten, oder daß Fassaden an Straßen „schön“ zu sein hätten, daß die Wohnungen dahinter dann ruhig abfallen könnten. Der Oberbürgermeister der Stadt Stuttgart, Rommel, hat solche Auffassung zurechtgerückt in einer Diskussion kürzlich in Stuttgart, anläßlich der Bemühungen des Landes Baden-Württemberg, in Stuttgart eine sogenannte „Kulturmeile“ zu schaffen – was das auch heißen mag, ohnehin ein problematisches Vorhaben. Rommel erklärte, daß er von der Stadt her nicht 150 Mio. DM ausgeben könnte, um eine Verkehrsstraße zwischen öffentlichen Renommiergebäuden unter die Erde zu legen, solange es in Stuttgart Wohngebiete gäbe, in denen Bewohner unter Straßenlärm leiden müßten.

Die Bindungen der Architektur an eine höhere Welt hatten sicher mehrere Aufgaben. Sie legitimierten die Art der Taten im Diesseitigen und stabilisierten die herrschende Ordnung. Sie wiesen hin auf eine bessere höhere Welt im Jenseitigen, trösteten damit über die Widrigkeiten der diesseitigen Welt usw. Das war ein relativ weiter Rahmen. Und solange diese höhere Welt als solche akzeptiert wurde, war vieles möglich; also solange, wie alle Teile unseres Lebens sich in den Rahmen dieser höheren Welt fügten. In Schwierigkeiten mußten diese, an sogenannten höheren Welten gebundenen Architekturen erst dann kommen, wenn die praktischen Funktionen sich anderen Göttern zuwandten.

Wie in der Neuzeit geschehen. Von daher die Unruhe im Äußeren von Architektur, eigentlich seit der ausgehenden Renaissance. Im 18. und 19. Jahrhundert dann, als die großen Städte sich bildeten, Straßen und Brücken erforderlich wurden, Markthallen, Bahnhöfe, Börsen, Ausstellungshallen usw., als man sich also an Handel und Gewerbe orientierte, mußte das bis dahin mühsam erhaltene bzw. immer wiedergefundene Repertoire der klassischen Architektur versagen. Man half sich, indem man denjenigen Teil des Bahnhofes, der der Straße, der Stadt, dem öffentlichen Raum sich zuwandte, der Architektur zuschlug, während dasjenige, was dahinter lag, die Bahnsteige, die großen Hallen, dem Trivialen und der Technik und dem Alltag zugerechnet wurde, Stahl-Glas-Überdeckungen, selbstverständlich im Detail geschönt, aber außerhalb der geltenden Architekturordnungen. Man machte das Gleiche, was schon früher getan wurde. Die Welt wurde in Klassen eingeteilt, eine Klasse, die Anteil hatte an einer höheren Welt, und eine solche, die diente. Es gab in dieser Situation scheinbar keinen anderen Weg. Mit dem formalen Repertoire konventioneller Architekturen war es einfach nicht möglich, den neuen Aufgaben im Bereich der praktischen Funktionen zu genügen.

Oder schauen wir uns die Bemühungen Sullivans an, Hochhäuser mit einem klassischen Aufbau von Bauwerken im Vertikalen zu gestalten. Unten der Sockel, dann der Hauptteil, dann der obere Abschluß, eine Partie mit Gesims. So sind Bauten entstanden, bei denen Bürofenster in den unteren Geschoßen eben zwischen Rustika-Mauerwerk herausschauten, in der Mitte zwischen Säulen hindurchblickten, die 10–15 Geschoße hoch waren, und oben in einem Fries in einem Gesims saßen.

Nun war es nicht so, daß solche Zwänge allen Häusern verordnet wurden. Zur gleichen Zeit wurden hohe Häuser gebaut – auch in Chicago – die sich mit der überkommenen Architekturordnung nicht plagen mußten. Diese Häuser standen allerdings im Hofe, jedenfalls nicht an der Straße, hatten also offensichtlich nicht teil an derjenigen „höheren Welt“, in die die Vorderhäuser sich einordneten. Es war also nicht so, daß offenere Ordnungen nicht vorhanden gewesen wären, schließlich wurden doch seit Jahrhunderten Fensterbänder in Fachwerkhäusern eingebaut. Aber das zählte nicht zur Architektur.

In solchen Situationen – für uns besonders deutlich zu erkennen eben im 19. Jahrhundert – stellte sich die Architektur der höheren Welt gegen Ansprüche aus dem Bereich der Wirtschaft und der Technik, aus dem Bereich der praktischen Funktionen also. Ich sehe das als Versuch, die Werte der alten Welt nach außen hin zu erhalten, Konventionen zu wahren, Konventionen, die ja Gesellschaftsordnungen, Anteilen an Aufgaben und Macht entsprachen und stabilisierten. So entstanden Situationen, in denen Macht und Positionen tatsächlich schon neu verteilt waren, während die alten, nun überholten Verhältnisse nach außen hin konserviert wurden, während der Schein existierender Konventionen noch aufrechterhalten wurde. Situationen, die selbstverständlich nicht lange überleben konnten. Ordnungen der Architektur entsprechen den Ordnungen der Gesellschaft. Und die Ordnungen der Gesellschaft sind abhängig von den Ordnungen auch im trivialen Bereich.

Ein nichtarchitektonisches Beispiel dazu: Vor Jahren brach über Nepal, dessen Gesellschaft über Jahrhunderte fest geordnet war, die neue Zeit ein, die neue, technische, westliche Zeit. In der bis dahin funktionierenden Hindu-Ordnung war die oberste Stufe der Gesellschaft von Gruppen von Brahmanen besetzt. Diesen standen Privilegien zu. Vieles war ihnen aber auch verwehrt. So durften sie die meisten Arbeiten nicht selbst ausführen, handwerkliche Arbeiten z.B. Diese Arbeiten waren anderen Gruppen zugewiesen. Aber alle diejenigen Leistungen, die an höhere Gruppen nicht vergeben waren – das waren sicherlich die niedrigsten Arbeiten – fielen dabei der niedrigsten Kaste zu. Als dann die westliche Welt einbrach in diese bis dahin „wohlgeordnete Welt", die westliche Welt mit ihren Maschinen, mit ihren Autos, mit ihrer Technik allgemein, wurden viele neue Tätigkeiten erforderlich. Autos mußten jetzt repariert werden, Maschinen gewartet usw. Und diese neuen Tätigkeiten waren im Rahmen der alten Ordnung nicht bekannt und damit nicht vergeben. Sie mußten also im Rahmen dieser alten Ordnung von der niedrigsten Kaste übernommen werden. Aber das waren nun Leistungen, die – anders als diejenigen Leistungen, die bis dahin von der niedrigsten Kaste ausgeführt werden mußten – de facto jetzt Gewinn, Einfluß, Macht usw. mit sich brachten.

Die gewohnte Ordnung stellte sich auf den Kopf: Der Brahmane, der nicht wußte, wie mit Werkzeug umzugehen sei, konnte nicht mal die eigene Lampe reparieren. Notwendigerweise stand er nun abseits, wenn die eigene Welt von der westlichen Welt erobert wurde. Derjenige aus der niedrigsten Kaste, der schon immer alles machen mußte, was andere nicht konnten, wollten oder durften, übernahm diese neuen, in der neuen Gesellschaft bedeutenden Aufgaben und gewann so im Alltag große Bedeutung. Es ist nicht schwer, sich die Zukunft dieser Gesellschaft auszumalen; wobei die Situation nicht einfacher wird dadurch, daß die alte Hindu-Ordnung eine religiös begründete Ordnung ist, daß Aufstände gegen Konventionen sich also richten müssen gegen Glauben, Klerus und göttliche Ordnung.

Eines Tages mußten diejenigen Ordnungsvorstellungen, die der gewandelten Kondition der Realität nicht mehr entsprachen, die diese jedoch im Äußeren noch überlebten, aufgegeben werden, im Alltag und in Architektur. So war es nur eine Frage der Zeit, bis Säulen, Gesimse, Architrave, Sockel, Portale, Risalite usw. aus Architektur verschwanden, bis offene Ecken, offene Räume, gläserne Dächer u.a.m. zu Architektur erhoben wurden, so z.B. auch die tendenziell ungegliederte, flächige Fassade. Die Notwendigkeit, frei vermietbare, frei unterteilbare hochgestapelte Büroflächen zu schaffen, der Wunsch, die Größe und Bedeutung der Organisation in der Höhe von Gebäuden zu sehen, die und noch mehr wiesen den Weg zur neuen Architekturordnung. Genauso die neuen Baumaterialien: Stahl, Glas, Stahlbeton, Aufzüge, Klimaanlagen, Rolltreppen, Telefone, leistungsfähige Produktions- und Konstruktionsmöglichkeiten … das alles rüstete das Bauen auf, riß Schranken nieder, die bis dahin unüberwindbar waren, und öffnete Architektur. Mit diesen Mitteln konnte Architektur nun mehr Anforderungen genügen und den Anforderungen besser genügen.

Was wäre da alles möglich gewesen? Preiswerte Wohnungen, gesunde Wohnbereiche, dezentralisierte Infrastruktur usw. Und genau das war doch die Wunschvorstellung der Architekten der Moderne, nämlich, daß die zum Bauen erforderlichen Investitionen breiter zu verteilen seien, daß gute Wohnungen, gute Möbel für alle zu schaffen seien, und daß die neuen Produktionsmöglichkeiten, das vermehrte Kapital und die offene Ordnung von Architektur tendenziell allen zugute käme.

Erstmals in der Geschichte war Architektur säkularisiert worden. Architektonische „Ordnungen“ waren nun tendenziell offen. Möglich war nun vieles. Architektur war nicht mehr unterteilt in eine solche, die Anspruch hatte auf eine höhere Welt, und in eine solche, die zur gewöhnlichen Welt zählte. Allen Aufgaben wurden jetzt gleiche Formensprache und gleiche Materialien zugebilligt. Das war völlig neu. Materialien, Konstruktionen, Grundriße, Gebäudetypen und Architekturordnungen waren bis dahin gebunden an bestimmte Aufgaben. All das war jetzt aufgehoben, und dasjenige, was zum Bauen verfügbar war, war für alle und für alles da.

Hier entstanden hervorragende Bauwerke: Duikers Sanatorium Sonnenstrahl, Salvisbergs Fabrik in Basel, Wohnhäuser am Weißenhof in Stuttgart von Mart Stam, Hans Scharoun, Mies van der Rohes Pavillon in Barcelona, das Kaufhaus Schocken von Mendelsohn in Chemnitz, Gropius' und Meyers Entwurf für die Chicago Tribune, Asplunds Pavillon anläßlich der Weltausstellung in Stockholm, sein Südfriedhof, Brinkmans und Van der Vlugts Van-Nelle-Werke in Rotterdam, Williams Boots-Company, das Gebäude der Heilsarmee von Le Corbusier und Jeanneret ... was ließe sich da alles aufzählen. Die Architektursprache einer offenen, sozialen, klassenlosen Industriegesellschaft, tendenziell frei, gebunden über ihre Funktionen, republikanisch, demokratisch. Für mich ist das noch heute die Geburt der Architektursprache unserer Zeit, unserer Ziele, unserer Wünsche und Hoffnungen.

Und man fragt sich, warum das so anders gelaufen ist. So manches fällt mir da ein: Gehen wir zurück zur ersten Chicagoer Schule. Natürlich, es gehen zahllose Momente in Architektur ein. Insofern hat vieles zur Veränderung der Architektursprache beigetragen. Aber der direkte Anlaß für die neue Architektursprache war sicher die Notwendigkeit, das Formale von Architektur soweit zu verändern, daß Architektur nun den Forderungen aus den praktischen Funktionen leichter genügen konnte.

Bis dahin niedere Elemente wurden dabei erhöht. Mitverändert hat sich dabei auch die Art der Elemente. Setzte sich bis dahin Architektur zusammen aus Architekturelementen wie Säule, Architrav, Sockel, Gesims, dazu eine hierarchische Ordnung dieser Elemente, nur lose an praktische Funktionen gebunden, fast ausschließlich Teile der symbolischen Funktion – ich bediene mich hier der Begriffe Mukařovskýs –, so sind diese Elemente jetzt Konstruktionselemente, statt einer Säule jetzt also eine Stütze, Dachrand statt Architrav, Eingang statt Portal usw., und die architektonische

Ordnung gründet sich auch auf die Beziehungen dieser Elemente untereinander, vorwiegend im Bereich der praktischen Funktionen und nicht mehr zuerst im Bereich der Symbole wie zuvor.

Damals wurde Architektur für Bürobauten z.B. den Erfordernissen angepaßt. Ich glaube nicht mal, daß Architektur seinerzeit säkularisiert wurde – wie ich das vorhin meinte. Das war in den USA nicht im gleichen Maße erforderlich wie in Europa. Teile aus dem Gebrauchsbauen sind in die akademisch anerkannte Architektur übernommen worden. Das war einfach nützlich. Die Möglichkeiten für akademische Architektur wurden erweitert.

Allerdings – ich nehme schon an, daß Architekten wie Sullivan und vor allem Frank Lloyd Wright sich bewußt waren der Tatsache, daß die neue Architektur nicht einfach nur ein Ersatz war für die alte höhere Architektur, oder nur eine Veränderung des Repertoires der Architektur. Aber das Ganze hatte nicht den aufrührerischen Aspekt, den die Moderne dann in Mitteleuropa erlangte. Die amerikanische Gesellschaft war von sich aus offen. Die Parallelität zwischen gesellschaftlicher Ordnung und architektonischer Ordnung, wie diese in Europa vorhanden war und gesehen wurde, gab es in den USA nicht im gleichen Maße – bezüglich der klassischen Architekturordnungen. Damit wurde dort das Engagement für die Moderne nicht verstanden – wie das in Europa geschah – als Aufruf, die gesellschaftlichen Verhältnisse zu ändern. Für Frank Lloyd Wright bot die neue Formensprache die Möglichkeit, amerikanische Architektur zu schaffen, und das war selbstverständlich eine offene, freiheitliche Architektur.

In Europa waren die Verhältnisse anders. Europäische Architekten übertrugen die Sprache der Architektur, die in der 1. Chicagoer Schule sich ausgebildet hatte, auf das gesamte Bauen und entwickelten diese Sprache weiter. Sie übertrugen das auf Regierungssitze und Arbeiterwohnungen, auf Fabriken, Hochhäuser, Akademien, Schwimmbäder, Krankenhäuser, Hotels, Friedhöfe usw. Damit eilten diese Architekten der gesellschaftlichen Realität voraus. In Chicago wurde Architektur der technischen und wirtschaftlichen Realität angepaßt. Die Moderne hingegen bot das Bild einer freien, klassenlosen, republikanischen, demokratischen Gesellschaft, und das im Kontrast zur

Realität, denn diese klassenlose Gesellschaft existierte nicht – noch nicht, wie die Architekten der weißen Architektur meinten. Diese Architektur war also das Bild einer Utopie. So wie früher die Ordnungen der Architektur anderer Stile, der Renaissance z.B., das Bild einer anderen Utopie gespiegelt haben mögen, das Bild einer mit einer kosmischen Ordnung in Einklang stehenden Ordnung der Welt des Menschen

Die Moderne wies damit in die Zukunft, wies hin auf eine bessere Welt im Diesseitigen und wurde so auch gewertet. Die Härte der Auseinandersetzungen sind an vielen Geschehnissen noch heute abzulesen. Um die Siedlung am Weißenhof z.B. in Stuttgart und um die darauffolgende Siedlung am Kochenhof, ebenfalls in Stuttgart, in den Verfolgungen im sogenannten Dritten Reich, aber auch in anderen Diktaturen und in den Ablehnungen durch Kräfte, die die überkommene Klassengesellschaft einfach für angemessener hielten, die in den in der Moderne aufgezeigten Utopien Gefahren für ihre bestehende Welt sahen und heute auch, in einer konservativen Phase mit restaurativen Tendenzen, bemüht sich mancher, die doch inzwischen ungefährlich gewordene Moderne im Nachhinein noch zu diffamieren.

Aber das ist nur die eine Seite, andererseits hat sich die Moderne Architektur selbst von ihrem Ideal abgewandt, vom Ideal der offenen Architektur, alleine schon dadurch, daß sich auch in der Moderne wieder ein Formenkanon entwickelte, der übernommen werden konnte und der letztlich Architektur wieder vom Ende des Prozeßes her bestimmte, nämlich vom Formalen her. Natürlich, es gehört zu den Aufgaben des Architekten, eine Ordnung des Formalen zu finden, und das ist im künstlerischen Bereich die schwierigste Aufgabe. So liegt es nahe, sich auf ein erprobtes Repertoire zurückzuziehen. Es liegt nahe, führt aber nicht weiter. Es konnte dann nicht ausbleiben, daß die Ergebnisse der Arbeiten der Schule des Bauhauses einfach übernommen wurden, daß Rezepte benutzt wurden, die die Lebendigkeit und Offenheit der Architektur einschränkten. Dabei wurden die Bindungen an die gesellschaftspolitischen Momente gelockert in dem Maße, in dem das Formale ästhetisiert wurde. Das ist ein schmaler Grat und es steht uns nicht an, die Betrachtung dieser Vorgänge zu verbinden etwa mit einem Vorwurf.

Aber da ist noch etwas anderes: Die von ihren beengenden Ordnungen befreite, durch neue Materialien, Techniken und Auffassungen weit geöffnete Architektur war nun tatsächlich offen, offen für alle und offen für alles, und sie wurde besetzt. Das heißt, die Freiräume in der Architektur – technisch, finanziell, formal –, die zunächst freigeräumt wurden im Hinblick auf eine bessere, sozialere, humanere Welt, wurden besetzt von den Mächtigen der Zeit. Besonders gut zu sehen in der Architektur der letzten drei Dekaden. Der Freiraum, in dem in einem Bürohaus vieles sich hätte verwirklichen können, auch bessere Arbeitsplätze z.B., auch Freibereiche, wurde genutzt, um mehr Arbeitsplätze pro Geschoß und mehr Geschoße pro Grundfläche unterzubringen. Plötzlich war es erstrebenswert, bei Kunstlicht zu arbeiten – vielleicht noch geschönt durch Begriffe wie „Bürolandschaft". Und nun war es auch möglich, schneller mehr verwertbare Nutzfläche zu realisieren, billiger zu bauen usw. Das heißt, die trivialen Funktionen unserer Zeit waren einfach schneller und einfach kräftiger. Sie okkupierten die Freiräume. Ansprüche der Menschen auf besseres Wohnen, auf einen Garten zur rechten Zeit usw. waren leichter abzuweisen, mit Begriffen wie „Zersiedlung der Landschaft", „Ausbilden von Stadträndern", „Verdichten der Städte" usw. usw. Begriffe, die den Spezialisten der Apparate einfallen, um den Menschen auf die Plätze verweisen zu können, ihn hinweisen zu können auf seine geringe Bedeutung im Rahmen des großen Apparates.

Ordnungshalber muß ich sagen, daß es sich bei den geschilderten Vorgängen um Tendenzen handelt. Es gibt immer mehrere Strömungen nebeneinander. Und ordnungshalber muß ich auch erwähnen, daß durchaus auch Verbesserungen errungen wurden im sozialen Bereich oder im medizinischen Bereich z.B. Dasjenige jedoch, was durch die Apparate-Architektur entstand, prägte doch die Masse des in unserer Zeit Gebauten. Ein deutlicher Spiegel unserer wirtschaftlichen und gesellschaftspolitischen Realität, des Stils unseres Lebens. Und das scheint uns nicht zu gefallen. Und hier setzen heute die Vorwürfe an. Und die Architekten meinen, es sei in ihrer Zuständigkeit und in ihrem Vermögen, da Abhilfe zu schaffen.

Gehen wir noch einmal zurück zur weißen Architektur der 20er und 30er Jahre unseres Jahrhunderts. Es war ja nicht so, daß diese Architektur schon von sich aus sozial, human und demokratisch gewesen wäre. Es war nicht so, daß man in und mit solchem Architektur-Repertoire nur „gut sein“ konnte. Mit solchem, leicht modifiziertem Repertoire konnte man auch anderes leisten. Das haben sogenannte Rationalisten in Italien gezeigt. Sie bauten auch für die faschistische Diktatur. Aber die weiße Architektur zeigte ein Repertoire, in architektonisch formaler, in technischer, in ökonomischer Hinsicht, ein Repertoire, mit dem eine tendenziell gleiche Architektur für alle und für alles hätte praktiziert werden können und so wurden die Bemühungen seinerzeit auch begründet. Sie wies hin damit auf eine gerechtere Welt in unserer diesseitigen Welt, eine bessere Welt, die für realisierbar und möglich gehalten wurde. So sehe ich das jedenfalls.

Schauen wir uns demgegenüber unsere Bemühungen an in unserer Zeit: Wir wollen Architektur neu ordnen. Wie wollen wir diese Architektur ordnen? Die verschiedenen und zahlreichen Arten des „Überformens“ von Architektur kann ich hier nicht aufzählen. Ohnehin bleiben diese an der Oberfläche. Generell kann man sagen, daß es sich bei diesen Bemühungen darum handelt, den durch die Kräfte der heutigen ökonomischen, technischen, gesellschaftlichen Situation vorgeprägten Bauten ein anderes Gesicht zu geben, ein Gesicht, das sich von dem unterscheidet, was sie annehmen würden, ohne diese unsere Bemühungen.

Zwei Richtungen seien stellvertretend für alles genannt:

1. Das Bemühen, aus der „richtigen Verwendung“ von Baumaterialien und Fertigungstechniken, von Techniken allgemein eine Gestalt zu beziehen. Begriffe wie Werkgerechtigkeit und Materialgerechtigkeit gehören hier her. Ich anerkenne, daß das ein möglicher Weg war in einer Zeit der schwachen Kräfte, der geringeren Energien, des Handwerks, der natürlichen Materialien, eine Möglichkeit in solch einer Zeit, in der die konventionellen Architekturordnungen als nicht mehr akzeptabel aufgegeben wurden, eine Möglichkeit, Wohnhäuser in eine – wir würden heute sagen – ökologische Ordnung einzufügen.

In unserer Zeit jedoch, in der Zeit der großen Energien, der industriellen Produktion und der künstlichen Materialien führt dieser Ansatz in die Irre. Die Techniken sind „übermenschlich" geworden und die Materialien können – wie wir erfahren haben – extremen Schaden anrichten, auch wenn sie in eigener Ordnung angewandt wurden. Handwerk und natürliche Materialien waren von sich aus in einer vorverantworteten Ordnung. Industrielle Produktion und künstlich geschaffene Materialien stammen nicht aus einer solchen Ordnung. Sie müssen noch verantwortet werden. Sie führen also nicht mehr von sich aus zum Guten. Und von deren Anspruch auf Rechthaben und auf Perfektion – in ihrem engen eigenen Rahmen natürlich – sollten wir uns überhaupt lösen, in Realität und im schönen Schein.

2. Ein zweiter Ansatz, Architektur zu schönen, kann darin gesehen werden, daß wir dasjenige überformen, was uns die Produktionsapparate bieten, und dasjenige, was die Organisationsapparate fordern. Produktdesign also. Mit welchem Ziele?

Fosters Bank in Hongkong ... Für was steht dieses Design hier? Wir nennen es High-Tech. An der Übermenschlichkeit des großen Apparates ändert das nichts. Im Gegenteil, es ästhetisiert diesen, gibt ihm damit eine höhere Weihe, bestätigt dessen Größe und dessen Anspruch. Der Mensch selbst ist relativ klein darin, von der absoluten Größe her und auch von der Bedeutung her, die ihm insgesamt und bei einzelnen Entscheidungen zugemessen wurde.
Vieles wäre dazu noch zu sagen. Natürlich, das Gebäude imponiert. Aber viel Positives fällt mir nicht ein dazu. Ich bedauere dies, denn ich schätze Norman Foster persönlich sehr. Ich sehe das so, daß dasjenige – hier dieses spezielle Design –, was im Kleinen amüsant und interessant sein kann, als persönliche Stellungnahme zum Zeitgeschehen, nicht ohne weiteres übertragen werden sollte auf größere Bauwerke, schon einfach deshalb, weil dadurch dieser subjektiven Meinung eine übergroße Bedeutung zufällt.

Und wie steht es mit dem vergleichsweise kleinen Hochhaus hier in Frankfurt am Messegelände? Was wurde seitens des Architekten dort getan, was wurde unterlassen, was wurde geordnet, wie wurde geordnet, für wen, mit welchem Ziele wurde geordnet? Was bedeutet es, wenn ich große Gebäude ordne, besser unterteile in ein Kleinraster durchgehend von oben nach unten, von unten nach oben, von rechts nach links und von links nach rechts. Was bringt das? Für wen bringt das was? Was sagt das? Das Gebäude als reduzierte Großplastik, in allen Teilen durchgerastert, monoton gerastert. Ist das nicht das Bild des großen Apparates schlechthin, dessen anmaßendes Bild, das Monument eines solchen Apparates, sein erhobener Zeigefinger? Eine Architektur, scheinbar nach höheren Gesetzen geordnet. Wessen Gesetze sind das? Von oben nach unten geordnet. Eine Ordnung, die widerspiegelt das Interesse, Dinge unterzuordnen und nachzuordnen und anderes überzuordnen oder vorzuordnen.

Welches Weltbild spiegelt sich denn hier wider? Auch hierzu wäre viel zu sagen. Ich meine, es führt uns auch nicht weiter, wenn wir einfach an der weißen Architektur der 20er und 30er Jahre anschließen wollten. Zu vieles hat sich geändert seitdem in der Technik, der Ökonomie, im sozialen und politischen Bereich und in unserem Bewußtsein.

Richard Meiers Architektur z.B., die man vielleicht als Fortsetzung der Architektur von Duiker und anderen Architekten seinerzeit sehen könnte – im Formalen – hat mit sozialrevolutionären Tendenzen der weißen Architektur der 20er Jahre nichts mehr zu tun. Kein Vorwurf ist das. Im Nachhinein sehe ich auch Probleme darin, daß man seinerzeit die Formensprache der weißen Architektur für allgemeingültig erklärte und über alle Bauaufgaben zog. Sicher, einerseits war das eine eindrucksvolle Demonstration. Andererseits verschloß das aber Architektur anderen Regungen gegenüber. Vielleicht will ein Kindergarten gar nicht die gleichen Konstruktionen, die gleichen Materialien wie eine Tankstelle. Und von daher kamen ja auch seinerzeit schon Vorwürfe.

Es ist doch nicht so, daß wir dann, wenn wir neue Materialien, neue Konstruktionen, neue Techniken, neue formale Ordnungen usw. erfunden haben, daß wir damit das alte verloren hätten. Es gibt doch Stahl, Leichtmetall, Beton, Holz neben Lehm, Stroh und Kunststoffen heute. Und auch das Mauerwerk wurde nicht verloren dadurch, daß wir Stahlbetonwände bauen können. Und die Ordnung des Formalen ist weder stehengeblieben im Jahre 1935, noch wurden die zeitlich davor liegenden Ordnungen verloren. Unsere Möglichkeiten wurden erweitert!

Wir erkennen viele unterschiedliche Bauaufgaben. Wir erkennen diese Bauaufgaben in ihrer eigenen Vielfalt. Und wir haben viele Möglichkeiten, den unterschiedlichen Bauaufgaben und deren Vielfalt zu entsprechen. So meine ich, daß heute jede Bauaufgabe und darüber hinaus auch die Teile und Momente jeder Bauaufgabe ihre Materialien, ihre Konstruktionen und ihre eigenen formalen Ordnungen haben könnten. Es könnte vielleicht Situationen geben, in denen ich mich der formalen Ordnung früherer Zeiten bedienen könnte. Sie stehen mir ja heute noch zur Verfügung – man müßte das untersuchen.

Von der Tendenz her, besser von der sachlichen Situation her, also: von den Voraussetzungen im Technischen und im Formalen her wird Architektur heute jedoch eher collagenhaft als geschlossen, eher von unterschiedlichen Materialien gebildet als von nur einem Material oder von nur wenigen Materialien, eher flächig sein und linear als kubisch und plastisch usw. Ich meine schon, es ließen sich Maximen nennen, die logisch abgeleitet scheinen. Andererseits sind ja nicht nur die Konditionen der Technik unserer Zeit im Allgemeinen, die sich realisieren wollen. Es sind doch auch noch Personen beteiligt. Dann haben wir eine Marktwirtschaft, auch bezüglich Architektur – also im Bereich der Architekten und bezüglich der Bauausführung. Und vieles andere mehr.

Die Einflüße sind so vielfältig, daß eigentlich – schon aus der speziellen Mischung der im speziellen Falle wirksamen Kräfte heraus – immer wieder Neues entstehen müßte. Die Jagd nach dem Neuen, dem Anderen. So funktioniert unsere Welt in unserer Zeit – und so muß unsere Architektur einfach auch sein.

Und noch eines: Wenn wir am Abend unseren Vorrat an Lebensmitteln in einem Supermarkt aus den Lagerregalen holen, so stabilisieren wir alleine dadurch, daß wir dies tun, diese Art des Verteilungssystems, diese Art der Gebäude, diese Stadtsituationen, die solche Einrichtungen nach sich ziehen und vieles andere mehr. Aber wenn wir das schon tun, dann sollten wir auch die Architektur dieser Einrichtungen akzeptieren. Warum mögen wir diese Einrichtungen in ihrer Erscheinung nicht akzeptieren? Vielleicht ist es doch so, daß wir nach wie vor in zwei Welten leben – oder in zwei gegenüberliegenden Ecken unserer Welt, einmal in der trivialen Ecke unserer Welt und dann auch in der höheren Welt-Ecke. Vielleicht ist es doch so, daß wir Supermarkt und Museum bzw. Theater brauchen. Vielleicht kompensieren wir mit den höheren Einrichtungen der Kultur unsere Enttäuschung oder unsere Schwäche bezüglich der Banalität des Alltages, vielleicht beruhigen wir damit unser schlechtes Gewissen – auch in Architektur.

Meine Damen und Herren, wie das so ist, eigentlich meinte ich, ich könnte darlegen, wie Architektur heute tendenziell sein könnte und sein müßte. So hatte ich den Abschluß dieses Vortrages geschrieben. Dann habe ich den vorbereiteten Schluß weggelegt. Und ich muß Ihnen sagen, daß ich mir nicht sicher bin darüber, wie Architektur heute erscheinen sollte. Allerdings: So ganz unsicher wiederum bin ich auch nicht. Ich bin mir schon sicher, daß in Architektur diejenigen Kräfte erkennbar sein werden, die bei ihrem Entstehen wirksam sind. Insofern ist es nicht ohne Konsequenzen, welche Kräfte, welches Engagement, welche Zuneigung die Aufgabe beim Bearbeiten erfuhr. Soziales Engagement, die Zuwendung zum Menschen, bei jedem Problem, sei es noch so klein, wird einfach eine andere Architektur bewirken, als wenn wir beiseite treten würden und die Kräfte der Realität ungebremst auf Architektur und die Betroffenen treffen lassen wollten. Ich meine jedoch, unser Engagement sollte nicht nur in Architektur sein. Es sollte auch – oder sogar: besonders – v o r Architektur wirksam werden. Dort werden die Weichen gestellt.

Ich verstecke mich ungern hinter Architektur. Ich sage lieber direkt, wenn ich etwas nicht vertreten will. Aber ich verstehe heute, daß es manchen geben mag, dem die direkte Auseinandersetzung nicht möglich ist und daß dieser dann vielleicht doch ganz geschickt architektonische Begründungen erfindet, wenn er Zumutungen aus dem Realen zurückweisen will. Ich verstehe auch, daß Architektur hin und wieder die Aufgabe übernimmt, die Menschen zu täuschen, oder vielleicht zu trösten bezüglich der Härte technischer oder ökonomischer Entwicklungen. Auch das wird erforderlich sein und auch das kann doch soziale und humane Momente aufweisen.
Vieles wäre dazu noch zu sagen.

Sie sehen, ich komme nicht zu einem überzeugenden Schluß. Aber vielleicht wäre das auch nicht richtig, von der Sache her, und nicht richtig von mir her. Für mich war und ist meine Arbeit an Architektur und meine Arbeit in der Lehre der Weg, unsere Welt zu erkennen, in ihren Teilen, in ihren Momenten, in ihren Ordnungen, in ihren möglichen zahllosen Ordnungen. Das interessierte mich, aber das ist nicht abgeschlossen. So kann ich die Welt nicht erklären. Vieles ist möglich in unserer Welt. Das, was ich mir gestern noch nicht denken konnte, das kann ich vielleicht heute akzeptieren. Warum sollte das bezüglich der Architektur, dieser von Menschen geschaffenen Welt anders sein? Vieles ist möglich.

Das heißt aber nicht, daß alles gut, sozial und human sei. Vieles ist möglich, und: alles ist beurteilbar. Und heute, da Architektur bezüglich ihrer Ordnung und Erscheinung offen ist, ist auch alles erkennbar, z.B. ob wir ängstlich, engagiert, besonnen, human, sozial usw. usw. waren. Wir bauen uns unsere Welt. Alles ist möglich. In dieser neuen Situation sollten wir prüfen, ob wir uns, unseren Mitmenschen und unserer Welt auch alles zumuten wollen.

Alles ist möglich, aber nicht alles ist nötig, und nicht alles möchten wir vertreten.

DEMOKRATIE UND ARCHITEKTUR

Vortrag zum Kolloquium „Demokratie als Bauherr"
Bonn-Bad Godesberg, 22. Juni 1989

Mir wurde erzählt: Vor einiger Zeit habe ein Architekt seine Arbeit für eine politisch bedeutende Aufgabe vorgestellt, unter anderem mit dem Hinweis, daß es politische Architektur nicht gäbe, sondern nur gute oder schlechte Architektur. Er wollte wohl sagen, daß er gute Architektur verspricht, das mag hingehen, und daß Wohlverhalten von seiner Seite erwartet werden könnte. Jedenfalls müßte bei ihm niemand rechnen mit der Aufsässigkeit eines Michelangelo, Goya, Daumier, Grosz oder mit der Anklage einer Käthe Kollwitz. Seine Behauptung mag zu seinem augenblicklichen Erfolg beigetragen haben. Dennoch ist sie irreführend. Selbstverständlich, es gibt Architektur sowohl im Auftrag der „Politik" als auch dazu, mit ihr „politische Ziele" zu erreichen, und: alles Handeln hat auch politische Momente, und schließlich widerspiegelt Architektur doch die Art und Weise, wie wir mit uns und unserer Welt umgehen.

Ich erinnere an extreme Beispiele: die Planungen Hitlers und Speers für Berlin, zum Beispiel, oder Nürnberg, für das Reichsparteitagsgelände. Aber auch die städtebaulichen Planungen der DDR der 50er und 60er Jahre sind in politischem Auftrag geschehen. Auch Versailles oder das Palais Karls des V. in Granada, der Petersdom in Rom, die Barockarchitektur der Gegenreformation in Süddeutschland ... Und aus unserer Zeit dann zum Beispiel der Olympiapark in München, der war doch politisch „programmiert" durch Daume und Vogel, bevor dort überhaupt ein Architekt tätig wurde. Diese politischen Programme existierten vor der Architektur. Wir haben demjenigen zur materiellen, sichtbaren, sinnlich erfahrbaren Welt verholfen, was ohnehin vorhanden war, bis dahin immateriell im Bereich der Ideen.

Sicher, Architektur kann vielfältig gesehen und unter unterschiedlichen Aspekten akzentuiert werden. Aber es kann nicht ernsthaft bestritten werden, daß Architektur auch vom Politischen her bestimmt wird und Architektur politisch wirksam ist. Ein Blick in Meyers Lexikon genügt. Dort steht unter

Politik zum Beispiel: „Auf die Gestaltung des öffentlichen Lebens gerichtetes Verhalten und Handeln" und: „Mit der Auswahl der Interessen bestimmt Politik zugleich die Lebens- und Entwicklungschancen der Gesellschaftsmitglieder." Oder auch: „Im modernen Staate stehen alle gesellschaftspolitischen Bereiche wie zum Beispiel Verfassung und Recht, Wirtschaft und Handel, Wissenschaft, Bildungswesen und Technik, Arbeit, Freizeit und Gesundheitswesen der Gestaltung und Einflußnahme durch die Politik offen." Und das sind doch genau diejenigen Bereiche, für die auch wir arbeiten; von daher kommen doch unsere Aufgaben. Wir lösen politisch gestellte Aufgaben. Wir arbeiten in politisch vorgegebenen Rahmen.

Und wir sind politisch wirksam, indem wir die Lebens- und Entwicklungschancen der Gesellschaftsmitglieder beeinflussen, wenn wir, und das müssen wir, Interessen und Bedürfnisse und Möglichkeiten auswählen, fördern und / oder zurückweisen. Das „Demokratische" an sich, dieser Begriff ist ein Überbegriff und läßt sich so nicht direkt bauen. Auch das „Absolute" oder das „Totalitäre" allgemein lassen sich nicht bauen. Wir müssen fragen: „Was ist das Demokratische oder was ist das Absolute oder Totalitäre in der speziellen Situation?" Theoretisch können wir uns auch eine absolute Herrschaft vorstellen, die vor allem dem Wohl und der Menschenwürde der Mitglieder der Gemeinschaft und anderen höheren Zielen dient. In Bauten einer solchen Gesellschaft werden sich dann möglicherweise eben diese Werte realisieren. Man muß schon schauen danach, welcher Anspruch und welche Werte absolut vertreten werden.

In Versailles, zum Beispiel, realisierte sich der absolute Anspruch des Herrschers, gottähnlich oder besser, güternahe zu sein, und von dieser zentralen Position aus Natur / Welt und Menschen / Welt zu ordnen nach eigenem Willen und in Bezug auf sich selbst als Mittelpunkt. Selbstverständlich, in gleicher Zeit entstanden im gleichen Staat auch andere Bauwerke, solche, die wenig geprägt waren von diesem Anspruch des Absoluten; Bürgerhäuser zum Beispiel oder Bauernhäuser, die nur indirekt bestimmt worden waren durch den Anspruch des Herrschenden, eher durch die Art und Weise, wie durch diesen Anspruch die Gesellschaft geordnet und wie das Sozialprodukt verteilt war.

In einem demokratisch verfaßten Staat, in einem „nachindustriell" entwickelten Staat, sind die Verhältnisse unschärfer und zugleich differenzierter. Macht ist dezentral, ist in der Regel nicht absolut einerseits, aber auch weniger klar erkennbar andererseits. Selbst staatliche Macht ist aufgeteilt und föderalistisch platziert. Aber nicht alles funktioniert „demokratisch". So wie in einem absoluten Staat Einzelheiten durchaus durch demokratische Verfahren geregelt werden könnten, können in einem demokratisch verfaßten Staat Einzelheiten absolut und undemokratisch geregelt werden, zum Beispiel im Bereich der Industrie oder in übernationalen Gremien; Entscheidungen fallen dort, die uns alle existenziell treffen können, die weder demokratisch entstehen noch kontrolliert werden.

Also: Was ist das Demokratische heute, bei uns? Und auch hier hilft uns Meyers Lexikon weiter, mit einer schönen Abhandlung des verstorbenen Carlo Schmid. Überschrift: „Demokratie – die Chance, den Staat zu vermenschlichen." Und schon mit dieser Überschrift können wir etwas anfangen. Sie meint doch zum Beispiel auch, daß der Mensch höher stehe und höher zu werten sei als das Bemühen, die Produktionsapparate zu perfektionieren oder die Administrationsapparate. Und das sicher ganz real, im Alltag, im Großen und im Kleinen. Und die Überschrift sagt, daß Carlo Schmid der Meinung war, daß eine solche ‚Wertschätzung' in der Demokratie die Chance hätte, sich zu realisieren.

Weiter schrieb Carlo Schmid: „Die Technik der demokratischen Prozeduren hat ihren letzten Sinn darin, das Zusammenleben der Menschen so in Verfassung zu bringen, daß der Würde aller Genüge getan wird und allen, auch Minderheiten, institutionell die Möglichkeit gegeben wird, ihr Vermögen in Freiheit entfalten und dadurch Selbstverwirklichung und Wesensbejahung finden zu können. Was hierzu gehört, ist im Laufe eines langen geschichtlichen Prozesses als ‚Menschenrechte' in das politische Bewußtsein der Gesellschaft eingegangen ..." Und weiter unten: „Durch die Rezeption der Menschenrechte ist Demokratie neben einer politischen zu einer moralischen Kategorie geworden." Die Bürger wollen „mündig sein und nicht nur Objekte obrigkeitlicher Vorsorge" usw. Carlo Schmid wies auch darauf hin, daß Demokratie und ihre Grundsätze nicht nur auf den Staat und seine Organe anzuwenden seien, sondern auch in den den Menschen treffenden Bereichen des Berufs, des Alltags allgemein. Und eine für mich zentrale Passage: „Demokratisches Bewußtsein setzt das Vertrauen des Menschen in ihn selbst und in die Nebenmenschen voraus, mit denen er in der staatlichen Gemeinschaft zusammenlebt. Demokratie ist kein Automat, der nur eingestellt zu werden braucht, um zu bieten, was man sich von ihr verspricht. Demokratie ist ein Angebot an uns alle, mit ihrem Instrumentarium so umzugehen, daß der Mensch auch im Staat immer in der Mitte steht. Sie ist noch nicht das reine Gefäß der Menschlichkeit; sie bietet uns aber Mittel an, mit deren Hilfe wir den Staat vermenschlichen können."

Und kann man nicht das nun tatsächlich seiner Arbeit zugrundelegen? Wir möchten das in unserem Büro tun, mit unserer Arbeit an Architektur. Und das hat Folgen, denn damit wird Architektur, die politisch verantwortet werden soll, von einer zunächst formalen, architektonischen, technischen, praktisch-funktionalen, juristischen und administrativen Angelegenheit auch zu einer moralischen. Und niemand mehr kann sich zurückziehen darauf, daß der Architekt nur „im Auftrage" handelt.

Und darum liegt es an uns, die Möglichkeiten, die Mittel, die unsere Verfassung bietet, auch zu nutzen, mit dem Ziel, Staat und, in unserem Fall, Architektur zu vermenschlichen. Und an diesem Punkt werden erkennbar oder wenigstens erahnbar die in unserer speziellen Situation als freiberufliche Architekten, die wir uns „Freie Architekten" nennen, kräftezehrenden und katastrophalen Auseinandersetzungen mit den Apparaten, die innerhalb ihres Ressorts exekutieren, mit deren Vertretern, die zum Teil feindselig uns unsere mögliche Freiheit nehmen wollen und Zwänge überstülpen, denen sie sich unterworfen haben, wobei gerade dasjenige, was im Mittelpunkt des Ideals unserer Verfassung steht, tendenziell unmöglich gemacht wird, nämlich die Möglichkeit und die Aufgabe, den Staat zu vermenschlichen.

Diese Aufgabe erfordert persönliches Engagement; sie kann nicht aus Verfahrensregeln abgeleitet werden, auch dann nicht, wenn man meint, diese Regeln einhalten zu müssen: „Denn die Macht des Menschen, die nicht von seinem Gewissen verantwortet wird, wird von Dämonen besetzt." Das war Romano Guardini.

Die nächste Frage: Welche Bauaufgaben, welche Aufgaben allgemein dieser Anspruch denn nun trifft, kann man beantworten mit: im Idealfalle alle. Aber wie weit greifen in der Realität denn demokratische Prinzipien – zum Beispiel in der Präzisierung Carlo Schmids? Da sieht es nun schon anders aus. Wie hätten sonst solche Universitätsbauten entstehen können, solche Großsiedlungen, Massenwohnungsbauten wie Märkisches Viertel, Industrieanlagen in Naturschutzgebieten, Stadt- und Regionalplanungen, wie diese tatsächlich heute noch praktiziert werden?

Man handhabt demokratische Prozeduren meist sehr routiniert, ohne die den Begriff „Demokratie" heute bei uns ausfüllenden Detaillierungen, ohne die diesen Begriff füllenden Werte zu beherzigen, ohne die ernsthafte Absicht, sich um die zentrale Aufgabe zu bemühen, die eben darin besteht, den Staat, darüber hinaus unser Zusammenleben, menschlicher gestalten zu wollen. (Ich sollte hier hinweisen darauf, daß uns eine weitere zentrale Aufgabe zugefallen ist: der Schutz unserer Welt.)

Das nächste Problem: Demokratische Architektur setzt voraus demokratische Verhältnisse im direkten und speziellen Falle und den Willen, diese zu schaffen dort, wo sie nicht existieren. Das Problem liegt nicht zuerst in der Architektur, nicht zuerst in der Gestaltungskraft des Architekten (obwohl auch dieses einen Beitrag leisten kann dazu, Architektur zu vermenschlichen); das Problem liegt vor der Architektur, in der täglichen Praxis, in einer Gesellschaft, die ihre Hauptaufgabe darin sehen sollte, eben unseren Staat, unseren Alltag, unser Zusammenleben zu vermenschlichen (wobei ich ab jetzt den Umweltschutz in diesen Begriff einbeziehe). Vielleicht könnte das manch andere Frage in ein anderes Licht stellen, zum Beispiel ob und warum wir 140 oder 200 Milliarden DM Exportüberschüsse pro Jahr machen und auch die Frage nach der Macht.

Macht baut sich auf, unablässig, und die Apparate, die wir erfunden haben, zunächst zu unserer Hilfe, optimieren sich selbst zuerst und beschneiden unseren Freiraum, unseren Spielraum, unseren Gestaltungsraum, die Chance, unser Leben menschlicher zu gestalten. Sie entwickeln sich, ohne Bezug zu einer Göttlichen Ordnung, ohne Bezug zur Ordnung der Natur, ohne Bezug zu der dem Menschen innewohnenden Ordnung. Den ahumanen Mechanismen der Apparate wirken wir entgegen, indem wir unsere Bindungen an diese Ordnungen einbringen, im Alltag, bei unserer Arbeit, im Zusammenleben usw. Indem wir, unserer Meinung nach, unangemessene Ansprüche zurückweisen, schaffen wir Raum für die Möglichkeit, eine menschlichere Welt zu schaffen, und das, wie gesagt, vor der Architektur.

Wie kommt das nun in die Architektur? Kann der Architekt das bewirken? Wenn ja, dann wie? Und wie sieht demokratische Architektur aus?

Vielleicht ist das angestrengte Schauen auf das fertige Produkt Architektur problematisch. Vielleicht ist das fertige Produkt nicht mal das Wichtigste. Vielleicht ist das fertige Produkt ein Ergebnis oder vielleicht sogar nur ein Zwischenstadium. Bert Brecht schrieb über die Art langdauernder Werke. Er verwendet dabei den Begriff „dauern“ und meint diesen wohl im Sinne von existieren, lebendig, eben „dauern“. Er beginnt:

„Wie lange
Dauern die Werke? So lange,
Als bis sie fertig sind.
Solange sie nämlich Mühe machen,
Verfallen sie nicht.
Einladend zur Mühe,
Belohnend die Beteiligung,
Ist ihr Wesen von Dauer, solange
Sie einladen und belohnen ...“

und endet mit:

„... Die lang dauernden
Sind ständig am Einfallen,
Die wirklich großgeplanten
Sind unfertig.“

Werke dauern lange, solange, wie sie uns beschäftigen. Je länger sie dauern, umso reicher können sie werden. Was fertig ist, was niemanden mehr berührt, ist am Ende. Insofern kann der Ansatz, Architektur machen sei das Umsetzen vorgegebener Raumbücher im Rahmen vorgegebener Dienstanweisungen mit Hilfe eines funktionsfähigen Kontrollsystems, und das so schnell und reibungslos wie möglich, nicht zur Produktion von Werken der Kultur führen. Und wir können weiter sagen, dann sind auch diejenigen Organisationen, die Bauherren heute einschalten, um die Ängste und Inkompetenz ihrer Mitarbeiter zu überbrücken, nicht geeignet, zur Architektur zu verhelfen.

Architektur wird diejenigen Kräfte widerspiegeln, die bei ihrem Entstehen wirksam waren. Wenn Architektur vielfältig und differenziert betrachtet wird, so wird Architektur das widerspiegeln. Und wenn demokratische Voraussetzungen vorhanden waren und wenn solche Prozesse praktiziert wurden beim Entstehen von Architektur, dann müßte eigentlich eine tendenziell demokratische Architektur entstehen.

Aber wir sind in einer verzweifelten Situation, wenn wir aus einer undemokratischen Situation heraus demokratische Architektur schaffen sollten. Architektur ist der Spiegel der Verhältnisse. Architektur ist der Spiegel des Geschehens. Was ist wichtiger, Spiegel oder Geschehen und Verhältnisse? Wenn wir von einem Architekten verlangen, er solle demokratische Architektur planen und wir bieten ihm ademokratische Verhältnisse, so verlangen wir, daß er das Spiegelbild verändert, fälscht oder wenigstens schönt.

Und nun ein weiteres Problem. Normalerweise arbeiten Architekten, Ingenieure, Bauherren etc. vier oder fünf Jahre an einem Neubau. Wie kommen wir raus aus dieser Zeit? Es kann doch für die Beteiligten nicht unerheblich sein, wie diese Jahre verbracht wurden und wie während dieser Zeit gearbeitet wurde, in gegenseitiger Achtung, unter Beteiligung der Betroffenen, unter Beachtung der Würde aller usw. oder in ängstlicher Erfüllung obrigkeitlicher Erlasse? Wir vermenschlichen unsere Gesellschaft, wenn wir die Zeit, wenn wir die Wege, wenn wir die Mittel, derer wir uns bedienen, vermenschlichen. Beim Endprodukt Architektur können wir nicht anfangen. Vielleicht ist der Weg das Ziel? Jedenfalls werden wir die bei der Arbeit an der Architektur gemachten Erfahrungen übertragen auch auf andere Bereiche. Sind wir nun nach getaner Arbeit offener, menschlicher, gereifter? Oder sind wir dann härter, verschlossener, rechthaberischer?

Das ist das eine, das andere ist, daß die Architektur, die in der offenen, menschlich akzentuierten Art entsteht, letztlich dann auch anders aussehen wird, eben offener, menschlicher als diejenige, die wir heute an allen Ecken und Enden sehen, die erlassen, verwaltet und exekutiert wird, daß sie anders aussehen wird, anders benutzt werden wird, kurzum, eine andere Welt schaffen wird. Die offene Architektur wird weniger von oben her geordnet sein, weniger gut verwaltet, weniger rechthaberisch, weniger verschlossen, einfach neuer, mit einem Anteil des Chaotischen, das ja erforderlich ist, wenn Neues entstehen soll.

Ich verstehe schon, daß mancher in einer Welt, in der wissenschaftliche und technische Entwicklung uns davonlaufen, versucht, die Dinge wenigstens in seinem administrativen Bereich festzuhalten, ordentlich, wie er meint. Er vergißt dabei, daß die Ordnung, die er praktiziert, aus den Konditionen von vorgestern entstanden ist, gestern schon alt war und heute das Entstehen einer lebendigen Architektur behindert und morgen die Unordnung selbst ist. Aber das ist noch nicht alles. Das Neue, was „zur Welt kommen will", ist oft ungestüm, auch in der Architektur, es erscheint uns ungeordnet, das kommt daher, daß wir seine Ordnung noch nicht erkannt haben, es ist anders, als wir es gewohnt sind; der Anteil des Chaotischen beunruhigt uns. Und auch hier wird der Architekt tätig. In dem Bemühen, das als nicht geordnet empfundene zu ordnen, sucht er für das Neue – wenigstens – eine Ordnung im Formalen. (Und des Ästhetischen, aber darüber müßte man länger sprechen.) Und diese Ordnung des Formalen kann nicht einfach „aufgesetzt" werden. Man tut es wohl hin und wieder, aber eben mit schlechten Ergebnissen. Diese Ordnung des Formalen muß aus dem Material des Formalen, weiter: Diese Ordnung muß aus dem gesamten Material von Architektur, was ja ein Spiegel der wirksamen Kräfte ist, entwickelt werden. Bei einer tendenziell demokratischen Architektur kann diese neue formale Ordnung nicht die Ordnung der Klassik sein. Diese war ein Spiegel einer scheinbar hierarchisch unveränderbar geordneten Gesellschaft. Sicher, auch das wird gemacht. Ich verstehe das als Versuch, den Spiegel einer vermeintlich in Ordnung gewesenen Zeit und Situation zu reproduzieren, in der Hoffnung, damit in Ordnung seiende Verhältnisse anzuzeigen. Die neue formale Ordnung muß und wird von sich aus die beschriebene Art des Demokratischen widerspiegeln. Die tendenzielle Freiheit des Einzelnen, seine Individualität, seine Möglichkeit, sein Material und seine Gestalt anzunehmen, sein im Glücksfall freiwilliges Sichfügen in eine Gesellschaft.

Das kann man schon erreichen. Am selbstverständlichsten eben dann, wenn die Voraussetzungen, wie beschrieben, gegeben waren. Erzwungen in der Erscheinung dann, wenn Voraussetzungen und formale Ordnung sich nicht decken. Aggressiv und vielleicht frech bei eher experimentellen Bauten, moderater bei offiziellen Bauten, wie zum Beispiel beim Deutschen Bundestag.

Also: Vorausgesetzt, das Können der Beteiligten ist vorhanden, und demokratische „Verhältnisse", in der von Carlo Schmid beschriebenen Korrektheit, sind vorhanden, dann könnten wir demokratische Verhaltensweisen und Praktiken einüben (Stichwort: „Der Weg ist das Ziel" und „Von lang dauernden Werken"), und dann könnte eine demokratische Architektur entstehen. Zuerst sicher in den Bereichen, die vom Politischen her direkt zu verantworten sind. (Ein heutiges Parlament kann wohl auch in einem Parlamentsgebäude aus der Zeit der konstitutionellen Monarchie tagen. Aber das ist ein ganz anderes Thema.) Um Mißverständnissen vorzubeugen:

Es ist nicht so, daß heute vor allem beklagenswerte Zustände wären. Es ist aber auch nicht so, daß wir heute dem geschilderten Ziel „demokratische Architektur" näherkämen. Und es wird nicht so sein, daß wir den Idealzustand endgültig und abschließend erreichen könnten. Mir ging es darum, darzustellen, daß wir unsere sicher begrenzten Energien einsetzen könnten, uns solchem Ziele zu nähern, und daß man den zunächst allgemeinen Begriff „demokratische Architektur" ausfüllen kann, und es zu Problemen kommen muß, in unserer Zeit und in unserer Situation, wenn wir unsere, wie gesagt, begrenzten Energien konzentrieren auf Verfahren, die von sich aus am Ziel vorbeiführen.

ROLF GUTBROD

Vortrag zur Eröffnung der Ausstellung für Rolf Gutbrod zum 80. Geburtstag
Stuttgart, 15. Mai 1991

Sehr verehrte Damen und Herren,
liebe Freundinnen, liebe Freunde,
verehrter Rolf Gutbrod,

Es gibt kleine Ereignisse, die große Folgen nach sich ziehen; hierzu gehört der durch die Chaosforschung bekannte Schmetterling. Dessen Flügelschlag in Indien soll letztlich in den USA einen Tornado bewirken können. Dann gibt es große Ereignisse, die mittlere Folgen haben, hierher gehört Rolf Gutbrods achtzigster Geburtstag, der – über mehrere Hindernisse – unser Treffen heute nach sich zog. Und dann gibt es eher unangemessene Anlässe, die letztlich doch zu einem akzeptablen Ergebnis führen. Hierzu gehören Schwierigkeiten in anderen Bereichen, Rolf Gutbrods Geburtstag zu markieren, zum Beispiel durch einen Hinweis auf sein ohnehin hervorragendes Werk. Und auch das hat dann zu unserem heutigen Treffen geführt.

Und wir finden einen schon von Altmeister Goethe formulierten Ansatz bestätigt, daß der eigentliche Anstoß, die Situation, aus der heraus wir unser Wirken aufbauen, nicht so wichtig sei, daß man durch die eigene Art des Wirkens Dinge verändern könne, daß Dinge, mäßig begonnen – um beim letzten Beispiel zu bleiben – immer noch zu einem guten Ende zu führen seien. Ich hoffe, dies ist hier geschehen.

Hans Kammerer meinte, man sollte nicht warten darauf, daß andere tätig würden, man sollte etwas tun. Zu diesem Zwecke fanden sich zusammen mit Hans Kammerer: Frieder von Berg, Wolfgang Henning, Uwe Lohrer, Peter Schenk und Günter Behnisch. Das Material wurde weitgehend von Wolfgang Henning und Bernd Riede aus den Archiven der zwei Nachfolgebüros zur Verfügung gestellt, und den Löwenanteil der Arbeit hat Frieder von Berg geleistet. Er und Uwe Lohrer haben das ausgesuchte Material zusammengestellt und geordnet. Das heute präsentierte Stimmungsbild wurde von Uwe Lohrer mit Christine Maier gestaltet. Peter C. von Seidlein hatte angeboten, mit der ihm zugeordneten Werkstatt in der Stuttgarter Architekturfakultät mitzuwirken. Ein Angebot, welches dankbar entgegengenommen worden wäre, wenn der Ausstellungs-Zug nicht schon auf einer anderen Schiene seinen Weg genommen hätte.

Freunde Rolf Gutbrods haben Beiträge geliefert. Frank Michael Beier hat eine Komposition beigetragen, Elias Canetti einen Text, Eduardo Chillida eine Zeichnung, Peter Härtling eine Widmung in einem Buch, Dieter Hauser einen Text, Hans Kammerer einen Text, auch Pierre Vago und Viktor F. Weißkopf einen Text. Die Baden-Württembergische Bank hat ihre Kundenhalle zur Verfügung gestellt – und auch Geld. Vorstand Dieter Maier sprach dies mit Hans Kammerer ab. Allen, die sich engagiert haben, danke ich.

Und diese Situation – ich meine das große Entgegenkommen der Baden-Württembergischen Bank – erinnert mich an ein Ereignis im Wirken Frank Lloyd Wrights. Frank Lloyd Wright, wohl d e r Architekt der Vereinigten Staaten aus der vorangegangenen Generation, hatte neben manch anderen Problemen immer auch solche mit Geld. In diesen Situationen hat er die bedeutendsten Bauten geschaffen. So auch die Anlagen für die Johnson Wax Company in Wisconsin / USA. Jahre nach Fertigstellung dieser Bauten soll er in einer besonders prekären Situation an Johnson, den Eigner der Company, eine weitere Rechnung über das volle, bereits vor Jahren erhaltene Architektenhonorar gesandt haben mit dem Hinweis, daß die Johnson Wax Company ja auch durch die von ihm geschaffenen Gebäude weltberühmt geworden wäre und daß auch das als Erfolg – auch in wirtschaftlicher Sicht – zu werten sei und daß es in dieser Situation sicher nicht unbillig wäre, wenn er, Frank Lloyd Wright also, das Honorar ein weiteres Mal anfordere. Wir werden es kaum glauben: Johnson soll gezahlt haben. Wenn wir diesen Vorgang bedenken, dann die Schalterhalle hier sehen und das, was heute gezeigt wird und dann noch dasjenige bedenken, was Gutbrod darüber hinaus geschaffen hat, sollten wir ihm raten, mit den Zweitrechnungen zu beginnen.

An eine richtige Ausstellung hatten wir eigentlich nicht gedacht. Wir wollten eher Stimmungen einfangen. So fehlen hier viele wichtige Werke Gutbrods völlig, andere, umfangreiche, sind nur mit einem Abbild vertreten und es gibt Geschriebenes, Gezeichnetes und Komponiertes von Freunden.

Rolf Gutbrod hat eine eigene Welt geschaffen und vertreten. Jedenfalls hat er – soweit ich dies beurteilen konnte – die sogenannte normale Welt nicht einfach hingenommen. Oft waren wir überrascht, wenn seine eigene Welt sichtbar wurde, eher beiläufig, demonstriert hat er diese ja nie. So zum Beispiel in den ersten Jahren nach dem Kriege, wir studierten damals, er war neuer Entwurfs-Dozent, wir hatten wenig zu essen, viele hatten keine Wohnung und kaum Kleider. In dieser Situation, die uns ja doch ziemlich zu schaffen machte, stellte er als Hochschullehrer die Aufgabe, ein Hotel in Italien zu entwerfen. Ein Hotel in Italien! Heute können wir uns das kaum vorstellen; seinerzeit aber lag das für uns einfach sehr weit entfernt von unserem Alltag. Uns fehlte das Zimmer in Stuttgart und nicht das Hotel in Italien. Das war die eine Seite. Dann jedoch befreite diese Aufgabe aber auch die Studierenden von ihren Sorgen, wenigstens für eine Zeit. Es gab eben noch anderes als den seinerzeit eher mühsamen Alltag, ein Hotel im sonnigen Süden zum Beispiel. Man erkannte, daß zwischen all den Zwängen, denen wir uns ausgeliefert glaubten, auch unsere Freiheiten lagen.

Wenn andere mit den Schwierigkeiten beim Bauen rangen und auf diese Weise ängstliche und verschlossene Gebäude formten, wies er darauf hin, daß man sich heute doch vieles vorstellen könnte, daß doch nicht in jedem Falle und nicht unbedingt immer wieder das bekannte Haus herauskommen müßte. Das Ergebnis könnte sich von dem, was man bisher als Haus anzusehen gewohnt war, durchaus entfernen.

Die Milchbar in der Gartenschau sollten wir hier erwähnen, diese Verdichtung einer schon vorhandenen Situation, überlagert mit neuen Funktionen. Ein Markstein einer freien Architektur. Anekdoten werden erzählt, und es entstehen Legenden. So auch folgende: Die Milchbar im Gelände der

Gartenschau wurde in einer heute kaum vorstellbar kurzen Zeit geplant und gebaut. Wenn ich mich recht erinnere, waren für Planen und Bauen nur vier Wochen vorgesehen. Eines Tages, kurz bevor das Gebäude übergeben werden sollte, oder besser: eines Nachts – genauer: mitten in einer Nacht – sei Gutbrod angerufen worden: die Milchbar sei eingestürzt; worauf Rolf Gutbrod geantwortet habe, da könne er mitten in der Nacht auch nichts machen, und er habe eingehängt. Nun, die Milchbar war nicht eingestürzt, aber tatsächlich sah sie immer so aus, als könnte sie eines Tages einfach so zusammenfallen, sich verabschieden, ohne besonderen Anlaß und ohne großen Aufhebens. Viel war ja nicht dran. Diese Eigenschaft – ihre Leichtigkeit, der geringe Materialaufwand usw. – seiner Bauten hat mich immer besonders berührt.

Sie erinnerte mich an einen Spätsommernachmittag im Jahre 1947. Ich stand auf einem Bahnsteig des Bahnhofes in Karlsruhe. Allerdings, da war kein Bahnhof, kein Zug, kein Schaffner und da waren auch keine Fahrgäste, dafür Sonne und Stille. Ich war alleine und alles, was ich überhaupt besaß, hatte ich in einem Rucksack neben meinen Füßen. Vögel sangen. Seinerzeit habe ich mich das erste Mal völlig frei gefühlt. Ein im hohen Maße erleichterndes Gefühl. Ein ähnliches Gefühl – zugegeben: in nicht gleicher Stärke – vermitteln mir einige Bauten Rolf Gutbrods. Andere Personen scheinen von solchen Charakteristiken weniger zu halten. Einer zum Beispiel soll gesagt haben, daß Gutbrods Bauten ihm nicht so gefallen würden. Sie würden – wenn sie zusammenfielen – einen zu kleinen Haufen ergeben.

Rolf Gutbrod hat sich nicht beteiligt daran, Bauten oder Bauteile zu typisieren, wie es in den Sechzigerjahren üblich war. Im Gegenteil: In der Zeit, in der man meinte, Typenbauten ausführen zu müssen – der behauptete Erfolg wurde natürlich nicht erreicht, aber das ist ein anderes Thema – schuf Rolf Gutbrod das freundliche Studenten(werk)-Gebäude für die Universität in Tübingen und andere Bau-Individuen.

Und die im Foyer der Liederhalle notwendigen Stahlbeton-Stützen waren in unterschiedlichen Farbtönen gestrichen; sicher der Versuch, aus mehreren zunächst gleichen Teilen mehrere, sich unterscheidende Individuen werden zu lassen. Mit gutem Erfolg, wie ich meine. Nicht ohne Grund werden Soldaten mit gleichen Kleidungen und gleichen Ausrüstungen versehen. Damit nimmt man ihnen wesentliche Momente ihrer Individualität. Und andersherum: Mancher möchte durch eine spezielle Kleidung eben gerade seine Individualität stärken und klarstellen. So ist das auch mit den Betonstützen gewesen. Heute sind diese wieder uniformiert. Anstelle der Individuen im Foyer der Liederhalle, mit denen Mensch und Ding sich unterhalten konnten, stehen heute dort „Soldaten". Wie so etwas passieren kann?

Oder denken wir an den schönen Mosaikboden vor dem Haupteingang der Liederhalle. Schon vor Jahren wurde dieser ersetzt oder verdeckt durch Makadam. Sicher, der Betreiber hat damit alles getan, um Haftungsansprüche auszuschließen. Aber die Freude, das Gefühl, eben nicht auf Makadam, der doch überall hingeschmiert wird, laufen zu müssen, die Freiheit von den Zwängen des Alltags, das ist auch verloren damit. War wirklich das die einzig mögliche Lösung? Man sollte Bauten, die ja sehr empfindlich sind gerade in diesen Bereichen, in denen sie sich von Normalbauten unterscheiden, besser schützen. Schützen vor dem Eifer der Betreiber, vor dem Engagement von Bauämtern, aber vielleicht auch vor dem Engagement von Freunden und der Großmütigkeit des Architekten.

Man kann die Sorge um den Erhalt dieser Kulturgüter nicht dem Architekten aufbürden, man kann sie ihm auch nicht überlassen. Diese Bauten gehören weder ihm alleine noch dem Eigentümer noch dem Betreiber. Sie gehören uns allen, und w i r müßten sorgen dafür, daß wenigstens diese Solitär-Stücke erhalten bleiben. Allzu viel davon haben wir ja nicht. Nun habe ich gehört, daß die Liederhalle weiter verballhornt werden soll. Wegen der vielseitigen Nutzung, sagt man, und wegen der Rentierlichkeit. Nur zu!

Das Neckartal mußte sich rentieren. Wie sieht dies einst idyllische Tal heute in Stuttgart aus? Können wir uns noch an seinen Zustand vor vierzig Jahren erinnern? Auch das Filstal mußte sich rentieren. Und die Fildern müssen sich selbstverständlich immer noch rentieren. Also, warum soll die Liederhalle nicht rentierlicher gemacht werden? Was machen wir nur mit all diesen Dingen, die man früher besungen hat und die man heute vielleicht noch besingen könnte, wenn man singen würde, und wenn diese noch so wären, wie sie waren.

Gerade solche Bauten wie die Liederhalle sind es, die zunächst von anderen Architekten kritisch, zum Teil unfair beurteilt werden; Bauten, in denen die Zwänge der Realität eben nicht einfach weitergeschrieben wurden, in denen diesen Zwängen vielmehr widerstanden wurde, in denen Zwänge aufgelöst und Freiraum geschaffen wurde, Spielraum, in dem nun manches sich entfalten kann, was üblicherweise keine Chance hat dazu. Heute meine ich, daß solche Bauten, die ja nur mit hohem Engagement entstehen können, von anderen Architekten oft empfunden werden als Vorwurf der eigenen Praxis gegenüber. Und gerade auf solche Bauten konzentrieren sich dann auch Bestrebungen des Alltags. Man meint wohl, man könnte nicht ertragen, daß diese anders sind als die eigene alltägliche, mühsame und freudlose Lebens-Praxis. Man müßte ankämpfen dagegen.

Ich glaube aber nicht, daß Rolf Gutbrod tatsächlich gerne gekämpft hat. Kämpfen, das gehört wohl nicht zu seiner Welt. Lieber wich er wohl aus. So zog er sich früher als gewünscht zurück von der Hochschule zur Zeit der großen Unruhen. Und so wandte er sich dem Vorderen Orient zu, als hier seine Wirkungsmöglichkeiten schwerer wurden. Er konnte sicher nicht anders handeln. Das habe ich schon erkannt. Sensibilität im Bereich der Kunst verträgt sich schlecht mit hartem Alltag, zumindest bei ihm. Diese Auseinandersetzung mit denjenigen, die alles ganz genau und besser wissen und die sich auf Beschlüsse und Aktenlagen stützen, die nur quantifizierbare Dinge werten können, verbrauchen ja unsere besten Kräfte.

Wir haben schon verstanden, daß und warum er sich zurückzog und sich zuwandte einer für uns eher märchenhaften Welt. In dieser Zeit war dort seine Welt wohl eher zuhause. Andererseits hat er sich damit der Bau-Kultur-Welt bei uns entzogen. Und er hat gefehlt hier. Er hat eine Lücke hinterlassen. Es gab ja keinen anderen Architekten, der diese Seite unserer vielseitigen Welt vertreten hätte können. Andererseits zurück: In Saudi-

Arabien hat er wunderbare Bauten geschaffen. Wir können diese nur in Bildern sehen. Aber dennoch existieren sie für uns und für unsere Welt. Niemand kann uns diese nehmen, selbst wenn diese Bauten zerstört würden. Und niemand hat bisher Vergleichbares schaffen können.

Viele, viele junge Architekten haben in seinen Büros mit ihm gearbeitet. Und mancher wird sagen können: Das habe ich gemacht und das auch und das der und der. Und mancher wird sagen können, die Milchbar, das Lobahaus, das Haus Wörnle, die Liederhalle usw. usw. Diese frühen Bauten – diese kenne ich am besten, da sie ja hier in Stuttgart sind, deshalb erwähne ich gerade diese – das war der Zeitgeist. Schon recht, schon recht. Und ich erinnere mich hier einer Anekdote, in der ein Auswanderer in Brasilien siedelte, dort schwer arbeitete, viele Hektare Wald rodete (damals war das noch eine kulturelle Tat), eine musterhafte Farm anlegte mit Feldern, Weiden, Vieh usw. Er schaffte ein Werk, das anderen in gleicher Art versagt blieb. Nachdem dann alles geschafft war, kam auch ein Priester, er besichtigte Menschen, Farm und Tiere, war des Lobes voll und drückte dies aus in dem Satz: „Gott und Dir ist ein großes Werk gelungen." Der Farmer, stolz ob des Lobes und um die Verhältnisse etwas zurechtzurücken, meinte dann: „Hochwürden, Ihr hättet die Farm sehen sollen, als Gott diese noch alleine bewirtschaftet hatte."

Ähnlich wird es auch hier sein. Zeitgeist und andere Architekten waren immer und überall da. Die hervorragenden Werke jedoch, über die wir uns nun schon Jahrzehnte freuen und von denen wir heute einzelne Stimmungsbilder sehen, sind eben nur dort entstanden, wo Rolf Gutbrod den Boden bereitete und pflanzte.

Rolf Gutbrod

ÜBER DIE ALLMÄHLICHE ENTWICKLUNG DER IDEEN BEIM ZEICHNEN

Vortrag für Karljosef Schattner
Eichstätt, im April 1992

Sie werden das Vorbild meines Mottos kennen. Es ist Heinrich von Kleists Schrift „Über die allmähliche Verfertigung der Gedanken beim Reden." Und diese beginnt so: „Wenn Du etwas wissen willst und es durch Meditation nicht finden kannst, so rate ich Dir, mein lieber, sinnreicher Freund, mit dem nächsten Bekannten, der dir aufstößt, darüber zu sprechen." Und Heinrich von Kleist erläutert dann, daß es nicht so wäre, daß der andere, der Zuhörende direkt helfe, indem er vielleicht ergänzen, hinweisen oder abrunden würde, nein, es ginge alleine um das aufmerksame Zuhören, um ein ermunterndes Kopfnicken, ein Runzeln der Stirn, vielleicht nur um den Aufschlag eines Augenlides. Schon dies könne dem Erzählenden helfen, die Eigenart von Dingen oder Ereignissen zu entdecken, das zunächst sich uns Verbergende, doch schon Vorhandene aufzudecken und es offenliegend erkennen zu können und zu formulieren.

Ein Vorgang, der ähnlich erscheint demjenigen, dem der Zimmermann unterstellt ist, wenn er mit Hilfe seiner Axt, seines Beiles oder des Stechbeitels an einem geduldigen Stamm Holz Zierrat und bestimmte Formen hervorbrachte. Wer oder was war der Anlaß: der Zimmermann, das Werkzeug, das Holz, vielleicht nur eine auffordernde Zeichnung im Holz selbst? Offensichtlich haben wir die Möglichkeit, beim Sprechen unsere Welt zu erkennen, oder beim Schreiben, oder beim Zeichnen ...

Und ich erinnere mich eines Wortes Martin Walsers – oder war es Max Frisch? Der sagte, er mache Erfahrungen nur noch beim Schreiben.

Wohl gehört zu solcher Art des Erfahrens Offenheit, Bereitschaft Neues zu entdecken, wahrscheinlich sogar der Wunsch, Neues kennenzulernen. Sicher gehört dazu auch innere Sicherheit, vielleicht auch Weisheit, die uns wenigstens ahnen läßt, daß dasjenige, was wir kennen, nicht alles sein kann und daß wir das zunächst Bekannte vorsichtig betrachten sollten, daß das Bekannte höchstwahrscheinlich unheimlicher sein sollte als das Unbekannte, daß Dinge und Ereignisse und deren Werte sich ändern, wenn wir unseren Standpunkt ändern, daß Dinge und Ereignisse eigene Gesetze haben und daß diesen damit auch eigene Eigenschaften zueigen sind, daß das Selbstverständliche nur scheinbar selbstverständlich ist usw. Kurzum: Die Offenheit, die dem Kinde zueigen ist, welches fragt: Was ist das? Und: Warum?

Architekten kennen folgende Situation: Sie sitzen vor einem leeren Blatt Papier und sinnieren darüber, was sie entwerfen sollten und wie dies geschehen könnte.

Vielleicht geht der Anfänger unbeschwerter ans Werk: Er hat während des Studiums einen Moment des Ganzen entdeckt, oder zwei oder drei Momente, und hat diese geübt: eine der möglichen Ordnungen des Formalen an sich vielleicht, vielleicht auch das Konstruktive oder das Praktisch-Funktionale. Bald aber wird uns offenbar, daß solche Entdekkungen recht vordergründig waren, daß andere Momente und Aspekte zu Wort kommen wollen und in den Vordergrund drängen, Momente, die wir bisher nicht bedacht hatten, Momente des Sozialen zum Beispiel, des Humanen, des Ökonomischen, Ökologischen, der Gesellschaftspolitik usw. Und das Ganze, was zunächst so einfach und auch so klar schien, wird kompliziert und diffus. Mit der Absicht, das Vielfältige unserer Welt in Architektur widerzuspiegeln, sitzen wir vor dem leeren Papier.

Und ich denke an Ratschläge, zum Beispiel von Otto Bartning oder war es Bartmann: Man solle das Gebäude zunächst im Kopf entwerfen und erst dann zum Stift oder zur Feder greifen, wenn der Entwurf fertig wäre im Kopf. Mir half solcher Rat nicht weiter, sei es, daß mein Kopf solchen Anforderungen nicht genügte, sei es, daß ich meinte, der Kopf alleine könnte Architektur nur unvollkommen erfassen, daß es auch Dimensionen gäbe, die sich dem Rationalen entzögen, sei es, daß ich erkannt hatte, daß es uns nicht gegeben ist, viele Dimensionen der Wirklichkeit auf einmal im Kopf zu erfassen.

Ein anderer Rat lautete: Mach einfach einen Strich auf das leere Papier, dann mach einen zweiten und einen dritten Strich usw. Und dann ist das Papier schon nicht mehr leer und du kannst das Gezeichnete weiterentwikkeln, und die Aussicht besteht, daß das einfach Begonnene differenziert und vielfältig wird. Selbstverständlich hat auch Johann Wolfgang von Goethe über Ähnliches gesprochen, zum Beispiel, daß der Anlaß, von dem aus man beginne, seine Bedeutung verliere. Wenn man nur recht voranschreite, komme man schon zu einem guten Ende.

Eins meiner Probleme bestand freilich darin, daß ich in der Regel zuerst einen Tuschfleck auf das weiße Blatt machte – durchaus nicht mit Absicht. Bis ich mich dem Bleistift wieder zuwandte statt des Rapidographen, nicht nur des Kleckses wegen; vielmehr störte mich, daß dieser die in der Feder noch innewohnende Freiheit der Tuschzeichnung verdrängt hatte. Die Tuschfeder, die mit leichter Hand nach allen Richtungen geführt werden konnte, in kühnen Kurven, in wirren Knäuel oder klaren Linien, war aus der Mode gekommen. Gegen diese jedoch war der Rapidograph ein armer Wicht. Er lehnte sich ängstlich an die Reißschiene oder das Zeichendreieck, war nur schwer dazu zu bewegen, sich von diesen Ordnungen zu lösen und freien Linien zu folgen, und ließ unsere Architektur hart werden.

Es scheint so, als beeinflußten Material und Technik das Ergebnis unserer Bemühungen. Am Beispiel des Zimmermannes mit seinem Werkzeug haben wir diesen Zusammenhang schon erkannt. Deutlicher zu erkennen noch an den extrem verarmten Ergebnissen von mittels CAD-Systemen entwickelten Architekturen. Verständlich, wenn man bedenkt, daß mittels dieser Systeme ja nur mathematische und geometrische Strukturen vorgedachter und programmierter Elemente manipuliert werden können. Wie sollte dabei eine architektonisch-schöpferische Leistung entstehen, ein Ergebnis, welches sich gerade auszeichnen sollte dadurch, daß bisher noch nicht Gedachtes, bisher noch nicht Erfaßtes, bisher noch nicht Formuliertes sich entfalten konnte?

Ich nehme an, daß es auch beim Sprechen ähnlich ist, daß in Schriftsprache andere Gedanken sich verfertigen als im Dialekt, in der Prosa andere als in der Poesie. Und die Sprache der Verwaltung oder eines anderen Apparates wird wieder andere Gedanken hervorrufen. Und man muß einfach akzeptieren, daß diese administrative Sprache uns nicht nahe liegt, daß wir hingegen die Sprache von Robert Musil, Marcel Proust oder Arno Schmidt schätzen. Diese Sprachen sind offener für das Neue, das Überraschende, das Schöne; in diesen Sprachen klingt vieles mit, Poetisches kann sich entfalten. Etwas wehmütig denken wir an unsere alten 6B-Skizzen, scheinbare Schmuddel-Skizzen, die unscharf waren, in denen man, wenn sie durch fortwährendes Überzeichnen zu kleinen Papierhügeln angewachsen waren, plötzlich Dinge durchscheinen sah durch mehrere Lagen transparenten Papiers; Dinge, die man nicht kannte bis dahin, Dinge, die man nicht gezeichnet hatte, die einfach so entstanden sind, scheinbar aus sich selbst heraus. Und man erkannte, daß Dinge offensichtlich ohne unser bewußtes Planen auch aus sich heraus entstehen können, daß nicht alles von vornherein geordnet sein muß, daß es immer mehrere Möglichkeiten gab, daß das früh bestimmte und feste eigentlich Ausflucht ist, Vorwand, um den unterschiedlichen, der Aufgabe innewohnenden, vielfältigen Möglichkeiten auszuweichen usw. Wir neigen dazu, den Dingen Gewalt anzutun. Wir lauschen nicht auf das, was aus sich heraus werden möchte.

Der Entwurf eines Bauwerkes steht am Anfang unserer Arbeit. Sicher kommt ihm große Bedeutung zu. Aber der Entwurf ist nur Anfang, entstanden in mehreren Wochen oder vielleicht mehreren Monaten. Manchmal sogar in wenigen Stunden. Die Erfinder des Märkischen Viertels rühmten sich, die Anlage in zwanzig Minuten entwickelt zu haben; vielleicht waren es auch fünfundzwanzig. Man sieht das. Was kann man schon in solch kurzer Zeit schaffen? Eine einfache geometrische Ordnung, mehr geht nicht in dieser Zeit.

Wir meinen vielmehr, der Entwurf eines Werkes sollte wohl stark sein, offen aber zugleich. In ihm soll vieles angelegt werden und aus ihm heraus soll vieles wachsen können, Momente, die wir zum Beginn unserer Arbeit überhaupt nicht kennen konnten. Viele Jahre der Arbeit liegen noch vor uns mit vielen Menschen aus vielen Bereichen und wir sollten warten können darauf, was sich daraus entwickeln könnte.

Zwei Hinweise hier: Der eine betrifft die Art, wie wir unserer Welt gegenübertreten, wie wir auf diese schauen. Romano Guardini sagte, daß schon im Blick auf die Welt Gewalt läge, wenn man zum Beispiel wolle, daß das eine so wäre, das andere anders und das Dritte überhaupt nicht, daß wir nicht wissen wollten, wie die Welt wäre, daß wir eher wissen wollten, diese sei so wie wir sie wollen. Mit solchem Blick werden wir die Vielfalt unserer Welt nicht sehen können; so sehen wir nur uns selbst in allen Dingen.

Der andere Hinweis: Wir sollten zählen darauf, daß Dinge und Ereignisse sich selbst entwickeln wollen. Hans Mayer beschrieb in seinen Lebenserinnerungen „Ein Deutscher auf Widerruf" eine Begegnung mit Robert Musil während des Exils in Zürich. Mayer fragte Musil nach den zwei Hauptfiguren in Musils nicht abgeschlossenem Werk „Der Mann ohne Eigenschaften". Mayer wollte wissen, ob diese beiden Figuren in einer naheliegenden Art enden würden. Und Robert Musil antwortete, daß er diese Absicht schon gehabt hätte, „aber die Figuren wollen das nicht".

Inhalt und Erscheinung von Architektur wandeln sich, während wir planen. Ich meine, man versteht dieses Wandeln, wenn man bedenkt, daß tatsächlich zahlreiche Disziplinen einfließen in die Arbeit, daß wir viele neue Erkenntnisse gewinnen und daß wir am Ende solcher Arbeit andere sind als wir waren zu Beginn derselben. Vielleicht haben wir zunächst nur die Räume disponiert und die praktischen Funktionen. Dann sorgen wir uns um die städtebauliche Einordnung, die plastische Erscheinung, dann um das statische Gefüge, das Material, aus dem das Gebäude sein soll, dann bearbeiten wir den Wärmeschutz, den Schallschutz, die Raumakustik; wir klären, wie das Gebäude klimatisiert sein sollte, wie belichtet und beleuchtet werden soll; dazwischen kommen Fragen der Wasserwirtschaft, vielleicht der Denkmalpflege noch, des Verkehrs, der Sicherheit, dann des Firmenimages, danach müssen wir die Bauelemente durcharbeiten, komplizierte Fassaden werden entwickelt, begrünte Dächer, der Innenausbau, der Sonnenschutz, die Farben usw.

Ein komplexes und kompliziertes Gefüge, beeinflußt von zahllosen Kräften aus zahlreichen Disziplinen, diese wiederum vertreten von Spezialisten, von denen mancher meint, die eigene Disziplin stünde über allem. Ein lebendiges Gefüge mit Tendenz zum Chaos. Dem einen bereitet das Sorge, dem anderen Freude, er genießt das Gefühl, lebendig zu sein.

Dieses Gefüge kann man vergleichen mit einem Getriebe aus Zahnrädern, sagen wir aus dreißig bis einhundert Zahnrädern, die unauflösbar ineinandergreifen. Wird nun an nur einem dieser Räder gedreht, dann bewegt sich das ganze Gefüge. Da nun immer an den Rädern gedreht wird, oft kontinuierlich an vielen Rädern, ist dieses komplexe Getriebe immer in Bewegung über die gesamte Planungs- und Bauzeit hinweg. Das heißt aber, daß die Entscheidung, das Bauwerk sich fortwährend wandelt. Einmal müssen wir dann sagen: Halt! Und das ist es dann. Würden wir weiterarbeiten, ergäben sich andere Lösungen. In glücklichen Fällen entsteht so ein wohl ausgewogenes Bündel all dieser wirksamen Kräfte, eine Kräftekonstellation widerspiegelnd, die – in besonders glücklichen Fällen – die Situation des Geistes unserer Zeit widerspiegelt, unsere Realität, in den glücklichsten Fällen aber auch unsere Wünsche und Hoffnungen und Ideale.

Nun gibt es Bauherren und auch Architekten, die ein bestimmtes Ergebnis wünschen und festschreiben und festhalten wollen. In unserem Bilde heißt das, daß eine Anzahl von Zahnrädern arretiert wird, was zur Folge hat, daß von daher die anderen Räder gezwungen werden, ebenfalls still zu stehen oder sich so zu bewegen, wie sie nicht wollen. Verzwungene Architekturen entstehen so, solche, die von speziellen Kräften her dominiert werden, in der Regel Machtarchitektur, Architektur der politischen Macht, der Macht von Ideologien, von Dämonen usw.

Je nachdem, wie die Kräfte gemischt sind, wird es sicher auch eine ökologisch dominierte Architektur geben, eine islamische Architektur und eine des christlichen Glaubens – und ich meine sogar auch eine katholische Architektur.

Dieses Spiel der zahllosen Kräfte, geleitet und geordnet durch unser Weltbild, durch unsere Kraft ist beunruhigend für viele. Und ich meine, diejenigen seien besonders beunruhigt, denen es der inneren Ordnung mangelt und der Zuversicht, daß das Ganze zu einem guten Ende kommen wird, wenn wir gut arbeiten. Solche Ängste führen oft dazu, daß die „störenden" Kräfte umgangen werden, daß versucht wird, von vornherein das Ergebnis festzuschreiben, zum Beispiel indem eine sogenannte starke Architektur vorgeschrieben wird. Man nennt das stark, ich sehe diese Art der Architektur als Zeichen der Schwäche. Junge Architekten im Büro meinen, sie könnten Vertreter der anderen Disziplinen dazu bringen, dasjenige zu unterstützen, was die Architekten wollen und dasjenige zu vernachlässigen, was die Spezialdisziplinen fordern aufgrund ihrer eigenen Gesetze. Möglicherweise umgeht man so zunächst den großen Aufwand im Schöpfungsprozess, verfehlt dabei aber sicher auch unser eigentliches Ziel, das wir ja darin sehen, eine lebendige, von den Kräften und Idealen unserer Zeit durchwobene Architektur zu schaffen.

Der Schöpfungsprozess kann infolge der ihm innewohnenden Gesetze und Dynamik sich erstaunlich entwickeln. Beispiel für solch einen lebendigen Prozess ist die Entstehungsgeschichte der Wieskirche (1746–1754) von Dominikus Zimmermann. Während acht bis zehn Jahren wurde dieses Meisterwerk des Süddeutschen Barock entwickelt – und niemand wird annehmen können, man hätte schon im Zustand des Vorentwurfes dieser Wallfahrtskirche den vielfältigen, schwingenden Raum gekannt mit all seinen Durchdringungen, seinen Figuren, Farben und Bildern. Ein langer, fruchtbarer, beschwerlicher Schöpfungsprozess wurde zurückgelegt, verbunden mit Erkenntnissen, Anfechtungen, Zweifeln, Niederlagen und Siegen. Sätze aus der Baugeschichte erhellen diese auch schmerzhafte Geburt des Schönen: „... wie in Steinhausen übersteigt die Bauausführung den dafür angesetzten Betrag um ein Vielfaches. Abt Marianus muß abdanken. Doch schreiten die Bauarbeiten fort. 1749 wird der Chor eingeweiht, 1754 die gesamte Kirche". (Reclam-Kunstführer).

Nun, das waren andere Zeiten. Notzeiten, gläubig und wundergläubig, aufgeklärt, mit absolut herrschenden Fürsten und am Vorabend großer Revolutionen. Diese nach vorn und zurück gerichteten Kräfte kann man noch heute aus der Barockarchitektur herauslesen; eine Architektur, die Macht verherrlicht und Ordnung zerbricht, die bis dahin beengte Räume illusionär auflöst und die Künste vereint. Sicher eine erregende Zeit. Das Formale spiegelt das wider. Dieses eilt der Zeit voraus und es kann in der Zeit sein (in klassischen Epochen), es kann aber auch hinter der Zeit zurückbleiben (in Manierismus). Bei der Wies-Wallfahrtskirche hatte man sich auf große Fahrt begeben in stürmischer Zeit mit vollen Segeln, und Abt Marianus wurde über Bord gespült.

Unsere heutigen Bauherrschaften müssen solches nicht fürchten. Die Zeiten sind anders. Scheinbar leben wir in einer ruhigen Zeit, mögliche Bedrohungen wähnen wir weit von uns. Daraus sollten wir aber nicht schließen, wir könnten es uns einfach und leicht machen, wir könnten die Probleme des Entstehungsprozesses uns ersparen. Sicher, wir werden einen Architekten finden, der das Ganze leicht macht für uns, der genau das liefert, was wir an Quantitäten wünschen. Unsere kulturelle Aufgabe würden wir jedoch verfehlen damit. Diese ist gebunden an den auch heute oft schmerzhaften Schöpfungsprozess.

Einerseits brauchen wir tatsächlich viel Kraft, um die Dinge voranzutreiben. Am meisten Kraft verbrauchen wir jedoch damit, unangemessene Kräfte und Ansprüche zurückzuweisen, z.B. von Verwaltungsapparaten, von Organisationsproblemen, von Techniken, z.B. Planungstechniken, von Finanzierungstechniken usw. Diese Techniken und Apparate und deren Vertreter beanspruchen in der Regel, die eigenen Bedingungen, die eigenen Gesetze in den Mittelpunkt des Geschehens zu rücken. Man kann das schon verstehen, daß der für die Bauphysik Zuständige meint, vor allem sein Gebiet müßte optimal bearbeitet, die darin liegenden Probleme müßten optimal gelöst sein. Oder daß mancher für das Tragwerk Verantwortliche meint, vor allem dieses müßte optimiert sein, oder daß derjenige, der später die Anlage unterhalten muß, meint, dieser Gesichtspunkt stünde im Vordergrund, usw.

Um hier tatsächlich Ordnung schaffen zu können, müssen wir uns klarmachen, welches denn das oberste Ziel ist, welches wir allen anderen verordnen. Die Antwort auf diese Frage muß ich Ihnen lassen. Für mich habe ich sie beantwortet: Wir wirken, um unsere Welt menschlich zu gestalten. Was ist das? Auch darüber konnten wir sprechen.

Wir sollten nicht zuviel Gewalt anwenden. Wir sollten Vertrauen darauf, daß Dinge und Ereignisse sich nach eigenen Gesetzen entwickeln. Wir sollten bald beginnen mit unserer Arbeit, mit der Skizze, der Zeichnung, mit dem Modell. Mit diesen Mitteln und Geräten können wir unsere Aufgaben suchen. Und wir sollten unsere Fähigkeiten und Fertigkeiten ausbilden.

Nun gut, heute möchten sie gerne Computer bedienen. Ich meine, sie sollten zuerst freihand zeichnen und skizzieren können, so gut wie möglich. Diejenigen, die das können, verfügen über eine Sprache, mit Hilfe derer Architektur relativ komplex angesprochen werden kann. Mathematische Modelle liefern nur mathematische Strukturen, keine Inhalte. Wie wollen sie damit Architektur entwickeln?

Letztlich – alles entwickelt sich, aus sich heraus.
Wir sollten uns diesen Entwicklungen gegenüber öffnen.

ARCHITEKTUR UND INDIVIDUUM

Vortrag zur Triennale in Tallinn
Tallinn, 12. September 1993

Sehr geehrte Damen und Herren,
das Thema Ihrer Tagung fordert eigentlich auf zu einem akademischen Vortrag. Dieser Aufforderung habe ich nicht nachgegeben.

Sie haben mich nach Tallinn gebeten sicher nicht wegen meiner Fähigkeit, ein Thema akademisch abzuhandeln. Ich nehme vielmehr an, daß Sie mich der Arbeiten unseres Büros „Behnisch & Partner" wegen gebeten haben. Und Sie möchten wohl auch sehen, was wir gebaut haben und wie das zum Thema Ihrer Tagung paßt. Ein solches Thema liegt mir nahe. „Architektur und Individuum", das war ein zentrales Thema unserer nun über 40 Jahre währenden Praxis. Darüber spreche ich gern. [...]

Unsere Arbeit wird von vielen Kräften beeinflußt. Viele dieser Kräfte wollen, daß ihr Anliegen auf jeden Fall und gegebenenfalls vor anderen vertreten wird, durch den Architekten oder durch einen der zahlreichen Spezialisten, durch Behördenvertreter oder andere. Ein vielstimmiges, babylonisches Sprachengewirr ist um uns, verwirrt und verwirrend (die meisten meinen, sie alleine seien die Wichtigsten). Und es bleibt dem Architekten, das Ganze zu entwirren, zu werten, zu ordnen – das heißt auch vor- und nachzuordnen, nebenzuordnen, über- und unterzuordnen und dann das Ergebnis zu vertreten einerseits den Vertretern der zahllosen Kräfte gegenüber, andererseits dem geltenden Recht gegenüber – was eigentlich gar nicht gelingen kann, denn wollte man allen Forderungen und Ansprüchen entsprechen und dabei alle Eventualitäten berücksichtigen, bekämen wir stark belastete, von Material und Konstruktion verstopfte, überteuerte Gebäude und würden damit verstoßen gegen Ansprüche des Bauherrn – und sicher auch der Volkswirtschaft –, die ein sinnvolles Verhältnis zwischen eingesetztem Kapital und „Erfolg" (Nutzungsmöglichkeiten) erwarten. Und wir würden ebenfalls verstoßen gegen ästhetische Prinzipien. Und wir würden auch nicht gerecht dem Eigenleben der Architektur, das – ebenso wie das Eigenleben der anderen Künste – auch darauf zielt, neue Dimensionen zu erschließen. Es liegt nun mal in unserer Zeit, daß das Neue ein Ziel unseres Bemühens ist (die rationelle Fertigung, eine neue Sehweise unserer Welt, das wissenschaftlich Neue usw.). Warum sollte das bei Architektur anders sein, die doch verbunden ist – auch reziprok – mit der von uns erfahrenen Realität.

Und da wir nur einen Ausschnitt unserer objektiven Welt erkennen können und da die Fähigkeiten zum Erkennen nicht gleich sind, wird die in Architektur aufleuchtende Stellungnahme auch spekulativ, individuell und unterschiedlich sein, es sei denn, es gäbe eine den Menschen übergeordnete Macht, die die Wertigkeit der vielen Faktoren verbindlich festlegt und die Lösungen verbindlich vorschreibt. [...]

Der Unterschied in der Arbeit des Ingenieurs zu der des Architekten ist unter anderem, daß dessen Feld – bei enger Auslegung seines Bereiches – linear behandelt werden kann. Er muß ja in der Zusammenarbeit nur sein Fach vertreten. Und er sollte dies so rein wie möglich und so gut wie möglich tun. (Insofern können komplex denkende Ingenieure durchaus die gemeinsame Arbeit komplizieren, wenn sie die Gesetze ihres Faches nicht mehr in Reinheit vertreten.) Die Arbeit des Architekten hingegen müßte komplex gesehen werden. Sie wird damit ähnlich der von C. F. v. Weizsäcker beschriebenen Arbeit des Philosophen, die er so charakterisiert: „Der Gedankenfortschritt philosophischer Reflexion ist nicht linear, sondern eher ein Wandern durch einen mehrdimensionalen ‚Garten' mit seitlichen Verknüpfungen." Dieser Garten wäre mehrfach und nicht auf einer vorweg bestimmten Route zu durchlaufen. [...]

Da das Material von Architektur tendenziell unbegrenzt und komplex ist, werden Zweifel und neue Sichtweisen immer wieder auftreten. Man muß nur einzelne Momente neu bewerten und das bis dahin „richtige" Ergebnis erscheint nicht mehr als richtig, und das Karussell beginnt sich zu drehen. Das heißt: Arbeit in dieser Art ist eigentlich nie abgeschlossen. Dieses Wandern durch den Garten, diese sich im Kreise drehende Arbeit kann immer weiter geführt werden. Man kann eigentlich an jeder Stelle in diese kreisförmige Arbeit einsteigen. Wenn man diese durchläuft und wenn man sich bemüht, dies so umfassend wie möglich zu tun, kommt man ohnehin an allem Material von Architektur vorbei. Man muß allerdings bereit sein, das zu Beginn der Arbeit oder in vorangegangenen Arbeitsschritten gewonnene Ergebnis in Frage zu stellen, zu verändern unter dem Einfluß neuer Kräfte. Diese kreisförmige Arbeit führt zu geringem Ergebnis, wenn man wenige Felder kennt und wenn man sich nicht bemüht, die Felder, das Material von Architektur möglichst komplex kennenzulernen. Studierende z.B., die bisher vielleicht nur Konstruktionstechnik kennenlernten und das funktionale Gefüge der Aufgabe, können diese Arbeitsweisen nicht richtig in Gang setzen. Diese Arbeitsweise bringt es mit sich, daß wir möglichst viele Felder durchlaufen und dabei diese kennenlernen, daß wir unsere Welt in unserer Arbeit kennenlernen. Ich meine, daß das eine besonders bemerkenswerte Seite unserer Berufsarbeit ist. Unser Weltbild bildet und differenziert sich dabei.

Die immer wieder neuen Modewellen in Architektur (Dekonstruktivismus, Postmoderne, Konstruktivismus, ...) zeigen, daß ein Bereich, der bisher allgemein vernachlässigt wurde, aufgearbeitet wird, zunächst höchstwahrscheinlich in demonstrativer Art, und daß das dabei entwickelte formale Äußere akzeptabel ist und Abwechslung verspricht im bis dahin aufgebrauchten und langweilig gewordenen Bild: Ein neuer Moment wird in Architektur stärker berücksichtigt und auch herausgestellt. In diesem Vorgang liegt bereits der Keim seines Endes: Das dabei entwickelte Repertoire wird bezüglich seiner Inhalte danach weitgehend unreflektiert übernommen, wird so zu Formalismen und gerät damit unter die Gesetze der Mode, d.h.: wird über kurz oder lang altmodisch und langweilig.

In der eigenen Arbeit, oder in der Arbeit eines Büros kann dieses Spiel sinnvoll und differenziert funktionieren. Alleine dadurch, daß man unterschiedliche Aufgaben bearbeitet, einmal ein Kindergarten, einmal ein Altenwohnheim, danach eine Schule, dann ein Bürogebäude usw., ist man veranlaßt, verschiedene Bereiche durchzuarbeiten: Bei einem Kindergarten sollte man sich bemühen, Wesentliches über die Entwicklung des jungen Menschen zu erfahren. Wenn man ein Altersheim plant, sollte man sich darum kümmern, wie ein Leben zu Ende geht und wie dieser letzten Zeit Würde gelassen werden kann usw.

Am schwierigsten erscheinen mir Bürogebäude, große Bürogebäude. Es kann doch nicht genügen, dafür zu sorgen, daß alle dort Beschäftigten einen funktional (praktisch) gut konditionierten Computerplatz haben, obwohl auch das schon eine Menge ist. Möglicherweise liegt aber gerade hier das Problem: Dabei entsteht ein Bild, in dem der Einzelne ein Element eines großen Systems ist, austauschbar, beansprucht bezüglich einiger angelernter praktischer Fähigkeiten. Wenn wir uns jedoch um den Menschen im Sinne des Ideals unserer Gesellschaft bemühen wollen, dann müssen wir uns – auch – konzentrieren darauf, daß und wie unser Zusammenleben menschlicher gestaltet werden kann.

Wo liegt heute das Problem, das die Menschen in solchen Apparategebäuden belastet? Letztlich werden es wohl zwei Aspekte sein: das Gefühl, Element im großen Apparat zu sein, manipuliert durch die Scheinperfektion der Apparate und des Aufwandes, der im Kontrast zu dem Aufwand des normalen Lebensbereiches steht. Dadurch wird der Einzelne seinem normalen Leben gegenüber entfremdet. Und die mangelnde Individualität der Situation: Räume, Situationen, Konditionen und auch die abgeforderten Leistungen sind von „Höheren" genormt und vorgegeben worden und können nur von oben geändert werden. Es herrschen lineare, hierarchische Ordnungen. Technische Ausstattung und Designaufwand erheben diese Situation über das sonstige Leben des Menschen; diese Sondersituation wird zur Normalsituation und drückt die Lebensumstände der nicht berufstätigen Zeit und der nicht berufstätigen Menschen ins „Nicht-Zeitgemäße", ins Peinliche, Unwirkliche. Die Wertigkeiten verschieben sich zugunsten des Apparates, zur schönen, sauberen IBM-Welt hin.

Dadurch, daß ich uniformiere, reduziere ich Individualität der Betroffenen und betone nichtindividuelle, normierbare, in der Regel für einen bestimmten Zweck nützliche Eigenschaften. Man sollte das Individuelle suchen, im Menschen, im Ort, in der Aufgabe, im Gerät usw.

TREFFEN MIT EGON EIERMANN

Vortrag zum Symposium Egon Eiermann an der Universität Stuttgart
Stuttgart, 19. Oktober 1994

Tatsächlich bin ich Egon Eiermann nur einmal begegnet, ich meine, begegnet in der Art, daß wir miteinander gesprochen hätten über Probleme, die beide interessieren und beide betreffen. Doch darüber später.

Aber ich bin wiederholt auf Egon Eiermann getroffen, eigentlich immer wieder, meistens anhand seiner Arbeiten, anläßlich meiner Arbeit. Am interessantesten waren diese Treffen, wenn ich auf Probleme stieß, die wir lösen mußten, bei unserer Arbeit im Büro und wenn wir dann feststellen konnten, daß Egon Eiermann diese Probleme schon gelöst hatte in seinen Arbeiten, in geradezu allgemeingültiger Art. Mir hat das weitergeholfen.

Aber erstaunt mußte ich feststellen, daß seine Schüler, so nennen sich ja Legionen von Architekten, solche Lösungen nicht übernommen und schon gar nicht weitergeführt hatten. Wie mag wohl dieses Schüler-Lehrer-Verhältnis gewesen sein? Ob Egon Eiermann das, was er machte und erfand, seinen Mitarbeitern und seinen Schülern nicht erklärte? Diesen Eindruck könnte man gewinnen. Andererseits: Eiermann soll ein besonders guter Lehrer gewesen sein. Ich war nicht sein Schüler, und er war mir auch nicht sehr nahe. Aber ich habe viel bei Egon Eiermann gesehen und dann wohl auch gelernt. Und noch heute bitte ich Mitarbeiter unseres Büros, sich Bauten Egon Eiermanns anzusehen, die IBM-Hauptverwaltung z.B. oder das Olivetti-Zentrum.

Wohl war Egon Eiermann nur 18 Jahre älter als ich. Aber immer hatte ich das Gefühl, er gehöre einer früheren Generation an, einer Generation vor der meinen. Vielleicht lag das auch daran, daß er schon mehr als 20 Jahre baute und plante, als ich 1951 mein Studium beendete. Und Poelzig und Tessenow, die Generation seiner Lehrer, schienen aus der Generation meiner Großväter zu sein.

Und ich denke: Höchstwahrscheinlich werden diejenigen, die ihr Studium heute beginnen und die heute bei unserer Veranstaltung sind, mich und andere Vertreter unserer Generation ähnlich sehen. Von der Tatsache, daß es einen Architekten Egon Eiermann gab, hörte ich, als er schon renommierter Architekt war – so schien es mir jedenfalls. Das mag um 1950 gewesen sein, vielleicht auch etwas davor. Seine Arbeiten schienen mir fertig zu sein, zu Ende gebracht, nicht zu verbessern, eben so, wie man selbst einmal arbeiten möchte, das Werk eines gestandenen und renommierten Architekten. Ich war beeindruckt davon, in welch hohem Maße und mit welcher Konsequenz die von ihm geplanten Gebäude entwickelt worden waren, wie ich erkennen konnte: aus den Gesetzen des verwendeten Materials und der Konstruktionen heraus. Jedenfalls schien mir das damals so.

Ich sah eine verständliche und nachvollziehbare Ordnung in seinen Bauwerken, eine Ordnung, die vom Kleinen zum Großen führte, vom Detail und vom Element zum Ganzen. Das schien schlüssig zu sein. Dem konnte man folgen. Das schien auch lehrbar und lernbar, jedenfalls der Weg dahin müßte lehrbar gewesen sein. Eine solch schlüssige Ordnung vom Kleinen zum Großen scheint Egon Eiermann beabsichtigt zu haben. Ausführungen Helmut Strifflers weisen daraufhin: Des Öfteren hätte Egon Eiermann bestanden darauf, daß dann, wenn bei einer Arbeit Einzelheiten nicht „aufgingen", Fehler zu suchen und zu korrigieren seien, die weiter vorne liegen müßten. Auch das leuchtete mir ein.

Heute meine ich, daß Bauten, die in solcher Art entstehen, eine geschlossene, „homogene" Ordnung annehmen, die, wenn man das Eiermannsche Können nicht beherrscht, etwas langweilig werden könnten. Damals jedoch leuchtete mir solches Vorgehen ein. Es schien mir ein sicherer Weg zu guter Architektur zu sein. Heute meine ich erkannt zu haben, daß in Eiermanns besten Bauten gerade diese Spannung zwischen den gegengerichteten Tendenzen besticht, zwischen der „geschlossenen Ordnung" einerseits und der „Transparenz" andererseits.

Seinerzeit, während meiner Studienzeit, gab es für mich zwei „Schlüsselworte". Das eine Wort hieß „materialgerecht", das andere „werkgerecht". Heute fühle ich in diesen Begriffen auch Unduldsamkeit und mich stört die in diesen

Schlüsselworten liegende Behauptung, das eine als richtig, das andere als falsch erkennen zu können, das eine als „gerecht", das andere dann wohl als ungerecht. Seinerzeit jedoch halfen mir diese Begriffe. Sie boten Hilfe bei der eigenen Arbeit und auch eine Brücke zu den Werken Egon Eiermanns, obwohl ich eigentlich von einer anderen Art von Architektur kam und zu einer anderen Art ging und obwohl diese Begriffe die Arbeiten Eiermanns nur unvollkommen erfaßten.

1946 bis 1947 hatte ich im Gefangenenlager begonnen, Architektur zu studieren, so gut das dort ging. Mein Lehrer war Bernd Kösters, ein früherer Assistent Paul Schmitthenners. Wir gingen davon aus, daß Gebäude im Rahmen der Gesetze natürlicher Materialien und des Handwerkes sich entwickeln sollten, also in einem quasi „natürlichen" Rahmen, auch bezüglich ihrer Erscheinungen. Eingriffe des Planers waren unangebracht. Ein Spruch lautete damals: „Einem Architekten soll nichts einfallen". Man liebte wohl Wortspiele. Immerhin schien dieser Ansatz schlüssig zu sein. Und ähnlich schlüssiges Vorgehen fand ich in Egon Eiermanns Arbeiten einerseits, andererseits ahnte ich durchaus auch Unterschiede. Richtig klar wurden mir diese erst später, zu einem Zeitpunkt, in dem ich bei meiner Arbeit auf diese Probleme stieß. Im Rahmen des Werkgerechten und des Materialgerechten arbeitete Egon Eiermann mit künstlichen Materialien und benutzte tendenziell industrielle Techniken (tatsächlich lagen Egon Eiermanns Konstruktionen hin und wieder zwischen den beiden Polen „natürlich" und „künstlich"). Und die Ordnung des Formalen seiner Bauten kam von solch künstlichen Materialien und von industriellen Techniken. Und seine Bauten waren zusätzlich geometrisch geordnet. Eine Ordnung also, gedacht und gemacht von Menschen, ziemlich weit weg von der, die sich quasi von alleine ergab bei dem sogenannten „natürlichen" Bauen.

Nach Stuttgart kam ich mit Studienarbeiten, die wohl auch am früheren Schmitthenner Lehrstuhl hätten gefertigt werden können. Jedenfalls erklärte mir Richard Döcker, seinerzeit Dekan, bei dem ich mich vorstellte (seinerzeit machte man das so), daß das alles schön und gut sei, daß aber jetzt eine neue Zeit wäre. Und Richard Döcker vertrat ja auch eine Architektur, die sich nicht zuerst orientierte an den Gesetzen der Natur, an den Gesetzen der Materialien oder an den Gesetzen der Konstruktionen, seien diese natürlich oder künstlich, handwerklich oder industriell. Ich kam in eine andere Architekturwelt.

Dennoch, auch in dieser anderen Welt an der TH Stuttgart beeindruckten mich Egon Eiermanns Arbeiten, z.B. sein Entwurf für die Gebäude des Süddeutschen Rundfunks in Stuttgart bei der Villa Berg und sein Gebäude für die Taschentuchweberei in Blumberg. Beide fielen in die Zeit am Ende meines Studiums. Und beide sind mir noch heute in Erinnerung so gut, daß ich meine, ich könnte sie aufzeichnen aus dem Kopf. Aber dann denke ich wieder daran, daß ich vom Eiermannschen Entwurf des evangelischen Gemeindezentrums in Baden-Baden (1953) ebenfalls sehr angetan war. Ich war überzeugt davon, diesen Entwurf ebenfalls nach Jahren noch aufzeichnen zu können ohne jede Vorlage. Als ich dann das von Wulf Schirmer herausgegebene, ausgezeichnete Werkverzeichnis in der Hand hielt und den Entwurf des Gemeindeszentrums original wiedersah, mußte ich allerdings feststellen, daß dieser Entwurf sich in meinen Vorstellungen weiter entwickelt hatte in den 25 Jahren, die ich ihn nicht mehr gesehen hatte. Der Eiermannsche Entwurf war anders als mein Bild von diesem. Aber vielleicht hatte ich seinerzeit auch nur etwas anderes gesehen. Das gibt es ja auch.

Mit Günter Wilhelm, an dessen Lehrstuhl ich hier in Stuttgart diente, haben wir Anfang der 50er Jahre die Taschentuchweberei in Blumberg und das Ciba-Gebäude in Wehr besucht. Wir waren überrascht ob der Frische dieser Bauwerke und überzeugt von ihrer Qualität. Ich nehme an, Günter Wilhelm war bezüglich seiner Auffassung von Architektur nahe bei der Egon Eiermanns, vielleicht etwas süddeutscher. Ich denke, Egon Eiermann hätte ohnehin besser nach Berlin gepaßt als nach Karlsruhe. Wobei ich das weltstädtische Berlin früherer Zeiten meine und nicht das der letzten 60 Jahre.

Allerdings erkannte ich, möglicherweise intuitiv, daß in Egon Eiermanns frühen Arbeiten, die ich ganz oben einordnete und das heute noch tue, auch eine gewisse Einseitigkeit war, indem z.B. dasjenige schwächer ausgebildet war, was wir in Stuttgart üblicherweise bezeichneten mit „architektonischer Raum“, „Atmosphäre“, „Durchscheinen“, „Stimmung“ und ähnlichem. Heute meine ich, daß ja nicht jedes Bauwerk alle Bereiche und alle Dimensionen abdecken müßte. Nicht in jedem Bauwerk kann sich die mögliche Vielfalt und Komplexität unserer Welt widerspiegeln. Viele weniger komplexe, vielleicht sogar einseitige Werke unterschiedlicher Art bilden zusammen dann doch wieder das Ganze, vor allem dann, wenn diese Bauten so großartig sind wie die von Egon Eiermann.

Aber wenn man selbst vor einem solch großartigen Bauwerk steht, sucht man dennoch das Ganze, so gut man das versteht, auch wenn man weiß, daß dies unangemessen und evtl. sogar unfair wäre. In dieser Situation liegt das Problem wahrscheinlich eher beim Betrachter und nicht zuerst beim Bauwerk und auch nicht beim Architekten des Bauwerkes. Wir stehen auf den Schultern unserer großen Vorgänger, auch auf den Schultern Egon Eiermanns. Von da ist unser Blick ein anderer. Besser: Er könnte weiter sein, wenn wir diese Position nur nutzen wollten.

Seinerzeit lehrte an der TH Stuttgart – damals noch am Weißenhof – auch der Architekt Heinrich Lauterbach. Er gehörte wohl zu Hugo Häring und Hans Scharoun. Im Architekturstudium vertrat er das Fach „Einführung ins Entwerfen"; und das natürlich ganz anders als Egon Eiermann dies getan hatte, der – wie wir lesen – immer wieder das eigene Haus als erste Übung entwerfen ließ, das dann auch noch rechtwinklig wurde in der Regel. Meinen wir nicht, Egon Eiermann hätte auch gerne etwas anderes gesehen? Und dann gab es für uns ja auch Hans Scharoun selbst, seine frühen Wohnhäuser, seine Schul- und Theaterentwürfe und endlich sein Gebäude für die Philharmonie in Berlin. Von Hans Scharoun und seinen Werken waren wir nicht weniger überzeugt als von den Arbeiten Egon Eiermanns.

Und schließlich lebte, arbeitete und lehrte in Stuttgart Rolf Gutbrod. Anfang der 50er Jahre baute er unter anderem das Loba-Haus und die Milchbar in der Gartenschau. Als Lehrer öffnete er für uns ein weites Feld. Die durch Technik und Geometrie beanspruchten Ordnungen und Zwänge erkannte er nicht ohne weiteres an. Ich meine, es sei eine besondere Qualität gewesen der Architekturfakultät an der TH Stuttgart, daß kein Lehrer versuchte, zu dominieren oder seine Auffassung von Architektur durchzusetzen gegen andere Auffassungen und andere Lehrer. Seinerzeit war einfach vieles möglich in Stuttgart. Und wir bekamen einen guten Überblick über mögliche Wege zur Architektur.

Exkurs: Haben Sie den Entwurf für die Konzertsäle in Rom vom Atelier Piano gesehen? Man könnte meinen, es handele sich um eine Arbeit eines Epigonen Hans Scharouns. Der Verfasser meint, es würde sich um eine Weiterentwicklung der Philharmonie Scharouns in Berlin handeln. Das wird ein schwieriges Unterfangen, besonders aus der Position Pianos heraus. Schließlich hat Scharoun Material und Konstruktion in das hintere Glied gestellt und sich dem gestimmten Raum zugewendet, während Piano – wenn ich es recht sehe – gerade der materiellen Seite von Architektur seine Zuwendung gibt und Raum und Stimmung weniger beachtet. Aber wir wollen geduldig warten darauf, was bei diesem Experiment herauskommt. Jedenfalls wird das ein spannendes Experiment und Zeichen großen Mutes des Architekten.

Andererseits bestätigt sich, daß diejenige Architektur, die aus dem technischen Detail und aus dem technischen Element heraus entwickelt wird und von daher das Ganze bindet, an ihre Grenzen stößt. Diese an die Technik (die doch selbst in einer problematischen Situation ist) gebundene Architektur entspricht heute nur begrenzt unserem Lebensgefühl, und sie lenkt unsere Aufmerksamkeit ab von anderem, auch vom architektonischen Raum. Und das durchaus in Anerkennung ihrer besten Beispiele. Die der technisch dominierten Architektur eigene große Signifikanz entsteht wohl gerade infolge Einseitigkeit, Eindeutigkeit und dem Schein der Perfektion dieser Arbeiten.

Zurück zu unserem Thema: Jeder sieht die Welt, die Menschen, die Dinge, Architektur, Architekten so, wie er sie sehen kann.

Vor einigen Jahren hatte ich anläßlich der Eröffnung einer Ausstellung der Arbeiten Egon Eiermanns in München einen Vortrag zu halten. Dabei habe ich auch über einzelne Arbeiten Eiermanns gesprochen. Als ich dann zum Deutschen Pavillon in Brüssel kam, den Egon Eiermann mit Sep Ruf plante, bemerkte ein offensichtlich von meinen Darstellungen überraschter Zuhörer aus dem Freistaate Bayern „das hatte Eiermann doch alles vom Sep Ruf". Na ja, sagen wir so: Geschadet hat diese Zusammenarbeit keinem der beiden. Beide waren herausragende Architekten, vor dem Brüsseler Pavillon – zeitlich – und auch danach. Und das, was in Brüssel und danach entstand, kann man tatsächlich auch sehen als Bereicherung früherer Ansätze Eiermanns. Egon Eiermanns Botschaftsgebäude in Washington, sein Wohnhaus, die Gedächtniskirche in Berlin, die IBM-Anlage, die von Olivetti, eine Perle nach der anderen entstand.

Und dann begegnen wir heute noch Egon Eiermanns Namen in seinen Schülern. Wer ist nicht alles ein Eiermann-Schüler! Aber dafür kann man nicht Egon Eiermann verantwortlich machen. Und auch dafür nicht, daß mancher, der sich so nennt, ganz anders baut, ganz anders denkt und vor allem ein ganz anderer Kerl ist.

Ich nehme an, daß er, der doch für mich immer Berliner geblieben ist, auf die Straße gegangen wäre, wenn er noch miterlebt hätte, daß und in welchem Maße die Architektur heute in Berlin versteinert – in jeder Beziehung, zumindest im Machtbereich offizieller Stellen. Und wenn man bedenkt, daß Architektur auch Ausdruck des Geistes ist, muß man sich doch sorgen um den Geist, welcher heute in Berlin an der Macht ist, zumindest im Bereich der Architektur. Finden wir es nicht bemerkenswert, daß und in welchem Maße Berlin auch heute wieder zusammenfällt mit den Problemen der Macht und mit dem „ewigen" Naturstein, und mit den großen Symbolen usw. Nein, das wäre nicht das Berlin Eiermanns gewesen.

Ja, und schließlich sollte ich auch noch sagen, daß ich einmal tatsächlich mit Egon Eiermann zusammengekommen bin. Das war im Winter 1967/68. Egon Eiermann hatte – als Vorsitzender der Jury im Architektenwettbewerb für die Olympiaanlagen in München – sich engagiert dafür, daß unsere Arbeit mit dem 1. Preis ausgezeichnet wurde, was dann auch geschah. Bei diesem seinerzeit größten und auch repräsentativsten Bauvorhaben der Bundesrepublik gab es sehr viele Interessen und Interessenten, andere Architekten, Gruppen, Parteien, Baufirmen und andere mehr. Jedenfalls konnte in solcher Situation der aus Vertretern von Bund, Land und Stadt zusammengesetzte Aufsichtsrat, der diesen Interessen ausgesetzt war, lange Zeit sich nicht entschließen, uns den Architektenauftrag zu geben. Bedenken – verständlicherweise – wurden vor allem gegen die Art der geplanten Überdachung vorgebracht.

Egon Eiermann und Willi Daume hatten – so wurde berichtet – in der Jury sich engagiert für unseren Entwurf eingesetzt. Und sie engagierten sich weiterhin, in dieser Sache. Um das zu versacken drohende Projekt voranzubringen, die Zeit verging schnell, hatte dann Willi Daume eingeladen, unter anderem Egon Eiermann und mich. Willi Daume wohnte am Starnberger See. Und an diesem

Abend stürmte und schneite es, man hätte meinen können, dieses „konspirative Treffen“ hätte verhindert werden sollen. Ich kam vom Skifahren mit drei Stunden Verspätung an, eine Stunde vor Egon Eiermann, der aus Baden-Baden kommend ebenfalls im Schnee festgesessen hatte. Nach Mitternacht kamen wir auf das Thema. Egon Eiermann, den ich bis dahin nicht gesprochen hatte in dieser Sache, beugte sich kurz zu mir und fragte: „Schafft Ihr das?“ Nun, ich wußte das ja auch nicht, aber ich sagte mit einer Stimme so fest wie möglich in dieser Situation: „Selbstverständlich!“ Welche andere Möglichkeit hätte ich gehabt? Worauf Egon Eiermann aufsprang, die Hand hob und rief: „Herr Daume, das Dach ist baubar, wir bauen das Dach.“ So oder ähnlich. Bald darauf trennten wir uns und versuchten, durch das Schneetreiben zurückzufahren.

Ja, und das wars! Und so geschah es. Die Überdachung wurde gebaut.

Aber ich bin heute noch froh darüber, daß seinerzeit weder Egon Eiermann noch Willi Daume noch ich ahnten, welche Probleme und welch immense Spannungen mit der Realisierung des Daches verbunden waren. Die Landschaft im Olympiapark, die wir mit Günther Grzimek planten, und die Bauten selbst liefen uns eigentlich normal von der Hand, ohne besondere Schwierigkeiten. Beim Dach jedoch war alles anders! Ich nehme an, alle, die seinerzeit am Dach arbeiteten, kamen dabei an die Grenze ihrer Leistungsfähigkeit. Und wie das so ist in solch extremen Situationen, bei weit gespannten Tragwerken und bei Menschen, an der Grenze ihrer Leistungsfähigkeit, sind diese nur noch sie selbst und so wie sie sein können in ihrem Wesenskern. Auch das haben wir hinter uns gebracht.

Egon Eiermann habe ich nicht wiedergesehen. Er starb 1970. Aber was wäre aus dem Olympiapark geworden, wenn seinerzeit bei Willi Daume im Winter 67/68 während eines großen Schneesturmes Egon Eiermann nicht aufgesprungen wäre und proklamiert hätte: „Wir bauen das Dach!“

Egon Eiermann noch heute meinen Dank.

SPUREN VON HANS SCHAROUN

Vortrag zum Symposium Hans Scharoun am Royal Institute of British Architects
London, 17. Februar 1995

Sehr geehrte Damen und Herren,
Danke für die Einladung zu diesem Vortrag.

In Deutschland ist zur Zeit eine recht unruhige Zeit, auch in Berlin. Dort tummeln sich viele Architekten. Die Spuren Scharouns sind nur noch schwer auszumachen. Man mag das bedauern. Aber so ist es.

Hans Scharoun wurde 1893 geboren, ist 1972 gestorben, ist in Norddeutschland aufgewachsen, hat in Ostpreußen gearbeitet, in Insterburg, das heute Tschernjachowsk heißt und zu Rußland gehört, war Professor an der Staatlichen Akademie in Breslau, das in Schlesien liegt, früher 200 Jahre zu Österreich gehörte, später preußisch wurde und seit 1945 polnisch ist und Wroclaw heißt. Hugo Häring ist in Süddeutschland 1882 in Biberach geboren und 1958 gestorben. Seit 1921 war er in Berlin, Architekt und Theoretiker, schrieb unter anderem „Wege zur Form" (1925) und „Geometrik und Organik" (1951). Und Heinrich Lauterbach wurde 1893 in Breslau, jetzt Wroclaw, geboren und ist 1973 in Biberach gestorben.

Heinrich Lauterbach war mein Lehrer für „Einführen ins Entwerfen" in Stuttgart. Heute meine ich, Lauterbach sei ein guter Lehrer gewesen. Aber 1947 hatten wir andere Sorgen. Uns stand nicht der Sinn nach seinen differenzierten und feinsinnigen Erläuterungen. Ich war aus einem Lager für Kriegsgefangene aus Northumberland gekommen, konnte nicht nach Sachsen zurück – dort war ich geboren und dort saßen die Sowjets – und Stuttgart war stark zerstört. Später habe ich bedauert, daß ich nicht besser auf Lauterbach hörte. Aber seinerzeit schienen andere Dinge wichtiger.

Hans Scharoun und Hugo Häring habe ich nicht richtig kennengelernt, wohl so im Vorbeigehen gesehen (aber nicht gesprochen). Und Hugo Härings Schriften habe ich nicht gerne gelesen. Einerseits erschienen diese mir zunächst etwas „verquält". Und später, als sich in mir mehr Verständnis für diese Art des Denkens und des daraus resultierenden Entwerfens und Bauens entwickelt hatte, fand ich in Schriften Härings nicht genügend neue Gedanken. Es ist wohl so, daß dasjenige, was verbal formuliert wurde, seine Kraft im Bereich von Kunst oder Architektur verliert. Auch dieser Gedanke ist nicht neu. Ich meine, es sei Hegel gewesen, der diesen entwickelte.

Die Schriften Härings und die Architektur Scharouns haben mich zunächst nicht sehr interessiert. Ich kam aus einer anderen Zeit und aus einer anderen Welt. Ich war vierzig Jahre jünger. So hatte ich weder das deutsche Kaiserreich erlebt noch den Ersten Weltkrieg noch die Revolution danach noch den Beginn der sogenannten Weimarer Republik noch den Expressionismus in der Kunst noch die sogenannten wilden 20er Jahre ... Und ich wurde in Sachsen geboren, in einem Land, welches wiederholt unter Preußens Eroberungslust gelitten hatte, welches sich lieber nach Süden, nach Böhmen und Österreich orientierte. Dasjenige, was in Preußen passierte, war zunächst verdächtig für uns – nicht ohne Grund, wie sich letztlich erwies. Und Berlin war und ist nun mal der Kräfte-Schwerpunkt Preußens. Und dort hatten Scharoun und Häring gearbeitet. An diesem Problem hat sich heute wenig geändert für mich.

(Als Ironie der Geschichte erschien mir die Tatsache, daß während der DDR-Zeit die Mitglieder des in Berlin angesiedelten Politbüros der SED sächsisch sprachen).

Ich lebe seit 47 Jahren in Stuttgart. Stuttgart liegt in Süddeutschland in Baden-Württemberg, in einem traditionellen liberalen Land. Basel, Zürich, München, Straßburg ... diese Städte liegen uns näher als Berlin, selbst Genf und Mailand noch. Und unsere Ferienhäuser sind im Elsaß, in Burgund, in der Provence, im Tessin, in der Toskana und nicht in der Mecklenburgischen Seenplatte nördlich Berlins. In Stuttgart ist eine andere Welt als in Berlin, in der Scharoun und Häring lebten und arbeiteten.

Ich habe in Stuttgart studiert. Seinerzeit war die Architekturfakultät der Universität im Gebäude der Staatlichen Akademie der Bildenden Künste am Weißenhof untergebracht. Und dort standen noch einige Häuser der Bauausstellung von 1927, darunter auch – an einer Straßenecke – das kleine Wohnhaus, welches Hans Scharoun geplant hatte. Dieses Haus fiel wohl auf, schon durch seine eigenwillige Form. Seinerzeit, es war ja 1948, erschien mir dieses Haus jedoch eher als „bunter Vogel“.

In Stuttgart lehrte von 1918 bis 1945 unter anderen Paul Schmitthenner, ein Architekt, der 1884 im heute zu Frankreich gehörenden Elsaß geboren wurde. Paul Schmitthenner war Repräsentant des „natürlichen Bauens“, des Bauens mit natürlichen Materialien und handwerklichen Konstruktionen und im Rahmen der Traditionen. Ich meine heute, sein Bemühen sei wohl der letzte Versuch gewesen, Architektur nochmals zurückzuholen in den „Schoß der Natur“. Es war ein freiwilliges „Sich-bescheiden“ in einen Rahmen, innerhalb dessen das einfache Bauen bis dahin geschah.

Die modernen Architekten hingegen bemühten sich, ihre Häuser zu befreien von solchen Einengungen, die natürliche Materialien und handwerkliche Techniken mit sich brachten. Ihre Häuser sollten sich nicht mehr ducken müssen wie ein Schwarzwaldhof. Sie sollten frei und selbstbewußt sein. Zwar konnten die modernen Architekten seinerzeit noch nicht über die Materialien und Techniken verfügen, die uns heute zur Verfügung stehen und die es uns ermöglichen, die einengenden Grenzen des alten Bauens tatsächlich zu überschreiten. Aber sie konnten dasjenige, was ihnen real verwehrt war, im Formalen tun. Dann sahen ihre Häuser eben so aus, als hätten sie sich befreit von den alten, bis dahin beim einfachen Bauen herrschenden Beschränkungen. Hans Scharouns Haus am Weißenhof gehört wohl zu dieser Art Häuser.

Das Bemühen, Probleme im Formalen zu behandeln, die im Realen nicht lösbar sind, gehört zur Baukunst. Denken wir hier an die Scheinskelette der Architektur des Humanismus, mit Hilfe derer die real erforderlichen massiven Wände, die tendenziell das Gebäude zur abgeschlossenen Kiste machen, scheinbar „aufgelöst wurden“, oder auch daran, daß im süddeutschen Barock Kuppeln im Inneren scheinbar aufgelöst und transparent gemacht wurden, so daß der Blick zum Himmel und in den Himmel frei schien. Allgemein formuliert: In der Geschichte erhoben Architekturbauten sich über das Normale dadurch, daß in ihnen eine andere, von der Unbill des Alltäglichen, des Vorgegebenen und des Trivialen befreite, höhere Welt aufleuchtete.

Die Auseinandersetzungen zwischen dem „Natürlichen" und dem „Modernen" waren hart. Es ging hier um Weltanschauungen. Deutlich wurde dies, als im sogenannten Dritten Reich die „natürliche" Richtung als deutsch und als richtig deklariert wurde. Die Moderne wurde als artfremd und kulturbolschewistisch eingestuft und diffamiert. Ich weiß nicht genau, wie dieser Begriff definiert wurde – wenn überhaupt. Aber ich weiß, daß es lebensbedrohend sein konnte, wenn ein Architekt mit seiner Arbeit in diese Kategorie fiel. Nach dem Krieg lebten diese Auseinandersetzungen wieder auf. Sie endeten dann mit der Niederlage der alten Architektur und deren Architekten. Dieser heftige Streit, der sicher erforderlich war, führte dazu, daß differenzierte Richtungen und Ansätze nicht zu Wort kamen, wie z.B. die von Scharoun, Häring und Lauterbach. Wohl gab es einige Architekten, die sich diesem Streit entzogen, Rudolf Schwarz z.B. in Köln oder Fehling und Gogel in Berlin, die Scharoun eher folgten, Rolf Gutbrod, der eine süddeutsche, liberale, offene Architektur schuf. Und natürlich Hans Scharoun selbst, dessen Hauptwerk ja nach dem Krieg entstand. Hier erinnere ich an den Bau für die Philharmonie in Berlin.

Mein Architekturstudium habe ich begonnen unter dem Einfluß von Schmitthenner-Schülern, die „zurück zur Natur" schauten. Die reine Moderne – vertreten durch ehemalige Angehörige des Bauhauses – hat mich wohl beeinflußt, letztlich erschien mir deren Anspruch aber absolut und rechthaberisch. Der Ansatz Rolf Gutbrods, unideologisch, offen, liberal, schien mir mehr zu liegen. Wir nannten die dabei entstehende Architektur „Situationsarchitektur", was heißen sollte, daß die Architektur sich entwickelt aus der speziellen Situation heraus. Von Gutbrods früheren Bauten möchte ich nennen: das Lobahaus in Stuttgart, die Milchbar in Stuttgart und die Liederhalle. Diese Bauten entstanden in den 50er Jahren.

Unser Büro ging in dieser Zeit einen anderen Weg. Wohl hatten wir die Anlage der Vogelsangschule in Stuttgart geschaffen, eine von der besonderen topographischen Situation entwickelten Anlage. Danach aber konzentrierten wir uns einige Zeit darauf, unsere Bauten technisch einwandfrei und industriell vorgefertigt entstehen zu lassen. Das war so Ende der 50er Jahre. Damals entstand die von uns geplante Anlage der Fachhochschule in Ulm, die erste große, industriell vorgefertigte Gruppe von Gebäuden, noch heute von großer Qualität, architektonisch und technisch.

Inzwischen verfügten wir nun tatsächlich über diejenigen Techniken und diejenigen Materialien, die es uns ermöglichten, unsere Bauten zu lösen von den Einengungen des traditionellen Bauens. Jetzt konnten Häuser in praktisch jeder Ausformung entstehen. Sie konnten auf einem Bein stehen oder auf Ecken, sie konnten groß, klein, krumm, grade, schief usw. sein. Die alten Grenzen waren tatsächlich gesprengt. Große Freiräume waren dabei entstanden, Spielräume, in denen manches sich tummeln konnte. Ein großes weites offenes Feld. Alles drängte sich, diesen Spielraum zu besetzen: die Techniken, die Funktionen, das Kapital, Administrationen, Ehrgeiz, aber auch Formales, so daß letztlich der Freiraum, den wir anders verwenden wollten, wieder besetzt war.

Wir erkannten bald, daß wir dieses offene Feld selbst bestimmen mußten, wenn wir vermeiden wollten, daß unsere Architektur okkupiert würde von den Mächtigen unserer Zeit. In dieser Situation – das mag in der Mitte der 60er Jahre gewesen sein – kamen wir zu Überlegungen, die offensichtlich auch den Arbeiten Scharouns zugrunde lagen, was wir allerdings erst nach und nach erkannten. Wir meinten z.B., wir sollten die Gestalt, die Form von Dingen, die wir planen, nicht bestimmen, schon gar nicht von vornherein; vielmehr sollten wir die Form suchen. Und das kann ein langer Prozeß sein, je nachdem, ob wir viele Momente und viele Aspekte und viele Bereiche der anstehenden Aufgabe bedenken und durchlaufen oder ob wir uns schnell einem Ziel nähern wollen.

Die unterschiedliche Vorgehensweise kann man an einem Beispiel darstellen: Zwei Menschen wollen ein Haus durchschreiten. Der eine betritt das Haus durch die Vordertüre, durchschreitet den Flur und verläßt es durch die Hintertüre. Der andere geht in alle Räume, Geschosse, studiert diese, besichtigt den Keller, den Dachstuhl usf. Letztlich verläßt auch er das Haus. Beide haben das Haus durchschritten, aber nur einer hat es tatsächlich kennengelernt dabei.

Wenn wir bei unserer Arbeit in sämtliche Räume und Geschosse gehen, brauchen wir Zeit. Wir verbrauchen Zeit, erfahren aber auch viel. Und die Architektur, die sich dabei herausbildet, wird vielfältiger sein, nicht eindimensional, vielleicht sogar diffus. Aber wir haben bei dieser Art des Vorgehens die Chance, das Haus, das Wesen des Hauses, in unserem Falle: das Wesen unserer Aufgabe kennenzulernen. Kennzeichnend für solche Sachen sind Scharouns Skizzen, unscharf, verwischt, bei denen Lösungen sich ergeben können, die nicht gezielt und nicht nur rational entwickelt wurden. Die Suche nach dem Wesen der Dinge. Und tatsächlich spielt der Begriff „Wesen" eine große Rolle bei Scharoun und Häring. Wohl scheint dieser Begriff nicht sehr exakt. Und man kann das Wesen nicht in einem Satz benennen. Wenn man dieses beschreiben wollte, müßte man durch alle Bereiche unserer Wirklichkeit gehen. Und jeder Architekt wird zu seinem eigenen Ergebnis kommen. Der eine wird dies, der andere das entdecken und als wesentlich ansehen.

Uns gefällt diese Art des Vorgehens, eine Arbeit mit offenem Ende. Oft sind wir überrascht, wenn wir schließlich erkennen, was durch unser Wirken entstehen wollte. Ein anderes Problem, auf welches wir stießen, ist die Eigengesetzlichkeit der Geometrie. Auch diese neigt dazu, die Gestalt von Architektur zu prägen. Sie beansprucht darüber hinaus, eine vorgegebene, letzte Wahrheit zu sein. Wenn wir lange genug zeichnen, verfestigt sich die Zeichnung in Geraden, Kreisen, Achsen, Symmetrien usw. Es bedarf vieler Kraft, wenn wir uns davon lösen wollen.

Für Scharoun waren Gebäude mit ihren Funktionen „Organe der Gesellschaft". Sie sollten nicht von allgemeinen Ordnungen her bestimmt werden, auch nicht von denen der Geometrie, sollten vielmehr von den speziellen, diesen „Organen" innewohnenden Kräfte gestaltet sein.

Es gibt viele übergeordnete Aspekte. Und alle haben ihre eigenen Gesetze und wollen sich entsprechend dieser verwirklichen: Mechanik, Kostenkontrolle, Rentierlichkeit, Plastizität, das Graphische, das Farbliche, Produktionstechniken, Planungsvorgänge usw. All das hat Einfluß auf die Gestalt von Gebäuden. Mit dem Wesentlichen eines Gebäudes jedoch haben diese Dinge wenig zu tun. Ende der 60er Jahre hatten wir den Olympiapark geplant, erstmals in unserem Büro in Kenntnis solcher Zusammenhänge.

Das, was Goethe anläßlich seiner Reise nach Italien über die Arena in Verona sagte, hat uns geholfen bei dieser Arbeit, mehr als die Kenntnisse z.B. von Konstruktionen. Goethe hat in Worten das „Wesentliche" einer solchen Arena beschrieben. Und ich meine, wir hätten uns – auch infolge dieser Hilfe – bei diesem Projekt einer offenen, wesenhaften Architektur genähert.

Ein anderes Problem: Im 18. Jahrhundert hatte man der Logik handwerklicher Techniken und den Gesetzen der Materialien große Bedeutung beigemessen. Ich nehme an, das Sich-Unterordnen unter natürliche Vorbedingungen war der Ersatz für den Verlust der die früheren Architekturen bestimmenden höheren Welten. Insofern stellten Materialgerechtigkeit und Werkgerechtigkeit – zwei Schlüsselworte – seinerzeit absolute Qualitäten dar. Dieser Ansatz ist heute noch wirksam in der Praxis und bei der Ausbildung der Architekten. Aber man sollte diese Begriffe nicht mehr verwenden. Heute arbeiten wir mit künstlichen Materialien und industriellen Techniken. Beide sind nicht mehr von vornherein gebunden und verantwortet in einer höheren Welt. Im Gegenteil, zunächst neigen diese dazu, sich zu lösen – und eigensinnig den eigenen Weg zu verfolgen. Und dieser Weg ist nicht mehr verantwortet dem Ganzen gegenüber – so wie dies beim natürlichen Bauen noch war –, ist also nicht vernünftig. Nun ist es unsere Aufgabe, diesen verselbständigten Techniken usw. ihren Platz zuzuweisen im Rahmen des Ganzen und zu verantworten. Wenn wir diese Aufgabe nicht übernehmen, ergreifen die verselbständigten Kräfte der hinter den Techniken stehenden Apparate Besitz von Architektur. Und tatsächlich, manche Architekturwerke scheinen Manifestationen der Apparatewelt zu sein. Wenn man diesen neuen Weg geht, wenn man also die Kräfte der Apparate in Frage stellt und auf die Plätze verweist, dann werden letztlich aus Konstruktionsteilen wie Wänden und Stützen: Flächen und Linien. Die Dinge lösen sich von Material und Konstruktion und von ihren zunächst trivialen Zwecken und erscheinen in neuem Zusammenhang. Und dieser ist weniger gebunden an die Zwänge unserer Realität.

Auch die sogenannten schönen Details verlieren dann ihre Bedeutung. Hans Scharoun hat das in seinen späteren Werken offensichtlich auch so gesehen, z.B. bei der Philharmonie Berlin und beim Theater in Wolfsburg. Das Wesentliche eines Bauwerkes ist dann nicht mehr ans Material gebunden, liegt eher im Immateriellen, im Raum, in seiner Stimmung, im Wesen, im „Geist". Hier stoßen wir auf Gedanken aus dem deutschen Idealismus; seinerzeit meinte man, das Wesentliche sei der Geist, der durch die Materie scheinen würde. Der Innenraum der Philharmonie z.B. scheint ein besonderes gelungenes Beispiel solcher Architektur zu sein. Dieser Raum glänzt nicht mit schönen Materialien und ausgefeilten Konstruktionen. Dort ist der Ort, an dem sich Menschen versammeln, um Musik zu erleben. Ein großartiger Raum!

Renzo Piano hat einen Entwurf für Konzertsäle in Rom gefertigt. Er meinte, er würde Scharouns Philharmonie weiterentwickeln. Das wird schwierig werden! Schließlich hat Renzo Piano bisher gerade auf dasjenige besonderen Wert gelegt, was bei Scharouns letzten Werken in den Hintergrund trat, nämlich die effiziente und gestaltete Konstruktion und das Material. Das Äußere von Scharouns Philharmonie scheint eher zerstückelt und dekonstruktiv. Umso stärker wirkt der Innenraum.

Wir haben viel bei Scharoun gesehen und von Scharoun gelernt. Auf seine Erfahrungen, Überlegungen und Lösungen sind wir immer wieder gestoßen bei der eigenen Arbeit. Aber Schüler Scharouns sind wir eigentlich nicht geworden. Offensichtlich war das nicht möglich, selbst wenn wir uns dies gewünscht hätten. Ich sehe auch heute keinen anderen Architekten, der den von Scharoun eingeschlagenen Weg konsequent verfolgen würde. Einflüsse Scharouns sehe ich wohl, verstreut in Arbeiten mehrerer Architekten.

Ich sehe das so, daß Scharoun singuläre Werke geschaffen hat, die viel zu tun hatten mit seiner Zeit, seiner Person und seiner Welt. Und das ist nicht wiederholbar. Aber – wie gesagt – einiges von Scharoun taucht auch in der Architektur unserer Tage auf, auch bei unserer Arbeit. Sei es beim Schulgebäude in Bad Rappenau, beim Neubau des Plenarsaales des Deutschen Bundestages, beim Hysolar-Institut in Stuttgart, und bei manch anderen Bauten. Aber ein richtiger Scharoun ist nicht gelungen.

Peter Blundell Jones hat mich gebeten, auch einiges über Berlin zu sagen. Dieser Bitte folge ich: Von Scharoun und seinen Werken ist zur Zeit in dieser Stadt wenig zu hören, jedenfalls nichts Positives. Im Gegenteil, der für das Bauen zuständige Staatssekretär hat öffentlich gesagt, Scharoun hätte heute in Berlin keinen Platz mehr. Diese Stadt ist überfordert und die Menschen dort auch. Man will viel und kann es nicht benennen. Manchmal habe ich den Eindruck, man versuche, sich wieder eine Metropole des 19. Jahrhunderts zu bauen, wenigstens in einigen Teilen. Das „steinerne Berlin“ scheint ein Ziel der Baupolitik zu sein, was das auch heißen sollte.

Unser Büro hat in Berlin bisher noch nicht gearbeitet. Nun aber sollen wir das neue Gebäude der Akademie der Künste Berlin / Brandenburg planen. Eine sehr interessante Aufgabe. In der Akademie der Künste sind hervorragende Künstler versammelt. Sie sollen die Regierung beraten und die Künste fördern. Das Baugrundstück – 40 m breit und 100 m tief – liegt am Pariser Platz. Im Zentrum des Grundstückes stehen noch die alten Ausstellungshallen; diese sollen erhalten bleiben. Alles andere wurde zerstört und abgeräumt.

Mit der einen Schmalseite grenzt das Grundstück an den Pariser Platz. Dieser ist Teil der beherrschenden Achse Berlins vom Zentrum der Stadt, dort, wo früher das Schloß stand – es wurde zu DDR-Zeiten abgerissen und durch den sogenannten Palast der Republik ersetzt – bis weit in den Westen hinein. Das Brandenburger Tor – nicht schöner und nicht schlechter als andere solcher Tore, aber mit hohem Symbolwert – steht auf dieser Stadtachse. Es begrenzt den Pariser Platz an dessen Westseite. Auf dieser Stadtachse hat sich manches angesiedelt. Schinkels „Neue Wache", der Pariser Platz, das Sowjetische Ehrenmal, die Siegessäule, der Ernst-Reuter-Platz, der Palast der Republik usf., Dinge, die nicht nur gute Erinnerungen wecken.

Diese große Achse wurde in der Geschichte oft benutzt und oft mißbraucht: durch Militärparaden, durch Fackelzüge, durch Panzeraufmärsche, Märsche von Kriegsgefangenen, von SA, SS, Hitler-Jugend usf. Glücklicherweise haben dort auch Feiern zur Wiedervereinigung der beiden Teile Deutschlands stattgefunden.

Es handelte sich also um ein Gebiet, welches extrem besetzt ist durch preußische, deutsche, faschistische, DDR- und bundesdeutsche Geschichte. Viele meinen, das müßte so bleiben, und wenn Häuser und Straßen heute nicht mehr existieren, sollten diese wieder hergestellt werden. Man traut sich heute wohl nichts Gutes mehr zu. Die Berliner möchten diese Anlagen um das Brandenburger Tor auf jeden Fall wieder haben, auch den Pariser Platz, obwohl dort heute kein Haus mehr steht.

Und hier nun beginnt unser Problem mit der Stadt Berlin, infolge der Tatsache, daß der Neubau der Akademie am Pariser Platz stehen wird. Es gibt Bürger, die wünschen den alten Platz wieder herzustellen, einschließlich der Fassaden der seinerzeit den Platz umgebenden Häuser. Und diese waren problematisch. Andere wollen ähnliches, die alten Fassaden jedoch nicht wörtlich, vielmehr sollen aus diesen alten Fassaden Ordnungen abgeleitet werden, denen die neuen Fassaden sich dann fügen sollen. Allerdings soll alles aus Stein sein mit kleinen Fenstern usw. Das ist zur Zeit noch die Position der Stadt Berlin. Und endlich gibt es andere, die meinen, es würde genügen, wenn die den Platz umgebenden Fassaden in Reih und Glied auf den alten Linien stehen würden und so den Platzraum fassen, vielleicht sogar noch mit einer gemeinsamen Gebäudehöhe. Aber alles andere sollte man den dort tätigen Architekten überlassen. Wenn dann noch Gemeinsamkeiten gewünscht würden, sollten diese sich absprechen. So denken wir.

Für Sie mag das Problem nicht sehr groß sein. Die Briten neigen wohl dazu, Brüche im Realen zu verschleifen, indem Traditionen weitergeführt werden.

In Deutschland jedoch hat sich im Laufe der Geschichte ein bekennender Protestantismus entwickelt mit der Konsequenz, daß wir meinen, die Dinge müßten so aussehen, wie sie sind – auch in Architektur. Ich nehme an, daß Scharouns Arbeiten auch davon beeinflußt wurden.

Die Auseinandersetzungen betreffen nur die Fassade. Während die einen meinen, die Akademie sollte eine Steinfassade mit Fensterlöchern haben, so wie die Stadt das zur Zeit wünscht, meint die Akademie, sie sollte diese alten Fassaden in unsere Zeit übersetzen. Diese würden dann aus Stahl und Glas sein und würden den Blick von der Akademie zum Platz öffnen und auch vom Pariser Platz in die Akademie. Ich weiß noch nicht, wie das weitergeht. Man könnte das Ganze auch sehen als eine große, räumliche Collage: In der hinteren Schmalseite, an der Behrenstraße, würde dann der Baukörper des Archives stehen, im Zentrum sind die alten Ausstellungshallen, am Pariser Platz wäre dann die Platzfassade. Und dazwischen entwickelten sich Ebenen, Flächen und Bereiche, die selbst keinen übergeordneten geometrischen Ordnungen folgen, die vielmehr aus der Situation heraus sich entwickelt haben. In diesem Falle wäre die Art der Fassade vielleicht nicht mehr von so großer Bedeutung.

Berlin ist am Brodeln und niemand weiß so recht, wohin die Reise gehen wird. Eins scheint nur sicher, sie wird nicht zu Scharoun führen. Jedenfalls nicht in den nächsten Jahren. Die Zeiten haben sich geändert. Scharouns Bauten waren Kinder ihrer Zeit, der Jahrzehnte nach zwei Weltkriegen, einer Zeit, die sehr schwierig war, aber auch offen für Neues, für Hoffnungen und für Ideale. Dieses offene Tor hat Scharoun genutzt. Er hat den Weg zu neuen Ufern, vielleicht auch zu einer höheren Ebene unseres Bewußtseins eingeschlagen.

Solche Hoffnungen leuchten in der Architektur unserer Zeit nur noch selten auf. Ich bedaure das. Aber ich kann es nicht ändern, und schließlich bin ich froh darüber, daß es die Werke Hans Scharouns gegeben hat und noch gibt, für mich Werke der Hoffnung auf eine bessere Welt.

Ich danke für Ihre Aufmerksamkeit.

ÜBER DEN NEUBAU DER AKADEMIE DER KÜNSTE

Vortrag vor der Architektenkammer Hessen
27. November 1996

Verehrte Damen und Herren,

das Thema meines Vortrages „Über den Neubau der Akademie der Künste am Pariser Platz in Berlin“ wurde vom Veranstalter gewählt. Die in dieser Sache lange währenden, zum Teil öffentlichen Auseinandersetzungen werden die Architektenkammer Hessen veranlaßt haben, sich diesem Thema zuzuwenden. Von mir aus hätte ich mich nicht vorgedrängt. Aber da ich nun einmal hier stehe, werde ich die Sache vortragen aus meiner Sicht, zumindest bezüglich des einen oder anderen Aspektes des Ganzen. Unvermeidlich ist es, daß ich abschweife. Viele Randprobleme tauchen auf bei dieser Arbeit.

Dieses Ganze, um das diskutiert wird, ist nicht groß – quantitativ. 30 m Fassade am Pariser Platz. Was ist das schon? Zum Beispiel neben dem neuen Hotel Adlon mit seinen großen und mächtigen, körperlich erscheinenden Fassaden. Man neigt dazu zu fragen, was soll die Aufregung? Zur gleichen Zeit werden im Inneren Berlins große Längen Fassaden errichtet. Niemand sieht sich veranlaßt, über diese ernsthaft zu sprechen. All das scheint „normal“ zu sein.

Aber, was ist schon normal, vor allem in dieser unnormalen Situation der Stadt Berlin. Die ästhetische Norm – dieses Maß, innerhalb dessen Dinge als normal, vielleicht auch als schön usw. akzeptiert werden –, diese ästhetische Norm ist kein fixes Maß, und sie ist auch nicht gleich bei allen Menschen, und sie ist nicht stabil. Die ästhetische Norm ist abhängig von Individuen, von Gruppen, vom Lebensalter, vom Herkommen, der Bildung, von Bindungen und vielem anderen mehr. Busschaffner Müller gefällt das eine, dem Parteifunktionär Müller das andere, dem Hausbesitzer Müller ein Drittes usf., und dies heute anders als gestern und morgen. Auch ist unsere Sicht der Dinge nicht stabil. Jeder hat erfahren, daß er Dinge heute sieht, die er gestern nicht gesehen – jedenfalls nicht erkannt hatte.

Schon hier müssen wir konstatieren – auch im Blick auf den geplanten Neubau der Akademie der Künste am Pariser Platz –, daß aus den unterschiedlichen Positionen und den verschiedenen Situationen heraus ein und dasselbe unterschiedlich beurteilt werden wird. Und wir sollten auch einkalkulieren, daß wir selbst morgen anders urteilen werden als wir dies heute tun. Zum einen heißt das, daß diejenigen, die vierzig Jahre die Insel Berlin verteidigt haben und subventioniert wurden, noch heute andere Normen haben werden als diejenigen aus dem Westen oder aus dem Osten. Und wir müssen uns fragen, ob eine deutsche Hauptstadt ausschließlich aus Berliner Sicht gesehen werden kann.

Die Tatsache, daß die ästhetische Norm nicht einheitlich und auch nicht stabil ist, heißt aber auch: Neues, da es ja noch nicht bekannt ist und da es für den einen oder anderen außerhalb der persönlichen Norm liegen wird, muß Anstoß erregen. Und wir erkennen, daß dasjenige, was bei niemanden Anstoß erregen wird, offensichtlich bei allen bereits akzeptiert und „verdaut" wurde und damit verbraucht ist. Nichts Neues mehr, nichts, über das man sprechen, vielleicht sogar streiten könnte.

Aber gerade von Werken der Kunst erwartet man, daß sie nicht nur Gewohntes wiedergeben, vielmehr auch eine besondere Wirklichkeit, zumindest eine bis dahin nicht zum „Allgemeingut" gewordene Sicht der Realität. In Kunst wird man eben nicht das wiedertreffen, was man ohnehin kennt, denkt und weiß. Das heißt nicht, daß alles immer wieder neu sein müßte. Architektur wird z.B. immer bekannte Elemente haben: Stahlbeton, Leuchtstoffröhren usf. Vielleicht ist das Neue nur die Art und Weise, wie Bekanntes verwendet wird. Wohl kann Innovatives auch im Bereich der Technik auftreten, aber nicht zuerst dieses erhebt Architektur über das Bauen, sondern eben die Art und Weise, wie das Material von Architektur verwendet wird, wie der Teil in sich geordnet ist, wie die Teile zueinander und zum Ganzen stehen – so wie Literatur auch Worte und Satzzeichen verwendet, wie diese in einer

Verwaltungsvorschrift vorkommen, nur eben in einer anderen Art und Weise. Die Inhalte sind es einerseits, vor allem aber die Art und Weise, in der die Inhalte dargestellt und dadurch selbst herausgestellt werden.

Auch in Kunst, hier Architektur, wird zu aktuellen Problemen Stellung genommen aus unterschiedlichen Bereichen heraus. Wenn z.B. jemand sagt, der Pariser Platz – wenigstens der Pariser Platz – solle in Zukunft bitte so aussehen wie zu Kaiser Wilhelms Zeiten, wenn schon sonst alles anders wird, doch wenigstens dieser Platz so wie vor seiner Zerstörung, kann man ihm entgegnen, daß dieser Wunsch von seiner persönlichen Struktur her vielleicht verständlich ist, aus architektonischer Sicht her jedoch nicht erfüllbar. Er wird aber nicht zu überzeugen sein. Er möchte seinen Kaiser Wilhelm wiederhaben, Architektur hin, Architektur her. Und da hilft kein Argument aus anderen Bereichen, z.B. aus dem Bereich des Schöpferischen.

Möglicherweise wird ein Kommunalpolitiker allgemeinen Tendenzen entsprechen wollen oder folgen zu müssen glauben – vielleicht als Repräsentant einer konservativen Wählergruppe, einer Gruppe, der Gegenwart und Zukunft bedrohlich erscheint und die gewünschte Ruhe und Sicherheit in Zeugnissen der „guten alten Zeit“ sieht und diese vermeintliche Ruhe und Sicherheit wenigstens über die Fossilien „alte Fassaden“ und alte Ordnungen scheinbar wieder herstellen möchte, ohne dabei über die komplexen Verknüpfungen in der damaligen Zeit nachdenken zu müssen, einer Zeit, die Politiker, Sozialwissenschaftler, Kirchenvertreter, Künstler und andere dazu brachten, gerade diese Situation, die solche Architekturen, die man wiederhaben möchte, hervorbrachte, verändern zu wollen, um eine anders geordnete, gerechtere Gesellschaft und auch eine andere, von anderen Kräften geordnete Stadt zu schaffen.

Ich meine, man kann vieles verstehen, daß die Stadt früher auch als Zwangsjacke gesehen wurde, die verbessert werden sollte, und daß heute einige die Erscheinungen genau dieser alten Stadt wiederaufbauen möchten usf. Man muß nur auch verstehen, daß wir, die Architekten, meinen, das eine oder andere sollte in unseren heutigen Städten doch anders sein als früher. Und wir müssen verlangen, daß die in der Stadtplanung tätigen Architekten auch diese Position der Architektur vertreten.

Aber jetzt zur Sache:
Die Akademie der Künste Berlin-Brandenburg – diese Akademie ist eine Versammlung freier Künstler – mit den Abteilungen Bildende Kunst / Baukunst / Musik / Literatur / Darstellende Kunst / Film- und Medienkunst, ein berühmtes Archiv ist angeschlossen und ein umfangreicher „Kulturbetrieb“ gehört dazu mit Lesungen, Ausstellungen, Konzerten, Tanz, Theater, Film und anderem mehr, also diese Akademie der Künste, die Berlin und Brandenburg sich halten – in dieser Sache als Nachfolger des Landes Preußen – möchte wieder an ihren angestammten Ort am Pariser Platz zurück.
Nach der Vereinigung der über Jahrzehnte getrennten Teile der alten preußischen Akademie zur Akademie Berlin-Brandenburg hatte diese die Mitglieder ihrer Abteilung Baukunst gebeten, Vorschläge zum Wiederaufbau der Anlage zwischen Pariser Platz und Behrenstraße – das ist die südlich zur Straße „Unter den Linden“ parallel laufende Straße – auszuarbeiten. An diesem Verfahren haben wir teilgenommen, und der von unserem Büro ausgearbeitete Vorschlag wurde seitens einer Jury ausgewählt und von der Vollversammlung der Akademie bestätigt.

Und nun die Probleme:
Die Stadt Berlin hat Gestaltungsregeln aufgestellt für die den Pariser Platz begrenzenden Gebäudefassaden in der Absicht, eine eindrucksvolle, repräsentative Platzgestalt entstehen zu lassen, die ähnlich sein soll der des zerstörten Platzes. Leider entspricht die Front am Pariser Platz des von uns geplanten Gebäudes nicht in allen Einzelheiten den von der Stadt Berlin aufgestellten Gestaltungsregeln. Warum?
Die Akademie der Künste ist der Auffassung, daß, wenn schon ein neues, eigenes Gebäude geplant werden soll, dieses die architektonischen Probleme unserer Zeit behandeln solle. Die Akademie möchte „ihr“ Gebäude bauen. Die Akademie bedauert, daß sie in diesem speziellen Falle den Vorstellungen der städtischen Planungsämter nicht in allen Teilen folgen

kann, man hat sich jedoch bemüht, die Differenzen so gering wie möglich zu halten. Die Akademie der Künste hat jedoch satzungsgemäß den Auftrag, die Stadt zu beraten. Dieser Rat wird kaum eingeholt. In dieser speziellen Situation am Pariser Platz ist dieser Rat letztlich in den Entwurf des eigenen Gebäudes eingegangen.

Ich kenne niemanden, der die Gestaltungsregeln hier für besonders gut hält. So wurden sie auch begründet, vor allem damit, daß man damit „Schlimmeres" verhüten wollte – was das auch heißen soll. Es wird gesagt, das Abgeordnetenhaus hätte sonst möglicherweise beschlossen, die Gebäude genau in der alten Art wieder aufzubauen. Ich glaube das nicht. Und wenn schon, dann wäre das Problem wenigstens öffentlich deutlich geworden. Man kann nicht immer nur lavieren. Man muß hin und wieder auch hinstehen, auch als beamteter Architekt. Ich bin der Meinung, daß derjenige Architekt, der im Rahmen der Verwaltung an einem solchen Verfahren mitwirkt, die Position des Architekten zu vertreten hat. Die aus dem Politischen kommenden Argumente – die ich durchaus nicht kleinreden möchte – werden von Parteivertretern vertreten. Dazu bedarf es nicht des Architekten.

Leider neigt mancher Stadtplaner – besonders wenn er sogenannter „politischer Beamter" ist – dazu, den Kompromiß zu propagieren, bevor die Probleme sich artikulieren konnten und so mit dem Kompromißvorschlag die Probleme zuzudecken. Etwas mehr Standhaftigkeit wäre wohl sinnvoller. Schon der erste Bundeskanzler der Bundesrepublik, Konrad Adenauer meinte, das Einführen des politischen Beamten müßte den Qualitäten des Beamtentums abträglich sein. Die Sachargumente der Verwaltung würden seitens des politischen Beamten verwischt und politisch gefärbt.

In den Verhandlungen im Jahre 1995 hat der damalige Senator für Bau- und Wohnungswesen Nagel (SPD) seinen leitenden Beamten Stimmann, der den Argumenten der Akademie in dieser Sache gegenüber wenig entgegenkommend war, aus der Linie genommen, hatte die Sache an sich gezogen und in mehreren Sitzungen dann erkannt und akzeptiert, daß die Akademie mit ihrer Position einen speziellen und interessanten Beitrag leisten will, d.h. er hat unserem Vorschlag zugestimmt. Wir haben dann den Vorentwurf eingereicht, Ende vergangenen Jahres. Eine Bauvoranfrage wurde positiv beschieden.

Und dann nach der Wahl wurde Herr Klemann (CDU) Senator für Bau- und Wohnungswesen. Er ließ den positiven Bescheid auf die Bauvoranfrage aufheben und meinte, dem Vorhaben der Akademie in der mit seinem Vorgänger erarbeiteten und abgestimmten Form nicht zustimmen zu können. (Es lohnt nicht, darüber zu diskutieren, ob Klemann rechtens oder unrechtens handelte. Der Senator für Bau- und Wohnungswesen hat hier mehrere Positionen inne. Er hat die Gestaltungsregeln erstellen und beschließen lassen, er muß das Bauvorhaben genehmigen und er vertritt für den Senator für kulturelle Angelegenheiten, zu dem die Akademie der Künste gehört, den Bauherrn. Alle Eckpositionen sind in dieser Sache in seiner Hand. Die Akademie muß mit dem Senator zurechtkommen.)

Und heute, nach knapp einem weiteren Jahr scheint es so – auch Dank der Unterstützung seitens des Kultursenators Radunski und sicher auch infolge der Tatsache, daß wir unsere Absichten dem Bausenator gegenüber deutlicher darstellen konnten – als könnte nun auch Senator Klemann dieses Vorhaben in der heutigen weiterentwickelten Form für akzeptabel halten. Viele haben dazu geholfen – so auch die neue Senatsbaudirektorin Jakubeit. Der Präsident der Akademie der Künste Walter Jens hat sich sehr engagiert, so daß wir der Unterstützung des Bundespräsidenten, auch des regierenden Bürgermeisters und anderer Größen des öffentlichen Lebens sicher sein konnten.

Damit könnten wir die Sache nun eigentlich angehen. Ich befürchte jedoch, daß der Prozeß noch nicht abgeschlossen werden kann. Der Senat hat kein Geld. Das Vorhaben muß fremd finanziert werden, was das auch heißen mag und welche Konsequenzen daraus sich ergeben mögen. Allerdings meint man auch beim Senat, das Grundstück am Pariser Platz, auf dem der Neubau der Akademie der Künste entstehen soll und auf dem auch schon früher das Gebäude der Akademie der Künste stand, sollte nicht die einzige Baulücke am Pariser Platz bleiben, d.h. man meint, man sollte die Lücke bald schließen.

Nun die Frage: Warum hat die Akademie der Künste nicht eine den Gestaltungsregeln entsprechende Fassade am Pariser Platz vorgeschlagen? Möglicherweise würde der Neubau dann schon gebaut. Ich will versuchen, einige Facetten dieses Problems aufzuzeigen. Ich meine nicht, die Akademie der Künste hätte rechthaberisch agiert oder würde dies heute tun. Sicher, man will sich auch nicht opportunistisch unterwerfen. Aber das ist ein nicht sehr bedeutender Nebenaspekt des Ganzen. Auch ist es nicht so, daß die Akademie meint, mich unterstützen zu sollen. Auch das ist nebensächlich. Die Akademie meint allerdings, daß sie dann, wenn sie selbst baut, so bauen sollte, wie sie es für angemessen hält und wenigstens in ihrem Gebäude den Rat vorbringen sollte, den sie zur Sache zu geben hat, und der sonst nicht gefragt ist.

Wenn wir den Knäuel der Probleme aufwickeln wollen, können wir bei dem Begriff „kritische Rekonstruktion“ – ein Leitmotiv in der Architekturszene Berlins – beginnen. Ich bin dem Begriff nachgegangen und habe gefunden, daß damit gemeint sein wird, daß man einerseits nicht sich völlig löst von der vorgefundenen Situation, andererseits auch nicht einfach so neu baut, wie es früher gewesen ist, daß man vielmehr einige Strukturen der an Ort und Stelle vorhandenen Probleme weiterführt, also übernimmt, andere modifziert und Dritte neu einfügt, so wie das eigentlich heute überall gemacht wird, was im vorliegenden Falle heißen könnte: Man rekonstruiert die für die Stadt bedeutende Ost-West-Achse mit ihren geschlossenen Hausfronten, deren Höhe, den Trottoirs, den Bäumen, den Fahrbahnen, mit den zu dieser Achse gehörenden Akzenten – wie Pariser Platz und so fort.

Dann wäre nur noch die Frage, wo die Kritik wäre bei der „kritischen Rekonstruktion“. Die Antwort kann nicht schwer sein, es bleiben ja nur noch die Hausfront mit den dahinterliegenden Gebäuden. In diese Richtung weist auch eine schon einige Jahre alte Veröffentlichung des

Senatsbaudirektors, in der er genau diesen Weg beschreibt, nämlich: daß auf den alten Gebäudegrenzen und in den alten Dimensionen neue Architekturen entstehen können, die den öffentlichen Raum formen.

Unglückswürmer müssen dann allerdings herausgefunden haben, daß massive Wände und Lochfassaden zur Berliner Bautradition gehören würden. Das ist natürlich töricht in dieser Art. Früher konnte man Stadthäuser dicht nebeneinander nur so bauen, aus mehreren Gründen. Insofern kann man Massivwände und Lochfassaden nicht als akzentuiert zu den berlinischen oder preußischen Tugenden oder Untugenden rechnen, in Sachsen, Hessen, Bayern, usw. war das auch nicht anders.

Dann wird behauptet, es gäbe eine Volksmeinung, nach der die Fassaden z.B. am Pariser Platz wieder so aussehen sollten wie früher – früher, das heißt wohl: vor der Zerstörung. Aber das wurde nicht so genau datiert. Es wäre auch schwer, einen Zustand im Laufe der Geschichte zu finden, der auch heute noch den ästhetischen Ansprüchen genügen würde. Die Platzwände haben sich immer wieder verändert. Und was könnte man daraus schon schließen für seine Arbeit. Allerdings hat man mit dem manchem politischen Planungsbeamten eigenen vorauseilenden Gehorsam nun ausgerechnet diese massiven Lochfassaden – ich vereinfache – in die Gestaltungsregeln aufgenommen – neben anderen Regeln, die wohl auch schwer begründbar sind, die jedoch weniger stören.

Hier setzt nun unsere Kritik an:
Früher waren am Pariser Platz „Architekturfassaden“, allerdings ziemlich unterschiedlich in Höhe, Form, Ordnung und Qualität. Trotz aller Unterschiede waren zwei Momente allen Fassaden gemeinsam: das massive Material (was hätte es sonst sein sollen?) und ein architektonisches Kleid (ein architektonischer Apparat), wenn auch in unterschiedlicher Art. Es gab also keine sogenannten nackten „Zweckbauten“ dort, aber auch keinen einheitlichen Stil. Das massive Material gehörte seinerzeit zu allen Bauten. Die Lochfassade war die Normalität, vielleicht auch das notwendige Übel. Es hätte wohl wenig Sinn, dieses alte Übel heute wieder vorschreiben zu wollen. Das waren die Notwendigkeiten früher.

Der architektonische Apparat jedoch, das war dasjenige, was man sich über die ganze Architekturgeschichte hinweg entwickelt hatte, um das Gebäude aus der Trivialität des Alltags – also aus der Banalität der massiven Lochfassade – herauszuheben, es zu befreien von den nicht vermeidbaren Notwendigkeiten. So hatte man z.B. Scheinskelette vorgeblendet, um die massive Lochfassade aufzulösen, diese „durchsichtig" zu machen – wenn materiell schon nicht möglich, dann eben auf einer immateriellen Ebene. Das architektonische Kleid, der architektonische Apparat, das war eine Leistung des Geistes, die Lochfassade, das war alltägliche, zeitgebundene Trivialität. Warum sollte man gerade diese wiederholen?

In den Gestaltungsregeln wurde aber gerade diese doch zeitabhängige, vergangene Trivialität „massive Lochfassade" festgeschrieben – also die materielle Seite der alten Gebäude –, was recht banal und materialistisch erscheint, das architektonische Kleid hat man ignoriert, was gegen den sich entwickelnden Zeitgeist verstößt und letztlich nur ein Mittel sein wird, zu vereinheitlichen, Individualitäten zu eliminieren, ein plumpes Mittel.

Wir meinten, dies entspräche nicht der gesellschaftspolitischen Situation unserer Zeit, die doch eher repräsentiert wird durch Individuen, die nicht in gleiches Tuch sich kleiden lassen möchten, die eher freiwillig gemeinsam den überlieferten öffentlichen Raum „Pariser Platz" formulieren würde. Ich sehe hinter diesen Vorschriften Hasenherzigkeit. An Architektur hat man sich nicht herangetraut. Und man hat sich nicht zugetraut, im Gespräch mit den beteiligten Architekten und Bauherrn zu einer besseren Lösung zu kommen. Also hat man Freiheiten und damit Entwicklungsmöglichkeiten eingeschränkt. Außer Herrn Kleihues habe ich keinen betroffenen Architekten gesprochen, der diese Einschränkungen sich gewünscht hätte. Ich meine, man hätte hier etwas selbstbewußter agieren sollen.

Die Akademie meinte, in dieser Situation nicht einfach den Gestaltungsregeln folgen zu sollen. Wir hatten versucht, den anderen Zweig, den Gang des Geistes fortzusetzen – so gut man das kann, vielleicht ist schon das Bemühen wertvoll. Und so haben wir versucht, die Trivialitäten unserer Zeit mit den künstlerischen Mitteln unserer Zeit zu überwinden und zu erhöhen. Das heißt: Glaswand statt

Steinwand und ein aus der Kunstwelt unserer Zeit entwickeltes architektonisches Kleid, einen architektonischen Apparat. Ich meine, zumindest der Versuch müßte sich lohnen. Wir sind aber noch weitergegangen, sicher auch im Bemühen, den Vorstellungen der Stadtplaner möglichst weit zu entsprechen, also: möglichst wenig Empfindlichkeiten zu berühren und möglichst wenig Probleme zu schaffen, wie man sieht, mit mäßigem Erfolg.

Im Sinne der kritischen Rekonstruktion haben wir Proportionen und Maße der Fassade des früheren Gebäudes übernommen – das frühere Gebäude der Akademie war eins der besseren am Pariser Platz –, wir haben die seinerzeit in Steinmaterial vorhandenen Schichten der formalen Gliederungen aufgenommen, auseinandergezogen und in verschiedenen Schichten (Ebenen) vor und hinter der Glaswand aufgebaut. Damit ergäbe sich ein Spiel von Linien, Maßen, Proportionen und Flächen. Dieses Spiel wäre nicht stabil. Es würde sich wandeln, wenn das Licht sich ändert, würde bei Tag anders sein als bei Nacht, auch anders, wenn der Betrachter seine Position ändert. Eine Position gäbe es aber, von der her die innere Verwandtschaft der neuen Fassade mit der alten erkennbar sein müßte. Ein Versuch, mit den Realitäten unserer Zeit, auch mit denen aus dem Bereich der Kommunalpolitik zurechtzukommen, und diese architektonisch zu erhöhen. Die in den alten Fassaden an vorderster Front stehenden massiven Bauteile würden dann im Inneren hinter der Glaswand sein und durch diese hindurchleuchten, z.B. bei Einzelräumen, bei Begrenzungen, an Fahrstühlen, Treppen usf. Die massiven alten Ausstellungshallen können durch die Glaswand scheinen und in den öffentlichen Raum wirken.

Denkmalpfleger, die über unseren Vorschlag beraten haben – Sie wissen sicher, daß wir diesen mit Werner Durth bearbeiten – meinten, daß dieser angemessen wäre und den Ansprüchen der Denkmalpflege gerecht würde, sehr gut gerecht würde sogar. Aber ich muß einräumen, daß diese Hausfront dann anders wäre als die des Hotels Adlon links neben uns und auch anders als z.B. die des amerikanischen Architekten Gehry rechts neben der Akademie. Gehry meinte in einem Interview, die Gestaltungsregeln würde er auch nicht für richtig halten. Aber am Pariser Platz in Berlin, das wäre nicht sein Kampf. Hier kann ich ihm nicht zustimmen. Letztlich wird das von ihm geplante

Gebäude mit seinem Namen verbunden bleiben. Niemand wird sich des Mitarbeiters im Planungsamt erinnern, der die Gestaltungsregeln formuliert hat. Und wo will Gehry denn kämpfen, wenn nicht am zentralen Platz Berlins?!

Ich weiß nicht, wie die Sache ausgehen wird. Sicher bin ich, daß die durch die spezielle Art der Gestaltungsregeln produzierten Zwänge am Pariser Platz die meisten der dort entstehenden Fassaden mitbestimmen werden. Die Architekten mögen diese drehen und wenden wie sie wollen. Ich hoffe, wir kommen bald weiter mit unserem Vorhaben. Schließlich hätte ich schon gern das Gebäude der Akademie geplant. Allzu viel Zeit bleibt mir ja nicht. Auch die Mitglieder der Akademie wollen das so haben. Aber letztlich ist keiner von uns auf den anderen angewiesen.

Und da ist noch etwas anderes: Ich bedaure, daß am Beispiel Berlin eine in die Tiefe gehende Architekturdiskussion nicht entstehen will. Das, was in Berlin diskutiert wird, erscheint mir eher eine Diskussion an der Oberfläche zu sein. Aber wenn schon soviel an einem Ort geschieht, dann könnte man das Problem Architektur doch auch aufarbeiten und weiterentwickeln. Es kann doch nicht wirklich so sein, daß diese 30 m Fassade des geplanten Neubaus der Akademie das einzige ist, bei dem man architektonische Probleme diskutieren kann. Ich vermute, daß die Stadt – bedingt durch ihre spezielle Geschichte – noch nicht richtig diskussionsfähig ist. Und die Großarchitekten Berlins sind wohl mit ihrer täglichen Arbeit überlastet.

Kürzlich hatte ich versucht, öffentlich zu diskutieren unter anderem mit einem der in Berlin vielbeschäftigten Architekten. Aber zu einer richtigen Diskussion kam es nicht. Er konnte nur persönlich angreifen, obwohl ich den Mann eigentlich nicht kannte. Ich nehme an, daß die viele Gewalt, die dieser Stadt angetan wurde in diesem Jahrhundert, Menschen und Gesellschaft geprägt hat. Es beunruhigt mich auch, daß das borussische Element, das glücklicherweise über viele Jahre nicht mehr zu sehen war, wieder auftaucht. Man denkt hier stärker in geschlossenen Systemen. Vielleicht finde auch ich den Kontakt nicht. Der Abstand zwischen Südwestdeutschland und Berlin mag einfach zu groß sein.

Vor einem Jahr habe ich den deutschen Architekturpreis juriert, zusammen mit Sir Norman Foster und anderen. Foster war überrascht ob der vielen, guten, breitgestreuten, auch kleineren Architekturstücke. Ich habe es ihm nicht gesagt, aber ich habe schon bemerkt, daß diese herausragenden Beispiele mehrheitlich aus Südwestdeutschland waren, Hessen eingeschlossen, mit Steigerung nach Süden. Das führe ich darauf zurück, daß im Süden, Südwesten die zivile Bürgergesellschaft stärker ausgeprägt ist. Diese hat einen stabilen, breiten Mittelstand hervorgebracht. Und in diesem Rahmen wurde auch das Architektenwettbewerbswesen kultiviert, was nun wiederum zu den vielen selbständigen Architekten und den guten Beispielen führte. Die Bauten, die von der Architektenkammer Hessen ausgezeichnet wurden, werden auch dafür zeugen. Ich möchte aber nicht unerwähnt lassen, daß wir heute erleben müssen, daß die „Weltökonomen" gerade dieses Wettbewerbssystem, was von der Basis her mit viel Mühe aufgebaut wurde, von oben her zerstören. Wir sollten uns das nicht gefallen lassen.

Als inzwischen nationalisierter und überzeugter Süddeutscher treffe ich mit Berlin und seiner Art zusammen am Pariser Platz anläßlich unserer Planung für den Neubau der Akademie der Künste. Dieses Zusammentreffen ist interessant. Und ich habe manches gelernt. Ich versuche, diese Stadt zu verstehen. Einige meiner Vorurteile wurden bestätigt.

Lassen Sie mich bitte zum Abschluß einen Gedanken anfügen:
Ich meine, daß man der Stadt Berlin zu viel aufbürdet. Sie soll Metropole werden. Und man vergleicht sie mit den Metropolen, die in der imperialistischen Phase ihrer Nationen sich gebildet haben. Nehmen wir da den Mund nicht etwas zu voll? Geht es nicht eine Nummer kleiner? Wir leben doch in einer Zeit, in der Kompetenzen und Macht der zentralen Regierungen zumindest zum Teil abgewandert sind in andere Bereiche, zu Banken, Versicherungen, Konzernen, Verbänden ... auch in andere politische Ebenen, zur NATO, EG, UNO usf. Die tatsächlichen Möglichkeiten der Bundesregierung und unserer Bundesvertretungen werden immer geringer. Kann z.B. jemand von uns sich eine in der Zuständigkeit der Regierung liegende Maßnahme denken, die die Arbeitslosenzahl halbiert oder die verhindert, daß Kapital

und Arbeitsplätze exportiert werden? Aber gerade das sind doch unsere Hauptprobleme. Und unsere politische Vertretung kann das nicht beeinflussen, tut jedoch so, als könnte sie das.

Ohne hier weiter auszuführen:
Ich meine, die große Pose, mit der unsere Bundesrepublik auftreten will in Berlin, deckt sich nicht mit ihren reduzierten tatsächlichen Möglichkeiten. Die Musik wird an anderer Stelle gespielt.

Und noch eins:
Dadurch, daß Kompetenzen, Macht und Handeln von unserer parlamentarisch kontrollierten Regierung und Exekutive übergehen an Konzerne, Verbände, internationale Organisationen, die nicht demokratisch entscheiden und nicht demokratisch kontrolliert werden, wird der Anteil des Demokratischen am Gesamtgeschehen kleiner; das heißt unser Leben, dessen Qualität, die Möglichkeiten für Arbeit und so weiter wird auch und wohl immer stärker bestimmt von nichtdemokratisch, das heißt auch: undemokratisch funktionierenden Organisationen. Auch das wollten wir eigentlich nicht. Und auch das wird das Bild der Stadtmitte Berlins prägen.

Doch da will ich enden. Man kommt von einem zum anderen, wenn man sich mit dem Pariser Platz beschäftigt. Für heute reicht das. Zum Abschluß gratuliere ich Architekten und Bauherren, deren Bauten ausgezeichnet und hier gezeigt wurden.

Und ich danke für Ihre Aufmerksamkeit.

75 JAHRE HANS KAMMERER

Vortrag zur Ausstellungseröffnung
Stuttgart, 3. Juni 1997

Für Hans Kammerer
habe ich vor wahrscheinlich fünfzehn Jahren eine Festansprache gehalten, seinerzeit sicher vierzig Minuten lang. Die Worte „Hans Kammerer" kamen nicht vor in dieser Ansprache. Das hat mir Rügen eingetragen. Dabei fand ich das, was ich seinerzeit sagte, gar nicht so schlecht – damals jedenfalls – obwohl ich mich heute nicht mehr erinnern kann genau. Anwesende Assistenten der Universität jedoch schauten während meiner Redezeit verträumt aus dem Fenster. Das nun soll heute anders sein. So haben wir einen Raum gewählt, dessen Fenster man verschließen kann. Und ich werde nur für Hans Kammerer sprechen: von Hans Kammerer, über Hans Kammerer und für Hans Kammerer. Und nicht über Architektur. Aber gerade das erwartet man nun wohl heute von mir. Aber daraus wird nichts.

Daß Hans Kammerer ein hervorragender Architekt – ich muß sagen war, denn er hat aufgehört, Gebäude zu planen – ich sage dennoch lieber: ist, daß er das Architekturleben in unserem Lande mitbestimmt hat über Jahrzehnte, das wissen wir alle. Und daß er ein ausgezeichneter Architekturlehrer war, der Generationen von Architekten in Architektur eingeführt hat, das wissen wir auch. Damit kann ich mich Dir zuwenden.
Also: Lieber Hans Kammerer, Architekt, Zeichner, Maler, Graphiker, Schreiber, Romantiker, Schnauzer usw.

Die Ausstellung, die wir heute eröffnen, ist gut geworden. Großartig ist die Tatsache, daß es diese Ausstellung gibt und wie diese Ausstellung ist. Die Besucher, die beeindruckt sein könnten von der klaren Gliederung und der Übersichtlichkeit, sollten allerdings nicht unbedingt schließen darauf, daß Leben und Wirken Hans Kammerers gleichermaßen klar und übersichtlich gewesen wäre. Das könnte eine Fehlinterpretation sein – zu Lasten Hans Kammerers, dessen Leben und Wirken wohl zuerst eins waren: nämlich lebendig. Die Ordnung der Ausstellung und deren Übersichtlichkeit stammen vom akademischen Überbau. Aber wenn ich das so denke, fällt mir ein, daß Hans Kammerer auch wieder sehr geordnet sein kann. Gestern Abend rief ich an bei ihm, es war schon halbe Nacht, und fragte ihn, wer wohl seinen Swimmingpool entworfen hätte: Edward Hopper oder David Hockney. Nach weniger als fünf Minuten rief Hans Kammerer zurück. Er hatte Kataloge beider Maler gefunden, nachgeschaut und konnte mir die Sache genau erklären. Diese Präzision!

In diesem Zusammenhang eine Bitte: Laß von der Ausstellung einen Katalog machen. Sicher, die Fachleute behaupten, sie hätten alles auf der Diskette. Unserer Generation, lieber Hans, bei der alles über den Stift – möglichst 6B – über Finger, Hände, über Augen, Ohren, Nase usw. geht, kann dieser Zustand aber nicht genügen. Stell Dir nur vor, Du hättest gestern Nacht Hockney oder Hopper auf der Diskette suchen müssen. Wie hättest Du das gemacht? Bis heute hätte ich keine Antwort! Außerdem können diese Dinger manipuliert werden. Und sie passen in die Innentasche jeder Jacke! Von 1000 Katalogen jedoch oder von 2000 bleibt immer einer übrig. Also laß das bald machen, unsere Zeit ist begrenzt. Als Gleichaltriger darf ich das wohl sagen.

Das erinnert mich an ein Gespräch mit Lothar Günther Buchheim. Du weißt, daß ich versuche, für diesen das von ihm sogenannte „Museum der Phantasie" zu bauen. Und das seit geraumer Zeit. Als dieses Vorhaben wieder mal stockte, rief ich an und versuchte, das offensichtlich von einem Schiffer mit nachlassender Blickschärfe gesteuerte Schiff auf Kurs zu bringen. Zum Schluß erinnerte ich Buchheim daran, daß für beide – für ihn und für mich – die noch offene Zeit begrenzt sei. Und daß sich dieser Zeitraum täglich verkleinere.

Buchheim, den ich wirklich schätze, trotz seiner extremen Eigenarten, vielleicht auch infolge dieser, trotz seiner Schrulligkeit, seiner Aggressivität, mit der er sich doch nur seine für ihn mit Kanalratten durchsetzte Umwelt vom Halse hält ... usf., das wäre ein anderes, ebenso lohnendes Thema. Also Buchheim: Pause, dann: „Mensch Behnisch, das weiß ich doch. Das müssen Sie mir doch nicht am Sonntagmorgen sagen." Was mich wieder zu Tränen rührte.

Lieber Hans, über die ausgestellte Architektur werde ich nicht sprechen. Nicht, daß ich diese nicht für gut hielte, nein, das konntest Du und konntet und könnt Ihr! Ich mag überhaupt nicht mehr über Architektur sprechen. Nicht über Eure, nicht über unsere, noch über irgendeine andere.

Wohl gibt es Einzelstücke, die mich interessieren, so z.B. die von Rem Koolhaas. Aber nicht als Monumente von Architektur, vielmehr als Orte in einem Beziehungssystem. Er versucht, Architektur zu schaffen in der neuen Welt, global, besetzt mit Großinvestoren, Projektentwicklern, Generalunternehmen und anderen Organisationen, die man zusammengefaßt bezeichnen könnte mit „Gesellschaften zur Übernahme von Verantwortung". Gerhard Polt hat darüber einen kurzen Streifen gedreht. Wir versuchen auch in unserem Büro, diesen neuen Ort im Beziehungsgeflecht, den Ort, in dem sich die vielen neuen Kraftlinien schneiden, zu finden. Aber das ist uns noch nicht gelungen.

Aber es gibt schon Landmarken in unserem Bewußtsein. Wenige, aber immerhin. Wenn ich mit dem Zug nach Bonn fuhr, habe ich mich gefreut über die kleine Anlage aus Backsteinen in der Nähe von Ludwigsburg – Bietigheim – Tamm. Besonders auf dem Heimweg. Und wenn ich von München kam, habe ich gewartet zwischen Esslingen, der Frauenkirche, den alten Weinbergen und dem Cannstatter Tunnel auf Eure Mercedes-Benz-Anlage.

Wie mir überhaupt die Einfahrt zum Stuttgarter Hauptbahnhof am Herzen liegt, über den Neckar, rechts Rosenstein, links Cannstatter Wasen, Berg, durch den Tunnel, dann aus der Dunkelheit ins Helle entlang der Anlagen, in Höhe der Baumkronen, dahinter die Uhlandshöhe, der Fernsehturm, rechts die alte Hochhausgruppe der Bahn, Fischers Erlöserkirche, das eine oder andere etwas groß geratene neue Gebäude, was soll's, dann das etwas komische Bahnhofsgebäude. Spätestens seit Esslingen – oder aus dem Norden kommend seit Bietigheim – merke ich, bin ich erfaßt von dem Erlebnis: ich komme nachhause. Was gelten mir denn drei Minuten oder fünf? Gerade diese möchte ich nicht missen. Auf andere, die ich in Tunnels verbringe, würde ich schon verzichten. Oder die Einfahrt von Stuttgart-West. An einem

Sommerabend, in der Dämmerung, wenn die Lichter angehen in der Stadt, ebenfalls durch Tunnel, auf halber Höhe um den Talkessel, wer möchte das wohl missen?

Lieber Hans, im Alter neigt man dazu, abzuschweifen.
Zurück zu Dir: Du warst immer etwas schneller als ich. Auch Dein Studium hast Du ein Jahr vor mir begonnen und beendet. Einmal allerdings war ich kurz vor Dir: Als Walter Belz sein Studium beendet hatte, kam er zunächst zu mir, um über ein Engagement zu sprechen. Ich wäre schon gerne mit ihm zusammengekommen. Seine Gehaltsvorstellungen waren es, die mich zaudern ließen. Zwei Tage nach dem Gespräch mit Walter Belz hatte ich mich überwunden, hatte in meinen Gürtel zwei weitere Löcher gemacht und war bereit, Walter Belz mit offenen Armen aufzunehmen. Da hattest Du ihn schon engagiert! Und so warst Du wieder vor mir. Auch Walter Belz muß dieses Ereignis beschäftigt haben. Denn hin und wieder, wenn er von einem besonders guten Salär hört, konnte er sagen: „Der schafft aber net beim Behnisch, oder?"

Man könnte nun sinnieren darüber, wie sich die Architekturwelt hätte entwikkeln können, wenn seinerzeit nicht dieser winzige Lidschlag gewesen wäre, mein Zucken und Zögern, als Walter Belz seine Forderungen nannte. Wenn das anders gelaufen wäre, dann wärst Du heute ohne Walter Belz, und ich wäre mit ihm. Dann hättest Du, Hans, zum Beispiel nicht die schöne Rede von Walter Belz zu Deinem 60. Geburtstag bekommen. An diese konnte ich mich noch erinnern, habe Belz um eine Kassette gebeten, diese bekommen und kann mich so anhängen: zu Deinem Schnurrbart sagte er z.B.: Du habest diesen wachsen lassen, damit Du etwas erwachsener aussiehst. Zugegeben: Du warst schon ein rechter Springinsfeld, und der Bart konnte das überdecken. Aber ich meine, da müßten noch andere Motive gewesen sein, zunächst verborgene Bezüge.

Ich zögere etwas: Aber ich meine, Du brauchtest dieses Ding da, diesen Schnurrbart einfach zum Schnurren. Darüber hinaus war dieser Schnurrbart wohl auch eine Station auf Deinem Mutationsweg hin zum Schnauzer. Deine schrittweise Zuwendung zur Welt dieser lieben Tiere konnten wir, die wir Deinen Weg begleiteten, miterleben, z.B. anhand des Verhaltens Eurer Hunde, die offensichtlich schon länger überzeugt waren davon und das wohl noch sind, daß Du, lieber Hans, den wir bisher zu uns zählten, einer der ihren bist, und dieser Überzeugung auch ungebremst Ausdruck verleihen. Welch hohes Selbstbewußtsein wird da erkennbar – seitens der Hunde, bzw. des Hundes, welche Würde! Dabei sollen diese Tierchen – als Ihr sie aufgenommen hattet in Euer Heim –, nur ganz normale Hunde gewesen sein. Jedenfalls beurteilte Walter Belz das so.

Da fällt mir ein: Ich habe auch gerne auf Eure Siedlung im Frankenthal geschaut – vom Zug aus, und auf Eure Häuser in Stetten, dorthin fahre ich zum Schwimmen, und hätte sicher auf viele andere Bauten noch geschaut, wenn – ja, wenn Ihr diese nur etwas näher an eine Hauptlinie der Bundesbahn platziert hättet.

Lieber Hans,
auch Dein Verhältnis zur Objektivität zeugt von großer Unabhängigkeit. Und diese Unabhängigkeit läßt Dich Konditionen ignorieren, die andere – diese Kleinmütigen! – als fest gegeben hinnehmen. Zum Beispiel die Gegebenheiten des materiellen Raumes und der Zeit. Das Problem Zeit bewältigst Du, indem Du Dir offensichtlich einen eigenen Zeitrahmen geschaffen hast. Das Raumproblem ist allerdings härter: So weißt Du, daß Deine Frau – Maiti, die ich besonders gerne erwähne – daß also Deine Frau ihr Auto rechts in die Garage stellt – von außen gesehen. Dein Auto gehört dann auf die linke Seite. So klar ist Eure Welt!

Nun muß sich das Bild der objektiven Realität nicht in jedem Falle decken mit dem Deiner Realität. So an jenem Abend, an dem Du Dein Auto auf seinen Platz fuhrst. Aber an diesem Abend war die Welt nicht so, wie sie hätte sein sollen. Maiti – aus welchen Gründen auch immer – hatte ihr Auto mehr zur Mitte hingeparkt. Die damit entstandene Diskrepanz zwischen objektiver und subjektiver Realität, diese Spannung entlud sich in einem fürchterlichen Gewitterschlag, und hinterließ einen etwas demolierten Hans, eine demolierte Garage und zwei demolierte Autos.

Oder wenn Du mit Schwung aus dem Büro kommst, Dich auf den Fondplatz Deines Autos setzt, mit dem Aktenstudium beginnst und nach geraumer Zeit bemerkst, daß Du in Deinem Auto noch immer im Hof des Büros bist. In der objektiven Realität – Hans – hast Du keinen Chauffeur. Du mußt umsteigen und das Auto selbst fahren. Du hast noch nie einen Chauffeur gehabt!

Taktlosen und rüpelhaften Menschen gegenüber bist Du etwas hilflos. Du meisterst die Situation dann in Deiner Art. Wenn der Kundendienst unhöflich war, wechselst Du die Automarke. Und manchen Tölpel erklärst Du einfach als normal. Das erinnert mich an eine Szene im Film „Mein Freund Harvey" mit James Stewart. Gleich zu Beginn des Films: James Stewart kommt aus dem Gartentor und trifft dort auf den Briefträger, einen raunzenden, unverschämten Kerl. Dieser schlägt James Stewart die Post eher um die Ohren, als daß er diese überreichte und macht sich maulend davon. Die Briefe fallen langsam zu Boden, James Stewart schaut dem Postboten nach, verträumt, lächelnd. Mit: „Ein netter Mensch ist das" hält er seine Welt in Ordnung. Oder die spätere Szene: James Stewart – auf Harvey wartend – im Hinterhof seiner Bar, auf einer leeren Whisky-Kiste, wird dort „gestellt" von einem „diesseitigen" Therapeutenpaar. Dieses fordert ihn, der nun nicht mehr ausweichen kann, auf, doch zur Realität zurückzukehren. Offensichtlich betrübt darüber, daß er diesem Wunsche nicht folgen könne, James Stewart: Er habe fünfunddreißig Jahre gebraucht, um diese Realität zu überwinden.

Also: Hans, ich meine, wir sollten – sofern noch nicht geschehen – uns nicht irre machen lassen und uns zuwenden dem Harvey, dem David Hockney-Swimming-Pool, der kalifornischen Wassertemperatur, dem blauen Himmel, den umgebenden Weinbergen und den freundlichen Postboten.

Das Problem mit der Namensnennung habt Ihr gut gelöst in der Ausstellung. Es scheint so einfach, ist aber so kompliziert in einem großen Büro. Ihr habt Partner und Mitarbeiter genannt. Mehr könnt Ihr nicht tun. Ohnehin: Wo Kammerer steht, steht auch Belz, und umgekehrt, wie bei Peter und Paul, bei Max und Moritz, bei Emil und den Detektiven. Das eigentliche Problem liegt sowieso nicht da oben.

Als Lehrer mußt Du anerkannt gewesen sein. Eine Deiner Schülerinnen schrieb mir u.a.: Du hättest keinen Respektabstand gebraucht und schon gar nicht aufgebaut. Tendenziell hätte jeder zu Dir kommen können und auch kommen mögen. In Vorlesungen seist Du erzählend vor der Tafel auf und ab gegangen. Sie wüßte zwar nicht mehr genau, was Du erzählt hättest. Aber das sei immer interessant gewesen. Sportlich, braungebrannt, mit Falten im Gesicht, von denen niemand annahm, sie seien Überreste von Sorgen. Das Bild des Architekten, der jeder gerne hätte werden mögen. Die Hosen allerdings seien oft etwas zu weit gewesen, Cordhosen. Auf was die Menschen so schauen. Mir sind zuerst die lustigen Augen aufgefallen, auch wenn die heute oft müde gerahmt sind. Offensichtlich sind Dir Sympathien entgegengebracht worden, bis zur Verehrung.

Einmal hattest Du sämtliche Ausweise usw. verloren – ich erwähne nur dieses eine Mal, tatsächlich verlierst Du solche Nebensächlichkeiten immer wieder, eigentlich kontinuierlich. Aber das eine Mal, welches ich hier meine, kam die Sache nicht zurück, und Du mußtest Deine Sekretärin bitten, von allen Stücken neue Exemplare zu besorgen, was gar nicht so einfach ist, wie diejenigen wissen, die diese Prozedur schon hinter sich haben. Nach geraumer Zeit entdecktest Du dann, daß Dein Hundle in seinem Körble unter seinem Deckle Dei Briefdäschle verborgen hielt. Offensichtlich in Stunden mangelnder Liebe hatte er sich eines wesentlichen Stückes Deiner bemächtigt, hatte die Tasche zu sich genommen und schlief auf dieser längere Zeit unbemerkt. Welch rührendes Zeichen von Zuneigung, eine Auszeichnung für Dich und fürs Hundle. Nicht jeder Verehrerin war es bisher vergönnt, einige Zeit unbemerkt auf Deiner Brieftasche schlafen zu dürfen.

Du bist literarisch interessiert, erzählst selbst sehr gut, Interessantes in treffender, oft amüsanter Form. Man erkennt das an den Reisetagebüchern, an den Vorbereitungen für Vorlesungen, oft in Skizzen – wir sollten uns die Scheckkartenformate ansehen! Du kannst Probleme strukturieren und darstellen mit wenig Strichen. Sei es, wenn Du sagst, der letzte Abschnitt Deiner künstlerischen Tätigkeit – so hättest Du das nicht ausgedrückt – vielleicht auch Dein letzter Lebensabschnitt sei der Produktion chinesischer Spucknäpfe gewidmet. Aus dieser Keramikperiode – buntgrundig, schnörkellos – haben wir ein „trio infernale“. Dieses wehrt uns böse Geister ab. Sei es, wenn Du von Deinem Schwiegervater erzählst, dieser habe auf die wohl eher einleitende Frage „Wissen Sie wer gestorben ist?“ geantwortet, ihm sei eigentlich jeder recht; sei es, wenn Du malst oder zeichnest im Remstal, am Mittelmeer, in Marokko, in Obervolta, Mali, China oder sonst wo. Das Erzählerische, Amüsante, Groteske ist immer gegenwärtig.

Oder – wie wir in Paris am Flughafen Charles de Gaulle standen am Förderband und unsere Koffer schließlich auftauchten aus der Unterwelt. Ein Koffer von Euch war nicht verschlossen, der Deckel sperrte und die Filme, die wir dringend brauchten auf unserer Reise, hingen aus dem Koffer. „Hans, elle unsere Filme sind raus“, so Maiti. Und Hans: „Net elle, Maiti.“ Du schreibst erzählerisch, erzählst so, malst, zeichnest, skizzierst erzählerisch, modellierst so und schließlich lebst Du so, daß man von Dir erzählen kann und erzählen möchte.

Lieber Hans Kammerer,
ich weiß schon, so eine richtige Festrede war das nicht. Wohl könnte ich das noch ausbauen, aber es käme doch wieder aufs Gleiche: Architekt, Maler, Schreiber, Zeichner, Vortragender, Skizzierer, Erzähler ..., charmant, offen, amüsant, intelligent und wohlbewandert im Fach, kein Kumpan, manchmal etwas wehrlos, ramponiert Autos, seine und die anderer, fährt in falsche Richtungen, hat ein schwaches Verhältnis zum Privatbesitz, verliert und deponiert Ausweise, Geld und Travellerschecks, sei es im Krabbelkorb bei Lafayette in Paris, sei es in Prag oder in den USA. Jeder Ort ist Dir da recht.

Die meisten mögen Dich. Ich auch. Aber – ich beginne, mich zu wiederholen. Und nun sind wir beide fünfundsiebzig Jahre alt geworden. Jeder für sich – wie es sich gehört. Eigentlich kein Grund zur Freude. Immerhin haben Deine Freunde Dir eine Ausstellung gemacht, eine wirklich gute Ausstellung.

Dank den Ausstellungsmachern,
Grüße an Maiti,
Freude und Gratulation
Dein Günter Behnisch

FÜR DEN SCHUTZ DES DENKMALS ODER DAGEGEN

Vortrag vor der Hypo-Kulturstiftung
München, im Juni 1998

Sehr verehrte Damen und Herren,

Sie wissen: ich bin Architekt. Und ich arbeite mit einem größeren Architekturbüro. Von unseren Arbeiten – wir, das sind die Mitglieder dieses Büros – kennen Sie in München den Olympiapark. Und zumindest im Bild der Fernsehtagesschau werden Sie den Plenarsaal des Deutschen Bundestages in Bonn gesehen haben. In der Regel planen wir neue Bauwerke. Wir sind nicht Denkmalschützer oder Denkmalpfleger. Allerdings, das Problem Denkmal oder auch „Denkmalschutz" steckt in fast allen unseren Aufgaben, in unterschiedlicher Art. Oft bereitet uns dieses Thema Probleme. Für den Schutz des Denkmals oder dagegen. Davon möchte ich berichten.

Vorweg: Ich achte das Bemühen des Stifters und der ausgezeichneten Bauherren, alte Gebäude zu erhalten. Und ich beglückwünsche Stifter und Preisträger.

Und nun zu den Beispielen: Ca. 1960 hatten wir die Anlagen einer Ingenieurschule – heute Fachhochschule – geplant, in Ulm auf dem Platz einer seinerzeit noch vorhandenen Befestigungsanlage der Bundes- oder Reichsfeste Ulm, geplant vom Festungsbaumeister von Prittwitz. Seinerzeit 1960 also hatten wir die alten Kasernen-Bauten und Befestigungen einfach abgerissen. Sie standen uns im Wege. Und damit hatten wir Platz geschaffen für unsere neue Anlage. Man hielt das für normal in dieser Zeit; niemand schien die Fortifikationen besonders zu schätzen in den 50er Jahren. Jedenfalls hat sich niemand eingesetzt dafür, diese zu erhalten. Heute nun, keine 40 Jahre sind vergangen, würde – jetzt andersherum – niemand mehr Teile der Feste Ulm abreißen wollen; und selbst die seinerzeitigen Neubauten der Fachhochschule sind inzwischen zum Denkmal geworden. Empört würden wir reagieren, wollte jemand Hand an diese Anlagen legen. Der Geist der Zeit hat sich geändert.

In der Anlage der Fachhochschule Ulm wird heute ein Monument der Architektur der 50er Jahre gesehen, und die Festungswerke sind Denkmale der Festungsbauten des Deutschen Bundes im 19. Jahrhundert. Diese Festungsbauwerke muß man nun erhalten. Aber, was soll man tun mit diesen? Mancher meint, man sollte diese Bauten nutzen, ein Problem, welches auftritt überall dort, wo große Baudenkmäler sind. Diese Forderung entspricht unserem Denken in Rentierlichkeiten, hat aber – durchgeführt – Konsequenzen.

Werke, die ihre Bedeutung im Praktisch-Funktionalen verlieren, gewinnen Kraft als Symbole (die nicht mehr genutzten Fortifikationen waren u.a. Symbole für die Verteidigungsanstrengung des Deutschen Bundes geworden). Wenn diese Symbole nun durch neue Funktionen im Bereich des Praktisch-Funktionalen besetzt werden, wird das Symbolische der Bauten verändert. Es ist also nicht ohne Folgen für ein Denkmal, ob und wie man dieses nutzt. Denken wir hier an das Bauernhaus, das, nachdem es verlassen wurde, gesehen werden konnte als Symbol für ein früheres Leben auf dem Lande, ein Leben, an dem wir keinesfalls hätten teilhaben wollen, so einfach bis primitiv war dieses, als Symbol für handwerkliche Fertigkeiten, für Traditionen usw. Das heute als Landhaus voll ausgestattet und schmuck hergerichtete alte Bauernhaus, das seine ursprüngliche Kraft verloren hat und eher geeignet scheint als Kulisse für Caroline Reibers Show.

Und die seinerzeit neuen Bauten der Fachhochschule in Ulm, für die wir seinerzeit die Festungsbauwerke abgerissen hatten, sieht man heute als Monumente der Architektur der 50er Jahre: mager, direkt, sparsam, frisch, praktisch usw., kaum verändert. Aber eigentlich müßten die Bauten verändert werden, denn sie genügen nicht z.B. den heutigen Normen, denen der Wärmedämmvorschriften. Manches müßte man verändern: neue Fenster mit breiteren, wärmegedämmten Profilen, zusätzliche Wärmedämmschichten am Beton usf. Damit aber würde man wesentliche Momente des ästhetischen

Wertes der Architektur der 50er Jahre verändern, dasjenige gerade, was die Architektur der 50er Jahre charakterisiert. Man würde das Monument, das doch mager und konzentriert und eher arm war, dick und sicher und träge machen und damit im Symbolischen verändern.

Der ästhetische Wert der Dinge gibt Auskunft über die Art und Weise, in der wir mit uns und unserer Welt umgehen. Dieser Wert ist schillernd, er ist nicht gleich für alle und er ist auch nicht stabil. Die Dinge ändern sich, wir ändern uns, der Geist der Zeit ändert sich, und jeder sieht das, was er sehen kann.

Man könnte meinen, daß es eine – von mir aus – engere Zahl von Denkmälern geben sollte, die nicht mehr verändert werden. Andererseits: die barockisierten gotischen Kirchen, die doch auch, vielleicht sogar gerade durch diesen Eingriff ihren Wert gewannen! Ochsenhausen, die Klosterkirche z.B., eine spätgotische Basilika, im Inneren und im Äußeren im Barock umgestaltet. Ein wunderbares Beispiel für eine veränderte Architektur. Die Sache ist also nicht so einfach und so klar. Es scheint so zu gehen und auch anders. Möglicherweise muß man sehen, was warum verändert wird und wer mit welcher künstlerischen Kraft wirkt. Und man sollte sich klar sein darüber, was man erreichen will und was man vermeiden will. Denkmal und Kunstwerk müssen nicht zusammenfallen. Denkmal und Kunstwerk sind nicht das gleiche. Das Denkmal erinnert an etwas. Das Kunstwerk erhöht die Realität im Formalen. So ist es möglich, daß ein Denkmal kein Kunstwerk sein muß. Und es ist möglich, daß ein Kunstwerk auch kein Denkmal ist, und andersherum ein Denkmal kann ein Kunstwerk sein und ein Kunstwerk ein Denkmal. Und es ist auch möglich, daß man ein Denkmal zerstören muß, um ein Kunstwerk zu schaffen oder daß man auf ein Kunstwerk verzichten muß, wenn man ein Denkmal erhalten will.

Zum „Cour d'honneur" des Neuen Schlosses in Stuttgart

In Stuttgart wurde vor etwa 20 Jahren der Fahrverkehr aus den Straßen der Innenstadt genommen. Und wir als Architekten sollten dort Fußgängerzonen planen und Plätze renovieren – so auch den Schloßplatz, den wichtigsten Platz der Stadt Stuttgart in der Hälfte der Länge der Königstraße – Schloßplatz, Karlsplatz und auch den Cours d'honneur des Neuen Schlosses. Früher war der zwischen den Flügeln des Neuen Schlosses liegende Ehrenhof – wie üblich – hart, eine Art Exerzierplatz, durch Eisengitter und Steinpfeiler getrennt vom Schloßplatz, der belebten und zivil mit Blumen, Brunnen und anderem Zierrat gestalteten Bürgeranlage. Nach dem Kriege im Zuge der „Demokratisierung“ feudaler Anlagen hatten Horst Linde und Walter Rossow das Trennende zwischen Schloßplatz und Cour d'honneur – z.B. das Gitter beseitigt, und das „Zivile“ in den einst feudalen Cour d'honneur des Neuen Schlosses gebracht, so z.B. das Grün der Bürgeranlage Schloßplatz. Und dem Bürger wurde der Weg vom Schloßplatz über den Cour d'honneur durch die Schloßanlage freigegeben. Das hatte sich bewährt. Und eigentlich war man zufrieden damit.

Vor der vor ca. 20 Jahren anstehenden Renovierung meinte nun der zuständige Denkmalpfleger, der Originalzustand sollte wiederhergestellt werden. Also: Cour d'honneur als Teil des Schlosses sei zu trennen vom Schloßplatz. Wir erfüllten diese Forderung, hatten die Folgen aber nicht bedacht. Was ist denn das Denkmal? Welcher Zustand ist erhaltenswert? Der Erstzustand oder derjenige, der sich langsam eingestellt hat, unter manchen Einflüssen im Laufe der Geschichte, derjenige Zustand, in dem Geschichte sich angesammelt hat über Jahrzehnte und Jahrhunderte?

Auch hatten wir nicht bedacht, daß wohl Formen den Funktionen folgen – so war der abgegrenzte Cour d'honneur ursprünglich sicher sinnvoll und in Ordnung auch im Praktisch-Funktionalen –, daß es aber auch umgekehrt sein kann, daß die Funktionen den Formen folgen können. Nun waren wir im Formalen zurückgefallen auf Funktionen, die seit langem überwunden waren, und die wir nicht wieder zurückholen wollten. Dieser Rückfall im Formalen mußte Konsequenzen nach sich ziehen im Realen. Im Cour d'honneur wurden also die Einflüsse des Bürgerparks Schloßplatz eliminiert. Der Hof wurde wieder bekiest und eine Erinnerung an das ehemalige Gatter wurde neu gebaut. Alles war fast wieder wie früher, als hinter dem Gatter die Soldaten des Königs exerzierten und die Bürger auf der anderen Seite flanierten und sehen konnten, wo die Macht und die Ordnung zuhause ist und wie sie gegebenenfalls auch erhalten werden konnte.

Es dauerte kein halbes Jahr, dann standen im Cour d'honneur Soldaten unserer Zeit, angetreten zur Vereidigung, gesichert durch die Flügel des Schlosses an drei Seiten, an der vierten Seite durch das Gitter und davor eine Kette von Polizisten zu Pferde. Auf der Bürgerseite, auf dem Schloßplatz Bürger pfeifend und johlend. Ich glaube nicht, daß diese zuerst gegen die Bundeswehr demonstrierten. Es schien eher Protest gegen die ostentative Demonstration von Macht.

Es lohnt sich nicht, über die Sensibilität der für solche Spektakel Verantwortlichen zu räsonieren. Aber wir – die Architekten – hätten wissen müssen, daß Macht versucht ist, Räume, Bereiche zu besetzen, die einst von Macht geschaffen wurden. Wir hätten uns wehren sollen dagegen, die Veränderungen in der Ordnung der Plätze, die doch seinerzeit nach dem Kriege durchaus politisch gemeint waren, wieder rückgängig zu machen. Nicht nur die Form folgt der Funktion, auch die Funktion kann der Form folgen, wie wir gesehen haben.

Welcher Zustand ist denn pflegebedürftig: der zuerst geplante oder derjenige, in dem Geschichte angereichert wurde? Ich meine: beides wäre möglich, vom Gesichtspunkt der Denkmalpflege her. Wenn aber von der Denkmalpflege her mehrere Antworten möglich sind, sollten wir uns nicht bemühen, die Frage von der Denkmalpflege her beantworten zu wollen. Bei unserem Beispiel hätte man politisch prüfen, argumentieren und entscheiden müssen. Schließlich waren die Veränderungen nach dem Kriege politisch motiviert gewesen. Ich nehme an, daß – beim Rückbau in die ursprüngliche Ordnung – eine eher nach rückwärts gerichtete Tendenz wirksam wurde, eine Tendenz, die dann zu dieser Rekonstruktion führte und zu der anschließenden Besetzung. Möglicherweise waren auch wir Opfer dieser noch nicht klar erkannten Tendenz, ohne daß wir dies gemerkt hätten. In Werken der Kultur widerspiegeln sich nun mal Kräfte, die bei ihrem Entstehen wirksam waren, auch solche Kräfte, die noch nicht erkannt und reflektiert wurden. Die in der Denkmalpflege Tätigen haben die Aufgabe, ihr Fach zu vertreten, möglichst rein. Und das ist in Ordnung so. Dann aber ist es an den anderen, von ihren Positionen her den Fall zu betrachten. Und letztlich muß man in Kenntnis der Situation entscheiden, wobei man sich nicht irritieren lassen sollte, dadurch, daß Vertreter des einen oder anderen Aspektes im Namen des Staates handeln.

Und damit kommen wir zum Olympiapark.
Sie werden von der Diskussion gehört haben. Die Situation heute: Die wesentlichen Teile des Parkes und die Sportstätten gehören der Stadt München. Der Park wird vom Gartenamt betreut. Keine Probleme! Für die Sportstätten wurde eine Betreibergesellschaft gegründet, die OMG, die Olympiapark München Gesellschaft mbH, eine inzwischen große Organisation mit vielen Mitarbeitern. Die OMG „betreibt" die Sportstätten, so wie in anderen Städten andere Gesellschaften andere Kongreß- und Sportstätten betreiben. Zum Betrieb der OMG gehört, daß die beiden großen Fußballvereine Münchens im Olympiastadion spielen. So ist dieses Stadion während der Spielzeit wöchentlich belegt. Die OMG nimmt Geld ein, als Miete von den Vereinen, ja, mehr noch, durch das Drum und Dran, von Sponsoren, Reklame, Kiosken usw.; Geld, welches gebraucht wird zum Unterhalt und zum Betrieb der Anlagen und auch für die eigene Organisation. Die Folgen dieses Betriebes erkennen Sie im Olympiapark, der reichlich mit Wurstbuden, Getränkekiosken, Reklametafeln, Bierzelten usw. ausgestattet wurde.

Das Olympiastadion ist ein Leichtathletikstadion. Und es ist gekennzeichnet von der „Aufbruchstimmung" vor 1972. Die Bundesrepublik hatte „die Welt" eingeladen. Oberbürgermeister Vogel und Präsident Daume hatten seinerzeit den Charakter der Spiele benannt mit: Olympiade im Grünen / Sport und Spiele / Sport und Muse usf. Die Bundesrepublik wollte sich vorstellen als weltoffen, tolerant, innovativ, musisch etc. Diese Vorstellungen hatten wir übersetzt in Architektur. Olympiade im Grünen z.B. mit Olympiade im Park. Sport und Muse in der Art, daß nicht das rein Praktisch-Funktionale alleine im Vordergrund steht, sondern auch das, was spielerisch sich anlagerte usw.

So entstand der Olympiapark. Und in diesem ist das Stadion eine große Mulde, kein Gebäude! Zwänge, die bei solch großen Anlagen üblicherweise in der Gestalt erscheinen, wurden hier überspielt. Statt der Zwänge wurden die möglichen Freiheiten ästhetisiert. Und das hat man durchaus erkannt und anerkannt, in München, in der Bundesrepublik, weltweit. Das Deutsche Turnfest vor kurzem zeigte nochmals, was der Olympiapark leisten kann. Diese Massen, diese Gelöstheit, Zwanglosigkeit, das Spielerische usf.

Nun aber kommen die Fußballer:
Die Vereine verdienen Geld, viel Geld, mit den Eintrittsgeldern, ja, mehr noch aber auch hier mit dem Drum und Dran. Und man meint, man brauche dafür Stadionanlagen, in denen die Zuschauer so nahe wie möglich am Spielfeld sitzen, in denen sie nicht abgelenkt werden durch Blicke in die Landschaft und die ein großes Nebenprogramm befriedigen, so daß die Fan-Familien ihre Wochenenden dort verbringen können. Mit München, mit der Bundesrepublik hat man weniger „am Hut". Sicher, man löst sich nicht davon. Zuerst aber gehört man zum globalisierten Fußballbetrieb. Und dabei dreht es sich ums Geld. Auch ums Geld, vielleicht aber doch nicht nur ums Geld. Ich glaube, es geht auch um den Erfolg, um das Ansehen der Vereine, das ihrer Funktionäre, auch im Vergleich mit den großen anderen Vereinen, mit Inter Mailand, Ajax Amsterdam, FC Barcelona usf. Man will mit dabei sein ganz vorne im weltweiten Fußball. Und offensichtlich will man den eigenen „Rang" auch in den baulichen Arenaanlagen sehen. Geld hat man genug – oder man kann es sich besorgen. Was sonst sollte man damit tun, wenn nicht eine große Burg bauen.

Nun bringen wir beides zusammen: das entspannte Olympiastadion, das Leichtathletikstadion, dem man nicht die Mühe ansieht, 70.000 Menschen zu organisieren, was dieses spielerisch schafft, was geprägt ist von Weltoffenheit und Toleranz, der Stolz auch der Münchner. Und demgegenüber: das Headquarter des international wirkenden Vereins Bayern-München, die Fußballarena des Weltvereins, die Arena, die alles zusammendrängt, die Kraft und Konzentration ausstrahlt, der Treffpunkt der Fans, das Wahrzeichen der Global-Soccer. Wenn wir z.B. die Fußballarena in Mailand mit ihrem Drumherum vergleichen mit dem Olympiastadion mit Olympiapark in München, dann sehen wir die Probleme.

Was soll man tun? Der FC Bayern will ein anderes Stadion, auf jeden Fall. Er braucht das, meint er. Am liebsten ein neues im Rahmen eines großen Vergnügungsbetriebes, irgendwo am Rande der Stadt, gut funktionierend, so wie auch ein gut funktionierendes Shopping-Center funktioniert. Und es gibt Entwicklungsbüros oder Grundstücksbesitzer, die Vorschläge unterbreiten. Sollen wir den Verein ziehen lassen? Sollen wir es dem Verein verübeln, wenn er am globalen, großen Spiel teilhaben will, und meint, ein Fußball-Center wäre notwendig dafür?! Vielleicht würde der FC Bayern aber auch im Olympiastadion bleiben? Aber wohl nur dann, wenn aus diesem ein Fußballstadion gemacht würde. Die OMG meint, die Fußballvereine im Stadion halten zu müssen und wäre zu vielen Zugeständnissen, auch Veränderungen der Anlage bereit. Die OMG kämpft um die Vereine. Wenn die Fußballclubs das Olympiastadion verlassen würden, verlöre der Olympiapark große Teile seiner praktischen Aufgaben und die OMG einen Teil ihrer Aufgaben und ihrer Bedeutung. Und die Stadt müßte das dann meist leere Stadion unterhalten, so, wie sie ihre Parks, Monumente etc. unterhält. Was würden wir sagen dazu?!

Die Stadt München möchte Ähnliches wie die OMG, auch die Stadt fürchtet die Probleme und Lasten eines nichtgenutzten Stadions. Die Stadt ist allerdings vorsichtiger mit ihren Äußerungen wegen der öffentlichen Meinung. Wer weiß schon, wohin das Pendel schlägt. Altoberbürgermeister Dr. Jochen Vogel meint, man sollte die Anlage lassen, wie sie ist. Sie sei weltweit anerkannt, das größte Architekturdenkmal Münchens der letzten 50 Jahre, ein Symbol des Geistes von 1972 (Willy Brandt „Wir wollen mehr Demokratie wagen"), das Erinnerungsstück an das große Ereignis „Olympische Spiele" im Leben, in der Geschichte der Stadt München, Zeugnis eines großen Engagements usf.

Die öffentliche Meinung, vertreten durch Rundfunk und Presse, hat sich noch nicht eindeutig entschieden. Unsere Freundin Johanna Schmidt-Grohe und andere sind auf der Seite Jochen Vogels. Das Innenministerium des Freistaates hat auf Vorschlag des Denkmalrates Park und Bauwerke unter Denkmalschutz gestellt (Ensembleschutz für die Anlage und Schutz der einzelnen Bauwerke). Man müßte klären, welchen Rahmen das setzt. Der DLV meint, man sollte das Leichtathletikstadion erhalten. Usf.

So, was meinen Sie nun? Und was sollte der Architekt meinen und tun? Zunächst: Mancher neigt dazu, die Verantwortung den Architekten zuzuweisen. „Wir machen das, was der Architekt für möglich hält". Aber so geht das nicht! Hier nun meine Antwort: Wir, die Architekten, wollen den Olympiapark nicht verändern. Er – und damit auch das Stadion – ist uns groß genug und schön genug. Und alles funktioniert. Wir sehen keinen Anlaß, von uns aus aktiv zu werden. Was uns stört, das sind die nachträglichen Änderungen und Einbauten, die so sukzessive den Park verändert haben: die schrecklichen Buden und der schreckliche Eingangsbereich in der Schwimmhalle. Dort hat man den „Turm" von Domenig und Huth demontiert, genauso wie die Lichtstele von Adolf Luther in der Sporthalle, wesentliche Teile des Gesamtwerkes. Das sollte man wieder in Ordnung bringen. Es ist ja oft so, daß Stellen und Menschen, die für das Praktisch-Funktionale zuständig sind, meinen, dasjenige, was ihren Zwecken nicht maximal nützt, wäre nutzlos und sollte – oder dürfte zumindest – beseitigt werden. Es scheint so, als hätten sie das Wort „Form folgt der Funktion" falsch verstanden. Der Park, das Stadion – wie gesagt – genügt den Architekten so, wie es ist. Und es gefällt uns auch so, wie es ist.

Es ist auch nicht unsere Aufgabe zu entscheiden, ob man aus dem Olympiastadion eine Fußballarena machen soll. Vielleicht könnte ich das verhindern über das Urheberrecht. Aber sollte ich das tun? Das wäre doch wohl nicht der richtige Weg und nicht die richtige Ebene. So – wie in Ochsenhausen, auch nach der Barockisierung der gotischen Klosterkirche ein gutes Werk sich ergeben hat –, so könnten wir auch Elemente eines Fußballstadions einfügen in die Olympiaanlagen. Wir sind sicher, auch dann würde sich ein gutes Werk ergeben. Nur, in Ochsenhausen wurde damit die gotische Kirche reduziert. Und hier würde das Denkmal Olympiapark geschwächt und verändert in seiner Substanz, das Denkmal der Olympischen Spiele von 1972, dieses einmaligen Ereignisses im Leben der Stadt. Die Frage ist also nicht zuerst: Was hält der Architekt für möglich, sondern: Was will die Stadt?

Und das Problem ist auch nicht über das Urheberrecht zu lösen. Im politischen Raum muß das entschieden werden. Was ist der Stadt München wieviel oder mehr wert: das Denkmal für 1972 oder ein aktives Stadion?! Wenn das die Alternative ist. Oder: Wo kann man sich treffen ... in der Mitte? Selbstverständlich, diese Entscheidung wird nicht leichtfallen. Und niemand allein hat recht in dieser Sache. Und jeder muß seine Position vertreten. Die OMG, die

Bayern, die Denkmalstelle, die Leichtathleten, die Stadtplanung, die öffentliche Meinung usf. Letztlich wird die Entscheidung beim Stadtrat liegen. Allerdings, wenn die Stadt entscheiden würde, das Stadion umzubauen, will ich die Möglichkeit haben, die Grenzen und Lösungen selbst zu entwickeln. Und hierfür würde ich auch die Rechte aus dem Urheberrecht in Anspruch nehmen. Lieber wäre es mir allerdings, ich müßte das nicht tun, denn wie gesagt: Olympiapark, Sporthalle, Schwimmhalle und Olympiastadion ... Mir sind diese gut genug. Und Sie haben eine Anlage, um die Sie beneidet werden.

Die Frauenkirche in Dresden, geplant und realisiert 1725–1738 von Baumeister George Bähr, zerstört 1945 am Ende des Zweiten Weltkrieges wird wieder aufgebaut: genauer wohl neu gebaut. Für deren Wiederaufbau habe auch ich mich engagiert, obwohl vieles und viele gegen einen Wiederaufbau waren, manches aber sprach dafür. Ohne die seinerzeitige Diskussion zu wiederholen, seien einige Argumente genannt:

- Es gab keine Gemeinde mehr zur Kirche.
- Den Stadtteil, zu dem früher die Frauenkirche gehörte, gab es nicht mehr.
- Die evangelische Kirche hatte kein Geld für diesen Wiederaufbau. Man brauchte diesen Kirchenbau auch nicht!
- Ein Denkmal „Frauenkirche“ gab es nicht mehr. Man hätte den Trümmerhaufen pflegen müssen, hätte man ein Denkmal pflegen wollen.
- Und tatsächlich, mancher wollte das Trümmer-Mahnmal erhalten.

Früher hatte ich mich wiederholt ausgesprochen dagegen, verlorengegangene Bauwerke erneuern zu wollen. „Weg ist weg“, meinte ich. Und auch: Wir sollten nicht vorwiegend zurückschauen. Dann aber habe ich mich doch für den Wiederaufbau der Frauenkirche in Dresden eingesetzt. Warum? Möglicherweise fehlte die Distanz. Die persönlichen Bindungen! Erinnerte ich mich doch der Besuche in der Frauenkirche zu Weihnachten – als Kind – Ende der 20er, Anfang der 30er Jahre. Auch sah ich im Engagement der Bürger um Ludwig Güttler für diesen Wiederaufbau Parallelen zum ursprünglichen Geschehen, als seinerzeit im 18. Jahrhundert die lutherische Bürgerschaft ihren „Dom“ baute – obwohl der sächsische Hof unter August dem Starken seit 1697 zum Katholizismus konvertiert war. Selbst in der DDR-Zeit gab es Bürger – ich nenne Dr. Hans Nadler –, die sich engagierten, wenigstens Ort und Material der zerstörten Frauenkirche zu erhalten – entgegen manch anderen Bestrebungen – und damit auch die Möglichkeit, diesen Kirchenbau wieder einmal aufzubauen. Nun war es soweit ..., sollte man dann das Vorhaben verhindern?

Nach 45 Jahren DDR war die zivile Gesellschaft stark verändert. Es fehlte der Mittelstand, dasjenige selbstbewußte Bürgertum, das eine solche Leistung vor 250 Jahren aus sich heraus erbrachte. Ich meinte, in dieser gesellschaftspolitischen Situation wäre eine starke Bürgeraktion wie die für den Wiederaufbau der Frauenkirche an sich schon positiv zu werten. Und man sollte diese unterstützen. Auch verstand ich den Wunsch der Dresdner, ihren „Dom“ wiederhaben zu wollen, ihr Monument in der Stadt, die Ergänzung der Silhouette des Stadtzentrums etc. Selbst wenn man die Frauenkirche nicht mehr benötigte im Praktisch-Funktionalen, der Bau hatte hohen Symbolwert bekommen.

Das Amt für Denkmalpflege – Dr. Heinrich Magirius – engagierte sich, hätte aber eigentlich Legitimationsprobleme haben müssen. Das Amt sollte Denkmale pflegen, nicht neue schaffen. Offensichtlich obsiegten aber auch im einzelnen Denkmalpfleger der Bürger Dresdens. Und der Fachmann Denkmalpfleger hatte Argumente nachzuliefern für den Schein der Rechtfertigung. Die Denkmalpflege mußte auch sich selbst die Sache interessant machen und im eigenen Fache vertretbar. So ernannte man den Wiederaufbau zur „archäologischen Rekonstruktion“, was dazu führte, daß nicht nur die architektonischen und technischen Leistungen wiederhergestellt werden sollten. Auch jeder einzelne Stein der zerstörten Kirche wurde nun erfasst und letztlich an seinen originalen Ort im Gefüge der Kirche zurückgebracht und eingesetzt, ein schwieriges und auch aufwendiges Unterfangen. Aber – es wird offensichtlich akzeptiert und auch vertreten, und die Rekonstruktion schreitet voran.

Wie geht es nun weiter: Seit längerem denkt man nach darüber, was mit diesem Monument geschehen sollte, wenn es mal fertig sein sollte. Wie wird man die Frauenkirche nutzen? Gottesdienste werden dort kaum noch sein. Denn: eine zur Kirche gehörende Gemeinde gibt es nicht mehr. Gegenüber früher wird heute auch der Kontext anders sein. Dort, wo einst Bürgerhäuser standen, stehen heute Hilton Hotel, Polizeipräsidium und Kulturpalast. Die Landeskirche braucht dieses Gebäude auch nicht. Wer sonst?

Ich meine: Die Frage, ob überhaupt (und wenn, dann wie) das Monument genutzt werden sollte im Praktischen, könnte eigentlich getrennt werden von der Frage, ob man ein Denkmal erhält – oder sogar, wie hier, reproduziert. Muß man ein Denkmal gebrauchen? Oder ist das Denkmal sich selbst genug, auch ohne Nutzung? Unsere Zeit denkt ökonomisch, so auch hier: Also denkt man an Konzerte und andere Veranstaltungen (welche anderen Veranstaltungen?) Kongresse? Solche Ereignisse wiederum erfordern andere Ausstattungen der Gebäude – funktionierende Heizungen z.B. (früher behielt man im Winter in der Frauenkirche den Mantel an); – ganz neue bauphysikalische Probleme werden auftreten – man braucht Foyers, Garderoben, Toiletten, funktionierende Fluchttreppen usf. Wird ein solcher Neubau dann noch die alte Frauenkirche sein – oder wird der Neubau nur noch erinnern an das frühere Monument?

Ich meine: Bei veränderter Nutzung im Inneren wird das Monument, selbst wenn das Äußere des Neuen dem des Alten gleichen wird, ein anderes sein als früher. Und darauf hätte ich gerne reagiert. Sicher, das neue Gebäude wird im Bilde der Stadt statt des alten stehen. Ich meinte allerdings, in dieser Situation könnte man das Innere, den Ausbau, neu machen. Das Äußere – in Ordnung – wäre dann dem alten Monument gleich. Das Innere aber wäre von heute.

Die „archäologische Rekonstruktion“, zunächst wohl eine Krücke, um im Fache der Denkmalpflege und Kunstgeschichte das Vorhaben zu legitimieren, ließ diesen Schritt offensichtlich nicht zu. Scheinbar zwingt sie zur Originalrekonstruktion auch im Inneren; obwohl schon früher das Innere, was wiederholt umgestaltet wurde, nicht mehr original war, und eigentlich auch etwas unbeholfen erschien – verglichen z.B. mit dem Inneren der Sterne des süddeutschen Barocks. Vielleicht sind auch diejenigen, die beim Wiederaufbau bestimmen, nicht gewohnt und sie trauen es sich auch nicht zu, architektonisch Neues zu schaffen?

Ich hätte das Problem: „altes Monument und neuer Zweck" gerne zugespitzt und den „Bruch" zwischen den durch Jahrhunderte getrennten Faktoren platziert zwischen Rohbau und Ausbau. Welch wunderbare Lösungen hätten entstehen können für eine neue Innengestalt im „alten" Monument! Und wie fad erscheint dagegen dieses einfache Nachmachen! Durch den Entschluß, alles nachzubauen, verschwinden die Probleme nicht. Jetzt, da man auch den Ausbau so machen möchte, daß er aussieht wie früher, wird man die durch die neue Nutzung entstehenden Probleme und die damit anfallenden Brüche verstecken müssen, irgendwo hinstopfen, unter die Erde, hinter Verkleidungen usw. Welche Chance wird so vergeben?! Es geht nicht ums Rechtbehalten; sicher kann man auch das alles von anderer Position her sehen. Aber, dann braucht man keinen Architekten meiner Art. Etwas nachzeichnen und nachbauen lassen, das können andere auch und sogar besser. Die Mitarbeiter eines ehemaligen Planungskollektivs haben diese Aufgaben übernommen.

Man hätte Mut, Kraft, Zuversicht, schöpferische Kraft gebraucht. Aber wie gesagt – man war einfach nicht bereit und auch nicht gewohnt und vielleicht auch nicht in der Lage, Neues zu schaffen, dabei Risiken einzugehen und Verantwortungen zu übernehmen. So hat man nicht gesehen oder nicht sehen wollen, welche Freude das Vorhaben hätte werden können, dieses Spiel mit und zwischen den Jahrhunderten. Ich nehme an: Man meint, wenn man es so macht, wie es mal war, kann man nichts falsch machen. Ich meinte, diese großartige Aufgabe, dieses einmalige Vorhaben hätte zumindest diese hier skizzierte Diskussion verdient und letztlich im Inneren auch ein neues Kleid. Aber, wie gesagt: das ist nicht eine Frage von richtig oder falsch. Das liegt eher bei: was will ich, was kann ich, was traue ich mir zu.

Trotz dieser Probleme: Nach wie vor stehe ich zum Vorhaben, ohne mich allerdings aktiv zu beteiligen. Diese große zivile Leistung! Dagegen erscheinen mir die hier angesprochenen Probleme relativ klein.

OTL AICHER

Vortrag zur Eröffnung der Ausstellung im Design-Center München
München, 29. September 1998

Sehr verehrte Damen und Herren,
liebe Freundinnen,
liebe Freunde,

höchstwahrscheinlich bin ich nicht derjenige, mit dem Sie über den Entwerfer, Designer, Fachmann für visuelle Kommunikation, Berater, Denker, Schreiber, Baumeister, Gärtner, Bürochef, Wüstenwanderer, Motorradfahrer, Familienvater, Leuchtturm seines Faches, Koch, Esser, Trinker usw. Otl Aicher diskutieren sollten. Und auch nicht über seine Leistungen. Von den meisten Bereichen, in denen Otl Aicher wirkte, verstehe ich nicht genug. So hätte ich mir nie zugetraut, über die Revolution von Kücheneinrichtungen ein Buch zu schreiben, auch nicht über Türgriffe, ich hätte mich nie zu Fuß in die Sahara gewagt und ein schweres Motorrad hätte ich wohl gerne gefahren, zögerte dann aber doch. All das und mehr hatte Otl Aicher getan. Und all diese Felder mußte ich ihm lassen.

Davon also, von Otls Vielfalt, davon kann ich wenig sagen. Eigentlich kann ich nur erzählen, daß ich Otl Aicher 1968 hier in München getroffen habe, daß wir beide für die XX. Olympischen Spiele gearbeitet haben, vier Jahre lang, daß wir auch danach uns trafen, einmal im Jahr üblicherweise bis zu Otls Tod im Jahre 1991.

An der danach einsetzenden Festigung seines Nachruhmes habe ich mich nicht beteiligt. Aber heute – anläßlich der Ausstellung über Arbeiten Otl Aichers und auch über sein Leben, veranlaßt durch das Design-Zentrum München – heute spreche ich gern über Otl Aicher, über unseren verstorbenen Freund.

Wie gesagt: Mit Otl Aicher war ich verbunden durch die Arbeit für die XX. Olympischen Spiele 1972 in München. Seinerzeit kümmerte er sich um das Erscheinungsbild der XX. Olympischen Spiele. Und wir – die Architekten Behnisch & Partner – planten den Olympiapark.

Am Freitag, den 13. Oktober 1967 – dieses Datum wird mir bleiben – wurde der Architektenwettbewerb entschieden, und unsere Arbeit stand an erster Stelle, platziert durch eine Jury mit Egon Eiermann als Vorsitzenden, mit Willi Daume – NOK-Präsident –, mit Jochen Vogel – Oberbürgermeister der Stadt München – und mit anderen Schwergewichten. Ab Frühsommer 1968 konnten wir dann den Park und die Sportstätten planen. Das Organisationskomitee, beraten durch den Bauberatungsausschuss, hatte Schwierigkeiten mit seiner Entscheidung zugunsten unserer Arbeit – was wir verstehen können, auch heute noch.

Zusammen gearbeitet haben wir dann mit vielen Fachleuten, so z.B. mit dem Landschaftsarchitekten Günther Grzimek. Ihn kannten wir von früheren Planungen, z.B. für die Fachhochschulen in Ulm und Aalen. Mit Günther Grzimek, der in den Nachkriegsjahren in Ulm war und dort mit Otl Aicher zusammenkam, hatten wir den für diese Aufgabe und für unsere Lösung geeigneten Landschaftsarchitekten gefunden. Günther Grzimek ist 1996 gestorben. Auch er fehlt uns. Das Dach haben wir mit Frei Otto und Leonhardt + Andrä, Leitender Ingenieur Jörg Schlaich, bearbeitet. Wilhelm Schaupp als Bauphysiker und viele andere Fachleute waren beteiligt. Auch die Fachleute der Stadt München hatten sich engagiert. Und wir trafen auf Otl Aicher eben, auf den Beauftragten für das Erscheinungsbild der XX. Olympischen Spiele. Er war schon seit 1966 engagiert. Und wir konnten viel erfahren durch ihn, obwohl er nicht direkt beauftragt war in unserem Bereich – wie dies z.B. konstruktive Ingenieure üblicherweise sind.

Glücklicherweise: Otl hatte, als wir mit unserer Aufgabe begannen, schon viele Probleme gelöst und viele Weichen gestellt. Das war Otl Aicher. Bei ihm schienen die Tendenzen der „aufgeklärten Moderne“ durch. Das war in der seinerzeit speziellen Situation d i e Möglichkeit schlechthin, sich von Tendenzen und Erscheinungen der Spiele 1936 in Berlin abzusetzen und anzuknüpfen an Leistungen und Erscheinungen des republikanischen Deutschlands und hinzuweisen auf das neue Deutschland. Das Bauhaus war schließlich – und so sehen wir das auch heute noch – in aller Welt bekannt und anerkannt, eine Landmarke der aufgeklärten Moderne, der weißen, modernen Architektur. Die Hochschule für Gestaltung in Ulm, die ja Otl Aichers Kind war, knüpfte an an diese Landmarke. Was hätte es sonst Verbindendes, das Dritte Reich Überspringendes, ein offenes Deutschland Repräsentierendes gegeben?

Während der Planungsphase haben wir nicht sehr eng mit Otl Aicher zusammengearbeitet. Wir alle hatten zuviel zu tun. Wohl meinte Otl, die „Kreativen" sollten sich wöchentlich einmal zum Mittagessen treffen. (Er hatte ja einen Hang zu Bünden.) Aber wir glaubten, dafür nicht die erforderliche Zeit zu haben. Heute bedauere ich das. Vielleicht hätten diese Treffen unsere Arbeit beeinflussen können. Aber der Rahmen dafür war gering. Die Arbeiten hatten ihre Gesetze und ihre Triebfedern in sich selbst. Immerhin, möglicherweise wären dann diese vier Jahre, die wir intensiv und abgeschottet gegen anderes an dieser Aufgabe tätig waren, etwas amüsanter geworden, als sie waren.

Wir sehen: Beim NOK und bei der Stadt München – später beim Organisationskomitee – hatte man offensichtlich frühzeitig diskutiert und dann auch formuliert, w i e die Spiele in München sein könnten und wie sie sein sollten. Sicher waren hier Willi Daume und Hans Jochen Vogel dominierend. Ob und inwieweit Otl Aicher wirksam war in dieser Phase, das weiß ich nicht. Allerdings waren die formulierten Tendenzen so, daß sie hätten von ihm sein können und so, daß er diese vertreten konnte. In den dem Architektenwettbewerb beigegebenen Texten waren Tendenzen beschrieben, klar, direkt, unmißverständlich: z.B. „Sport und Muse", „heitere Spiele", „Olympiade im Grünen", „kurze Wege", „jugendlich", usf. Tendenzen, die hinwiesen auf Ideale des neuen, weltoffenen Deutschlands. Und diese Tendenzen konnten wir dann in Architektur übersetzen. Erstaunlich erschien mir, daß wenige Architekten diese den „Zeitgeist" repräsentierenden Tendenzen erkannt hatten, erkennen wollten und / oder in Architektur wirksam werden lassen konnten.

Otl Aicher hatte gesehen, daß unser Vorschlag – er kannte uns bis dahin nicht – sich deckte mit den Vorgaben, die auch seine Vorstellungen widerspiegelten. So hat Otl Aicher uns geholfen in schwieriger Phase, z.B. indem er Teile unseres Entwurfes auf eines der ersten Olympiaplakate setzte, obwohl sich das Komitee noch nicht entschieden hatte für unsere Arbeit. Letztlich setzte sich unsere Arbeit durch. Sie wurde akzeptiert und unterstützt von vielen – unterstützt von Egon Eiermann, Peter C. von Seidlein, Ernst Maria Lang, Werner Wirsing, Christoph Hackelsberger, Peter M. Bode, Johann Klöcker, Johanna Schmidt-Grohe, Josef Othmar, Irene Stahl u.a. – und eben auch und besonders durch Otl Aicher.

Hin und wieder diskutierten wir mit ihm; so als wir mit Otl Aicher über Farben sprachen – das mag im Herbst 1968 gewesen sein –, wir waren noch etwas unsicher in dieser Sache, Otl Aicher jedoch hatte das Thema seit längerem durchdacht und auch „erledigt“, selbstverständlich! Das war eine seiner Stärken, daß er Phasen konzentriert angehen und zu Ende bringen konnte und dann auch abschließen; jedenfalls habe ich es so gesehen, während wir schlecht zum Ende kamen und immer wieder mit dem gleichen Thema begannen. Also – als wir mit Otl Aicher über Farben sprachen, erklärt er uns die Sache so, mit einem Bilde: „Wißt Ihr, wenn Ihr über die Alpen fliegen würdet im Frühjahr, von Süden her in einem kleinen Flugzeug, was würdet Ihr denn als erstes sehen im Voralpenland Bayerns?“ Die Antwort gab er selbst: „Ihr würdet den blauen Himmel sehen, leicht und hell, die weißen, dahinschwebenden Wolken, das leichte helle Grün der jungen Wiesen, und die silbernen Seen und Flüsse.“ Um dann abzuschließen mit: „Und das werden die Farben der Olympischen Spiele in München sein!“

Nun weiß ich nicht, ob die Bayerischen Seen tatsächlich silbrig sind. Otl Aicher aber wollte, daß sie so wären. Wahrscheinlich sah er sie auch so, silbrig, glänzend, hell. Und dieses Bild ließ er auch uns sehen. Und tatsächlich, wir sahen es, und wir behielten es so in Erinnerung – bis heute. Otl Aicher konnte in Bildern denken und er konnte mit Bildern Inhalte weitergeben. Bilder, die ja viele Bezüge mitbringen, mehr als das sachlich begrenzte Wort. Bilder sind poetisch von sich aus.

Einmal erläuterte er uns, daß wir Farben wie Schwarz, Rot, Gold oder ähnliches nicht verwenden sollten. Diese seien vergeben und verbraucht. Und – würden wir diese dennoch benutzen, müßten wir all die Beziehungen in Kauf nehmen zwischen der eigenen Arbeit und den Zwecken, denen diese Farben (heraldische Farben) in der Geschichte dienen mußten. Otl Aicher meinte, wir sollten uns den Farbkreis vornehmen und alle Farben abdecken, die in der Geschichte durch Macht und Anmaßung gebraucht und wohl auch verbraucht worden waren. Und das durchaus vom Stande und vom Verständnis unserer Zeit her. Die Farben, die dann noch übrig blieben, die könnten wir ohne Bedenken verwenden, meinte Otl Aicher. Wir haben das getan. Weniges blieb übrig: Hellblau, Hellgrün waren dabei. Und wenn man die dann vor die Basis Weiß stellt, die ja auch das leichte Silber stützt, hat man die Farben für die Olympischen Spiele in München.

Ich erinnere auch nochmals an das, was wir über die Schrifttype hörten, die Otl Aicher ausgewählt hatte, und welches die Gründe für die Wahl waren: „Er wählte eine leichte Grotesk-Schrift zur Unterstützung der Assoziation: unpathetisch, frisch, leicht. Diese Druckschrift verbinde in ihrem Bilde Korrektheit, Sachlichkeit mit dem Eindruck der Jugendlichkeit und natürlicher Eleganz. Das Schriftbild sei zurückhaltend, habe keine fetten Auszeichnungen und keine aggressiven Schriftgrößen."

Otl Aicher war kein Mode-Designer, auch dann nicht, wenn er sich um Kleidungen kümmerte. Hinter seinen Entwürfen waren Bilder, Weltbilder, ich meine: geprägt von hohen moralischen Ansprüchen. Und diese schienen, sie leuchteten durch sein Leben und durch seine Arbeiten, z.B. für die Olympischen Spiele 1972 in München, auch heute noch nach dreißig Jahren. Das war sehr schön. Aber es ist nicht schön, sehen zu müssen, wie im Laufe der Jahre im Alltag dann Farben vermanscht werden, wie Signets in das Übliche der Designerwelt abwandern, wie Schriftbilder verändert werden usf., wie sich über das Olympiazentrum ein Brei von Eß- und Trinkbuden ergießt und das auf einer Erscheinungsebene, die auf der Theresienwiese ganz lustig sein mag, die den Olympiapark allerdings sehr verändert in seinem Wesen. Ich meine, das müßte nicht sein. (Otl hatte auch die Trinkbecher, die Verpflegungspakete etc. gestaltet!) Ich meine aber auch, das sollte man nicht dem Betreiber anlasten. Dieser arbeitet im Rahmen der Vorgaben. Die Stadt München müßte wohl darauf achten, daß das Denkmal Olympiapark mit seinen Sportstätten nicht zu sehr zerbröselt. Es sind doch nicht nur die Betonkonstruktionen und nicht nur die Stahlteile und ähnliches, die das Denkmal ausmachen. Ich vermute, daß es vor allem das den Zeitgeist widerspiegelnde und für Ideale durchlässige Erscheinungsbild war, das auf und in allem war, auch beim Kleinsten. Otl Aicher hatte eben alles geordnet, alles, was sichtbar war. Es mag sein, daß wir das heute anders machen würden. Aber das Denkmal Olympiapark ist nun mal so: „unpathetisch, frisch, leicht, sonnig, hell, silbrig ... und nicht kommerzialisiert“. Das, dank des von Otl Aicher entwickelten „Erscheinungsbildes“.

Man sollte nicht meinen, es käme nicht so darauf an, wenn man heute das eine oder andere mache so oder so, wenn man sich der Fachleute bediene, die im allgemeinen Werbebetrieb tätig sind. Die könnten das auch! Können sie eben nicht! Man sollte sich klarwerden, was man will. Ob man von der Betreibergesellschaft verlangt, sie solle sich mit Sponsoren usw. arrangieren, und auf diese Art und Weise das erforderliche Geld aufbringen. Das wird sich dann an allen Ecken und Enden ausdrücken. Sicher, das ist unsere Welt heute. Sie hat sich verändert! Vor dreißig Jahren, da war das noch anders bei der Olympiade. Und wenn man das, was vor dreißig Jahren war, erhalten will, herüberretten in unsere Zeit, müßte man die Betreibergesellschaft so ausstatten, daß sie das Denkmal, das seinerzeit nicht kommerziell bestimmt war und das eben auch in vielen kleinen Dingen liegt, in Dingen, die allzu leicht sind und leicht sich verflüchtigen oder verdrängt werden – daß sie dieses Denkmal erhalten kann.

Ob das gelingen kann, wer weiß das. Aber laßt es uns doch versuchen. Es ist auch – Otl Aichers Werk, um das es dabei geht. Und um unsere Arbeit, um die Leistung der Stadt München, ihrer Menschen, um die Leistung der ganzen Gesellschaft.

ÜBER DAS FORMALE AN ARCHITEKTUR

Vortrag an der Sächsischen Akademie der Künste in Chemnitz
Chemnitz, 15. November 1998

Meine verehrten Damen,
geehrte Herren,
liebe Freunde,

ich bin 76 Jahre alt und beschäftige mich nunmehr 52 Jahre mit Architektur. Man könnte meinen: jetzt reichts. Aber so ist‘s nicht. Was interessiert mich heute an Architektur, was interessiert mich besonders? Als ich jung war, da war die Sache einfach, meine ich heute, da interessierte ich mich für das Technische und das Funktionale stärker. Aspekte, die man messen und beurteilen kann. Heute – im Alter – liegt mir mehr an den vielen und verzweigten Beziehungen von Architektur zur Realität hin und auch und besonders am Formalen. Heute meine ich, das Formale, das sei das speziell Architektonische an der Architektur, ihr eigentlicher Kern.

Im Formalen würde kommentiert die Art und Weise, wie wir leben und zurechtkommen mit unserer Welt – meine ich; im Formalen drücke sich das Geflecht der Beziehungen einer speziellen Situation zu den Bereichen unserer Wirklichkeit aus. Das Formale ist labil. Im Rückblick sehen wir, daß das Formale von Architektur sich ändert, wahrscheinlich im Kontext mit den Bedingungen, unter denen Architektur entstand und abhängig von unseren Möglichkeiten, dieses eigenartige Verhältnis zwischen Realität und dem Formalen von Architektur zu erkennen, zu verarbeiten und zu kommentieren.

Wie war das vor 50 Jahren? Wir schauen zurück ... ein anderer Blick ist das als unser Blick seinerzeit. Was dachten wir damals? Was denken wir heute? Was denken wir heute, was wir damals gedacht hätten? Unser Blick zurück ist gesiebt und sortiert durch unsere heutige Brille.

In den langen Jahren unserer Praxis (uns: das ist die sich fortwährend ändernde Gruppe der Mitglieder unseres Büros) haben wir vieles gebaut, vieles und viel Unterschiedliches. Mehr noch haben wir geplant, ohne das Geplante dann ausführen zu können. Hier denke ich an unseren Wettbewerbsentwurf für eine Kongreßhalle bei der Hannover Messe 1986. Überhaupt: Diese nichtausgeführten Entwürfe – mehrere Hundert, meist Wettbewerbsarbeiten – wie bedauerlich, daß diese nur Papier blieben. Zum Beispiel das Rathaus in Mannheim, unser Entwurf aus dem Jahre 1961, mit dem die Stadtidee Mannheims dreidimensional ausgeformt wurde, nach wie vor „großartig" – wie ich meine. Dann unser Entwurf für das Hochhaus der Landesgirokasse in Stuttgart, mit dem versucht wurde, die solchen Anlagen üblicherweise anhaftenden Probleme, z.B. das Egozentrische derselben, das oft Krankhafte hoher Bauten zu vermeiden; ein Versuch, ein soziales städtisches Gebilde zu schaffen, ein Gebäude, das auch nach außen hin Beziehungen aufnimmt, das freundlich grüßt.

Bedauerlich, diese liegengebliebenen Perlen. Andererseits – nicht ausgeführte Entwürfe scheinen „in der Erinnerung" oft besonders stark, stärker als Arbeiten, die realisiert wurden. Nicht Realisiertes ist noch näher an der Idee, kühn, frisch, neu. Diese Ideen waren noch nicht dem Einfluß der Pragmatiker unterworfen, derjenigen, die das Frische, das Ungeglättete eines Entwurfes auch empfinden müssen als Vorwurf der eigenen Praxis gegenüber. Tatsächlich, viele unserer Entwürfe blieben auf dem Papier. Wenn wir dann doch spektakuläre Arbeiten ausführten, ausführen konnten oder ausführen mußten – oft weiß man nicht, was besser wäre –, dann war es nicht leicht, das Offene, Frische der Wettbewerbsarbeit zu verteidigen, zu erhalten, herüberzuretten in den Neubau, besonders in Fällen, in denen die Arbeit sich lange hinzog.

Wenn ich zurückdenke: Am Plenarsaalbereich des Deutschen Bundestages in Bonn haben wir fast 20 Jahre gewerkelt. 1972 war der erste Wettbewerb. 1992 wurde der Neubau eingeweiht. Eine lange Zeit! Immer wieder mußten wir neu anfangen. Immer wieder neigte die Lösung dazu, zu versacken. Der Olympiapark dagegen entstand in etwas mehr als vier Jahren. Der äußere Druck war sehr hoch, höher als beim Neubau des Plenarsaales in Bonn, der

Druck bezüglich Genehmigungen, bezüglich technischer Probleme, der Termine, Finanzierung etc. Niemand aber hat sich angemaßt, das Architektonische des Olympiaparks anzuzweifeln oder verändern zu wollen.

Beiden Bauwerken sieht man ihre Entstehungsgeschichte an: der Olympiapark, eine schnelle, frische Arbeit. Der Plenarsaalbereich in Bonn: differenziert, vielfältig, wohltemperiert. Zwei Landmarken unseres Architekturlebens und – wie ich meine – auch zwei Landmarken der Geschichte der Bundesrepublik, des wesentlichen Teiles derselben. Der Olympiapark in München stand am Ende des materiellen Wiederaufbaues, zu Beginn der Zeit, in der die Bundesrepublik wieder gleichberechtigt aufgenommen worden war in die Gemeinschaft der Völker, und in einer Zeit beabsichtigter Öffnungen, denken wir an Willy Brandts: „Wir wollen mehr Demokratie wagen". Das war zu dieser Zeit – eine offene, eine lebendige Zeit war das. Und dann der Plenarsaal des Deutschen Bundestages, fertiggestellt quasi am Ende der Bonner Republik, ein Bauwerk, in dem experimentiert wurde mit der Art, wie Architektur mit Eigenschaften zurechtkommen könne, die in dieser Zeit und in deren spezieller Situation als demokratisch verstanden wurden.

Zwei Arbeiten, die wir fast täglich sehen können: den Plenarsaal in der Tagesschau, das Olympiastadion in der Sportschau. Nicht schlecht, finde ich. Wie gesagt: Die Arbeit für Bonn, das war ein langer Weg – 20 Jahre. Viel hatte sich verändert in dieser Zeit, mehrere Wahlen waren vorübergegangen einschließlich der daraus folgenden Wechsel der Parlamentarier und der Repräsentanten des Parlamentes. Vieles hatte sich verändert in den zwei Jahrzehnten. Auch wir waren nach diesen zwei Jahrzehnten nicht mehr die, die wir zu Beginn dieser Zeit waren. Allein das Alter: Als wir begannen, war ich 50 Jahre alt, als wir abschlossen 70 Jahre, wie stark verändert man sich in diesen 20 Jahren. In dieser Situation kamen wir in Schwierigkeiten. Wir mußten eine Formensprache entwickeln, in der diese Wechsel und diese Veränderungen, in der diese langen Zeiten architektonisch bewältigt werden konnten. Und diese Architektursprache mußte eine andere Sprache sein als die der klassischen Architekturen, bei denen man nichts hinzufügen und nichts wegnehmen durfte und deren Äußeres vorweg vereinbart und festgelegt wurde.

Das Hysolar-Institutsgebäude dagegen, das war eine schnelle Arbeit, in einer für diese Architektur günstigen Konstellation: Die Aufgabe war innovativ und spektakulär, der Bauherr, das Universitätsbauamt, wollte eine „attraktive" Architektur, nichts jedenfalls, was man überall finden könnte. Wir im Büro wollten probieren, wie das Formale von Architektur sich entwickeln könnte und letztlich sein könnte, wenn wir mit großen Fertigprodukten arbeiten würden, ohne diese zu verändern. Und die personelle Situation in unserem Büro war günstig für dieses Experiment. Gute Voraussetzungen für das Gelingen. Wie sich die Voraussetzungen ändern! Schnell oft und abrupt, dann wieder langsam, sich über Jahre hinziehend.

Als ich 1947 – zwei Jahre nach Ende des letzten Krieges also – mit dem Studium in Stuttgart begann, erlebte ich den Rest der Lehre Paul Schmitthenners und Heinz Wetzels (Lehre vom handwerklichen Bauen mit natürlichen Materialien und vom sorgsamen Umgang mit der Situation / der Landschaft / dem Dorf / der Stadt / der Geschichte / der Traditionen etc. – so, wie diese Lehre diese Lehrer sahen) und diese im Streit mit der Lehre der Moderne, vertreten durch Richard Döcker, der an der Weißenhofsiedlung beteiligt gewesen war (Architektur mit künstlichen Materialien und industriellen Techniken derjenigen Architekten, die sich von der Natur lösten). Die Erstgenannten hatten im Dritten Reich reüssiert, dem letzteren ging es in den 12 Jahren weniger gut. Das traditionelle, heimatgebundene Bauen rutschte im Dritten Reich ins „Völkische". Und die oder das „Moderne" wurde seinerzeit als kulturbolschewistisch, international, antivölkisch bezeichnet, in jener Zeit diffamierende Etiketten, die den, dem sie zugewiesen wurden, gefährdeten. [...]

1952 – als wir mit dem eigenen Büro begannen zu bauen – versuchten wir, an das anzuknüpfen, was wir in Stuttgart an der Technischen Hochschule gesehen und gelernt hatten. Bauten entstanden, wie die Vogelsangschule an einem westlichen Hang des Stuttgarter Talkessels und die Sommerrainschule auf einem im Osten der Stadt liegenden Hange. Das waren Bauten in der Übergangszeit vom handwerklichen Bauen zum industriellen Bauen, geprägt noch von bekannten Erscheinungsformen, offen, nicht verkrampft. So schien uns das jedenfalls. Andere mögen das anders gesehen haben. Bald jedoch – zeitlich sogar parallel – wurde uns bewußt, daß andere Baumethoden anstanden, rationellere Methoden und daß Architektur im Formalen sich vorbereitete auf diese anderen Methoden und daß Architektur dann anders wäre und anders aussähe als bis dahin. In dieser Situation entstand das Gebäude des Hohenstaufengymnasiums in Göppingen, im Formalen eigentlich schon vorbereitet für eine Architektur, deren Elemente industriell produziert werden sollten und dafür typisiert werden müßten.

Ich vermute heute, wir meinten seinerzeit, das ingenieurmäßig Exakte, das industriell gefertigte Abstrakte, das würde unserer Zeit mehr entsprechen. Ich kann die Gründe für diesen Wechsel nicht mehr rekonstruieren. Ich vermute, noch mehr und anderes müßte mitgespielt haben. Ich erinnere mich. Wir waren auch verquickt! Wir forderten vom Handwerker, seine Produkte sollten so exakt sein wie die industriell gefertigten Produkte. Das weniger Exakte, dafür aber Individuellere der Handwerksproduktion erkannten oder schätzten wir zu jener Zeit offensichtlich weniger als das Exakte und Unpersönliche der Produkte der industriellen Produktion. Offensichtlich haben auch wir uns vorbereitet für industrielle Produktionsmethoden, man könnte das auch schärfer beurteilen und extremer darstellen.

Heute sehen wir die Situation anders, zumindest differenzierter. Heute beobachten wir die Veränderungen mit Mißtrauen, jedenfalls mit Vorsicht, wenn wir die Prozesse selbst auch nicht ändern oder nur beeinflussen können. Stark wirken auf unsere Architektur heute die schon seinerzeit sich in den Vordergrund drängenden Kräfte. Aber heute reagieren wir anders als vor drei oder vier Jahrzehnten. Heute neigen wir uns wieder dem Vielfältigen zu, dem Differenzierten, auch dem weniger Vollkommenen.

Die Epoche unserer Pseudo-Klassik dauerte nicht lange. Heute meinen wir zu wissen, daß die „Vollkommenheit" der technischen Architektur nur vorgetäuscht war, daß sie nur einen relativ schmalen Sektor des Ganzen betraf. Immerhin, seinerzeit entstanden vom genannten Ansatz her letztlich große Mengen neuer Gebäude in Deutschland, in Europa, überall. Und uns gelangen einige Landmarken, Gebäude, die auch heute noch bemerkenswert sind, z.B. die Anlagen der Fachhochschulen in Ulm und in Aalen, der Gymnasiumsbau in Furtwangen, u.a.m.

Probleme, die wir heute in diesen Bauwerken sehen, konnten wir seinerzeit nicht erkennen. Heute sehen wir: Die Wege, die zur Ordnung des Formalen führten, hatten wir einfach übernommen vom alten Bauen. Nach wie vor entwickelten wir die Gestalt der Bauten so, als sei diese gebunden an Material und Konstruktion, insgesamt und in ihren Teilen. Gebunden früher an Holz, Stein und Handarbeit, nun gebunden an Stahlbeton, Glas, Walzstahl, Kunststoff und Industriearbeit. Wobei gegenüber dem handwerklichen Bauen der ästhetische Wert sich schon ändert, tatsächlich – wie wir aber erst später merkten – seinerzeit für uns fast unbemerkt, eher „unter der Hand". Es mag auch sein, daß uns dieses Neue, Unpersönliche, das Sachliche, das Rationale, das Rationelle gefiel. In dieser Zeit wurden Begriffe wie „wissenschaftlich", „objektiv", „produktionsgerecht" ... besonders geschätzt, auch von Architekten.

Konnten wir im handwerklichen Bauen früher noch erkennen, daß wir uns den Konditionen der Natur, der Schöpfung fügten mit unseren Häusern, Dörfern und Städten, sehen wir in den industriell gefertigten Bauten heute neben manch anderem auch die Kraft und Macht von Apparaten. Die Welt des Menschen nun: im Extremfall verwaltet, technoid, vergötzt. So sehen wir das heute vielleicht, andere mögen das anders sehen. Seinerzeit konnten wir das noch nicht erkennen und wir reagierten – wenn überhaupt – höchstens intuitiv darauf.

Architektur insgesamt und in ihren Teilen, in ihrem Äußeren, ihrem Schein, im Materiellen etc. ist abhängig vom Kontext, in dem Architektur entsteht, abhängig vom Auftraggeber, von den Aufgaben, vom Stand der Wissenschaft, von der Technik, vom Bewußtsein, von der wirtschaftlichen Situation, von den Traditionen, von der örtlichen Situation, von den Idealen, von Hoffnungen und Befürchtungen etc. Und sicher noch von vielem anderen mehr. Eine Leistung des Architekten mag darin gesehen werden, daß und wie er all das verarbeitet, was und wie er wertet, wie er dieses Gemenge ausformt und baukünstlerisch überhöht. Die Art und Weise, wie wir etwas tun, gibt Auskunft über die Art und Weise, wie wir mit uns und unserer Welt umgehen.

Früher konnten wir uns noch zurückziehen auf das Argument, daß beim handwerklichen Bauen der Rahmen eng und die Zwänge groß waren. Und wir meinten, unsere Verantwortung für das, was in diesem engen Rahmen entstand, wäre damit gering gewesen. Schon vor drei Generationen konnte man das anzweifeln. Heute aber, beim heutigen Bauen gilt das nicht mehr. Heute haben sich die Bindungen zwischen den Teilen gelöst, die Bindung der Aspekte, der Momente, der Teile etc., zum Beispiel die Bindung des Formalen an Material und Technik oder an Funktionen; das waren doch nur die Krücken, die dem Architekten weiterhelfen sollten, die auch tatsächlich weiterhalfen, nachdem er den Glauben an die, die Architektur prägende „Höhere Welt" verloren hatte. Das muß seinerzeit eine andere, in diesem Bereich einfachere Welt gewesen sein, in der die Verantwortung für das speziell Architektonische nicht vorwiegend beim Architekten war.

Heute aber ist es das. Heute müssen wir das Formale selbst gestalten und selbst verantworten. Jeder Teil, jeder Aspekt, jeder Moment, jede Form, alles ist tendenziell autark heute, frei von seiner früheren Bindung, kann so optimiert werden, im Rahmen der eigenen Gesetze und stünde auch uns zur Verfügung, wenn wir das nur wahrnehmen wollten. Form muß nicht mehr der Funktion folgen. Form folgt auch nicht mehr der Konstruktion oder dem Material; jedenfalls müßte sie nicht folgen. Form bildet auch nicht mehr eine höhere Welt ab. Form ist frei heute. Heute scheint mir das klar, war es aber nicht seinerzeit – als ich mit Architektur begann.

Viele Bilder von der Ordnung der Architektur hat es schon gegeben. Und es kann sein, daß unser Bild heute von diesem Komplex, in dem die nicht mehr gebundenen Elemente von Architektur nun sich entwickeln können, frei und ihren eigenen Gesetzen entsprechend ..., daß dieses Bild wieder nur eine Krücke ist, daß wir auch damit die eigene „Rolle" in diesem Spiel nur entlasten wollen, daß ein weiterer Schritt anstehen wird, ein Schritt, nach dem alles auf uns fällt, ein Schritt, nach dem wir alles selbst machen und entscheiden müssen, nach dem wir uns nicht mehr auf höhere Gesetze oder auch nur objektive Gesetze stützen können. Ich meine nicht, die Sache würde dann leichter für uns oder besser. Im Gegenteil. Möglicherweise aber ist diese Entwicklung unvermeidlich, diese Veränderung unseres Bildes.

Wir werden nicht Ruhe geben, wir werden immer weiter bohren, und unsere Zeit neigt nun mal auch zum Abstrahieren und Isolieren der Teile. Diese werden so immer kleiner und verlieren ihren vermuteten früheren Zusammenhang. Und damit werden sie manipulierbar.

Es geschieht oft und es geschah oft, daß Techniken oder Materialien oder Funktionen sich änderten, daß diese vorauseilten und sich vom Formalen lösten. Das Formale blieb dann zurück. Und in diesem zurückgelassenen Formalen wurde und wird dann das Alte weitergeschleppt, das Gewesene leuchtet nochmals auf darin. So erinnert das Formale nochmals an die „gute alte Zeit". Denken wir an die Kaufhäuser und Bahnhöfe der Jahrhundertwende. Deren Inneres war technisch neu, deren Schauseiten aber waren geformt mittels alter, eklektizistischer, architektonischer Apparate. Mancher neigt dazu, darüber zu lächeln – zu Unrecht, wie ich meine.

So entwickelt sich Architektur – wie manch anderes auch. Wissenschaft, Technik und das Formale von Architektur marschieren nicht im Gleichschritt. Auch wissen wir nicht, ob es ein Ziel gibt in dieser Entwicklung, ein Ende derselben, und – wenn es das gäbe – welches Ziel das sein könnte. Ich meine, es sei Max Ernst gewesen, der sich als Künstler verglich mit einem blinden Schwimmer.

Dieses „Spiel" zwischen Formalem und Realität, das ist nicht ohne Sinn. Dadurch, daß das alte Formale noch beibehalten wird, während andere Aspekte des Werkes sich verändern, werden die oft abrupten Brüche z.B. in den Techniken und Funktionen überbrückt im Schein. Die Brüche werden verschliffen. Wir haben Zeit, uns an das Neue zu gewöhnen. Und dann wieder gab und gibt es Zeiten, in denen das Formale vorausläuft und das Technische und Funktionale nachhinkt. Dann löst sich das Formale von der materiellen Realität, wird gesteuert von Kräften, deren man sich vielleicht selbst nicht bewußt ist. In der Regel geschieht das vor gesellschaftlichen Veränderungen, dann z.B., wenn wir eigentlich neue „Realitäten" nötig hätten, diese aber noch nicht zu realisieren sind – aus welchen Gründen auch immer.

So kann man die Barockarchitektur sehen auch – neben vielen anderen Zusammenhängen – im Zusammenhang mit der nachfolgenden bürgerlichen Revolution und die weiße Architektur der Moderne mit den sozialen Veränderungen zu Beginn dieses Jahrhunderts. Die Dinge und Aspekte und Momente haften nicht so fest aneinander – oder gar ineinander – wie wir das gerne sehen wollen. Sie sind eher elastisch verbunden miteinander, auch indirekt. Es waren unsere Bilder, die uns diesen festen Verbund suggerierten.

Nochmals: Ein wesentlicher Aspekt der Moderne ist, daß Teile, Aspekte und Momente des Ganzen eben nicht mehr komplex gebunden sind aneinander, daß sie frei sind. Das ist nichts, was wir beeinflussen könnten: Der Raum ist frei, die Konstruktion kann sich auf sich selbst besinnen etc. Und auch das Formale ist frei. Auch der Aspekt Kunst hat sich gelöst von den Bindungen an die Zwecke und von anderen, frühen Bindungen, ist autark geworden, fliegt der Realität davon. Man kann das so sehen, als wollte Kunst mit unserer Realität nichts zu tun haben, als wollte Kunst unserer Realität fliehen, als wollte Kunst in einer eigenen Welt leben, in einer Kunstwelt eben. Und dafür gibt es sicher Gründe.

Ich muß hinweisen darauf: Wir betreiben ein „ordentliches" Büro, d.h. Techniken, Funktionen, Termine, Geld, etc., all das muß stimmen. Spannend für uns aber ist die Sache mit dem Formalen. Heute laufen die Experimente auch, vielleicht sogar vorwiegend im Formalen. Wir suchen danach, wie Architektur sich lösen könnte von Bindungen an die Realität und stehen vor dem Problem: was tun mit der dann manipulierbaren Architektur.

Arbeiten entstehen, die Akzente im Formalen haben, ohne dabei – das muß ich nochmals betonen – im Praktisch-Funktionalen Qualitäten einzubüßen. Im Gegenteil: Es hat sich gezeigt, daß formal Befreites auch anderes mitbefreit, also Freiräume schafft für Funktionen, für effiziente Konstruktionen und vieles andere mehr, auch für uns. Zu nennen wäre hier wohl unsere Arbeit für das Center of Performing Arts in Bristol, das Gebäude der LVA in Lübeck, das Gebäude des St. Benno Gymnasiums in Dresden, der Tower am Flughafen in

Nürnberg, die Ergänzungen der Kuranlagen in Bad Elster und manch anderes mehr. Nicht zuletzt unsere Arbeit für den Neubau der Akademie der Künste Berlin / Brandenburg am Pariser Platz in Berlin.

Schon anläßlich unserer Arbeit für die dann in Fertigteilen ausgeführten Anlagen der Fachhochschulen in Ulm und in Aalen in den 50er und 60er Jahren hatten wir das bis dahin als selbstverständlich angesehene Gesamtpaket Architektur aufgeknotet und davon kleinere Päckchen gemacht – aus praktischen Gründen. Wir konnten so die Anlagen, die groß waren für uns seinerzeit, einfacher planen und bauen – Pakete, die jeweils eine Ebene der gesamten Anlage umfassen. Wir dachten uns Ebenen für Funktionen, für Tragwerke, für Räumlichkeiten, Haustechnik, für Ausstattungen usf. Zuletzt hatten wir zusammen mit Georg Karl Pfahler noch eine ästhetische Ebene hinzugefügt.

Das Ganze war nicht schlecht geworden. Wir meinten, dieser Arbeitsansatz könne weiterhelfen; zumal wir entdeckt hatten, daß diese Ebenen wiederum in sich strukturiert waren und relativ leicht für sich geordnet und gehandhabt werden konnten. Allerdings hatten wir noch eine alle Bereiche prägende, geometrische Struktur beibehalten. Und wir meinten noch, wir sollten einheitlich wenig verschiedene Materialien verwenden.

Wahrscheinlich schleppten wir von früher stammende Bilder über Architektur mit uns herum, bei der alles ununterscheidbar ineinander war. Immerhin begriffen wir, daß wir, wenn wir diese unterschiedlichen Strukturen übereinanderlegten und diese dann gegeneinander verschieben würden – was wir dort noch nicht getan hatten –, daß wir dann ein sehr filigranes und differenziertes Bild des Ganzen erhalten könnten. Also lösten wir uns auch noch von der alles deckenden Geometrie.

Und dann meinten wir – das mag 20 bis 30 Jahre her sein – nun sei es Zeit, auch das Paket Material noch aufzuschnüren, so daß letztlich jedes Ding so sein könnte, wie es von sich aus sein möchte, bezüglich seiner Materialien, in seiner Form, in seiner erforderlichen Leistungsfähigkeit, an seinem Platz, bezüglich seiner Energien, formal, technisch, farblich usf. Das bedurfte einiger Übungen. Immerhin, bei den Bauten des Schulzentrums in Lorch (1973–1989) erfuhren wir die Stärken dieses Ansatzes, auch dann beim Gebäude für die Bibliothek der Katholischen Universität in Eichstätt 1987.

Tatsächlich wurden die Dinge nun freier, sie versuchten nicht mehr, andere zu quälen, sie akzeptierten, daß sie nun Individuen waren, daß sie anders waren als die anderen und daß die anderen anders waren als sie selbst. Und das Ganze kam in ein freies räumliches Gleichgewicht. Harmonische Bauten entstanden in einer freien Ordnung. – So sehen wir das.

Nachdem wir die, die Dinge egalisierenden materiellen und geometrischen Ordnungen (rechtwinklig und mit typisierten Maßen) überwunden hatten, bildeten sich beim Betrachten der sich überlagernden Strukturnetze Schwerpunkte, scheinbar ohne unser Zutun. Kraftzentren entstanden – größere und kleinere Energiepole, die ausstrahlten, die auch anzogen und andere auf Distanz hielten – scheinbar in freiem Gleichgewicht. Die Elemente waren also nicht mehr Teile von geometrischen Rastern oder auch nur verbunden mit konstruktiven Ordnungen, Goldenem Schnitt, überkommenen architektonischen Ordnungen oder ähnlichem. Jetzt hatten die Dinge i h r e n Ort besetzt, strahlten ihre Energie aus, abgestimmt und ausgewogen mit den anderen Elementen.

Sie verstehen, das ist ein Bild, und mit diesem Bilde versuche ich, ein Stadium freier räumlicher Ordnungen von Architektur darzustellen, so wie ich diese gern sehen möchte. Ein anderes, schon mehrfach gebrauchtes Bild: Werfen wir eine Handvoll Kieselsteine in ein zunächst ruhiges Wasser, so entstehen Einschläge, größere und kleinere. Sie strahlen ringförmig Energien aus, die sich letztlich treffen und durchdringen. So – nicht in nur einer Ebene, sondern räumlich – kann man sich vielleicht eine freie Ordnung des Formalen vorstellen. Man könnte auch das Bild von Planetensystemen wählen oder andere Bilder. Es sind ja nur Bilder, die uns helfen sollen, die Welt der Architektur anders zu sehen, die uns helfen sollen, Voreingenommenheiten zu überwinden, Verklemmtes und Verkrustetes zu lösen, zu entkrampfen.

Nochmals: Das sind Bilder!

Es ist uns nicht gegeben, die Welt insgesamt zu verstehen, es sei denn, wir bewegten uns auf einer sehr hohen Ebene, z.B. im Religiösen. Wir machen uns Bilder von unserer Welt, einfache Bilder, komplizierte Bilder, schwierige Bilder, scheinbar genaue, geschlossene oder offene Bilder etc. Diese Bilder sind unsere Welt und sie prägen unsere Architektur, sichtbar, erkennbar, verstehbar für diejenigen, die sehen, erkennen und verstehen wollen und können.

Übertragen auf das Plenarsaalgebäude in Bonn: ein großer Einschlag, ein großes Kraftzentrum, eine Sonne wäre vielleicht in der Mitte des Plenarsaals, eines bei der großen Lichtquelle im Dach – dem Zenit zugewandt, ein anderes im Vorplatz, eines im Foyer, eines bei der großen Treppe, ein anderes beim hinteren Foyer, beim Rhein, bei den Bäumen des Rheinparks, bei den Kunstwerken usf. Große Pole, und um diese Pole herum scharen sich kleine Einschläge: Treppen, Geländer, Stühle, Tische usf. Ein solches Bild, reduziert auf Orte und Energien (architektonische Energien, formale, funktionale Energien usf.), ein solches Bild läßt viele Möglichkeiten für die Entwicklung von Architektur zu. Man kann sich lösen damit von der Vorstellung, es müßte ein Haus entstehen mit vier Wänden, einem Dach, mit Dachrinne, Kamin und Blitzableiter.

Manches bisher Gewohnte wurde so „weggedacht". Zum Beispiel die überkommenen und gewohnten Grenzen von Gebäuden, also Wände, Fenster, Dach usf. Wenn es diese dann nicht mehr gibt, stehen Treppen neben Bäumen, Wege neben Fluren, Fluß neben Plenarbereich usf. quasi gleichberechtigt nebeneinander. Eine neue Rheinlandschaft entstand so aus alten und neuen Elementen, Elementen eines Parkes und solchen, die üblicherweise zu Häusern gehören, eine große offene Landschaft, die Rheinaue. Und in dieser Landschaft – nicht in einem geschlossenen Hause – in dieser offenen Rheinaue tagte dann der Deutsche Bundestag. Nochmals: Es handelt sich um Bilder, und solche Bilder sind Krücken für uns. Gehhilfen. Das müssen wir verstehen. Uns hat‘s geholfen und uns hat‘s gefallen.

Manches kommt noch dazu: Die verschiedenen Elemente des Systems können aus verschiedenen Zeiten stammen. Sie können von verschiedenen Mitarbeitern kommen. Sie können unterschiedlich gewichtet sein und sich auf Unterschiedliches beziehen. Wir fanden, das alles sollte diese Architektur leisten: Sie sollte einen bestimmten Punkt / Ort markieren in allen Bereichen. Andererseits sollte sie so offen sein, daß jeder seine Welt wiedererkennen könnte in ihr – mindestens Bereiche oder Teile derselben. Eine extrem offene Ordnung, eine Ordnung, die sich im Formalen widerspiegelt. Ein großes, vieldimensionales Geflecht von Beziehungen. Hervorgerufen durch und notwendig geworden für ein Bauwerk, dessen Werden 20 Jahre dauerte und dem – so war unsere Auffassung – besondere Bedeutung zukam.

Der verstorbene, von uns verehrte Julius Posener meinte, als er das von uns geplante Postmuseum in Frankfurt besuchte: „Mein Gott, so viele schöne Details! Bei uns in Berlin gibt es das nicht!“ Ich möchte jetzt nicht über Berlin sprechen, obwohl auch das ein interessantes Thema wäre. Die vielen schönen Details, die Julius Posener gesehen hat – sehen wollte? Tatsächlich wohl mehr und tatsächlich sorgfältigere Einzelheiten, als er gewohnt gewesen sein mag. Wir hatten doch sorgfältiger gearbeitet und auch das Kleine bedacht, auch das, was anders war als das meiste.

Julius Posener war wohl auch strapaziert von den seinerzeit in Berlin üblichen Investoren-Generalunternehmer-Projekten, Bauten, die vor allem groß sind und denen man die Sorge ansieht, im Bereich des Juristischen nicht angreifbar zu sein. So verständlich diese Sorgen sein mögen, von der Position des Investors her ... Was soll unter dieser Überschrift in diesem Kapitel sonst noch stehen? Architektur beschäftigt sich mit vielem – nicht nur mit den Sorgen des Investors. Sie lebt in materiellen Zusammenhängen und in nichtmateriellen. Sie weist hin auf vieles – ob das beabsichtigt war, das ist eine andere Sache – sie kompensiert, ergänzt, erhebt, tröstet, ruft auf, zeigt sich in Schönheit, was etwas anders sein kann als das, was man so allgemein „schön“ nennt. Architektur ist vielfältig verflochten, auch mit den von Julius Posener gesehenen schönen Details.

Allerdings, man kann diese vielfältigen Beziehungen auch überdecken, z.B. mit den den Generalunternehmer und / oder Investor drückenden Sorgen. Oder – und so hatten wir es getan – Sorgen und Probleme dieser

Art in die Schranken verweisen und Raum schaffen für vielfältige andere Beziehungen, vielleicht sogar diese ermuntern. Die Betrachter können dann diejenigen Fäden aufnehmen und auch weiterspinnen, die sie aufnehmen möchten und können.

Julius Posener, dessen Architekturjugend zur Zeit der sogenannten weißen Moderne war – also in den 20er und Anfang der 30er Jahre unseres Jahrhunderts, der vor seiner Emigration in Berlin lebte und dort auch die Arbeiten Erich Mendelsohns kennenlernte – ich meine, Posener hätte auch gearbeitet bei Mendelsohn – Sie haben in Chemnitz das von Mendelsohn entworfene Kaufhaus Schocken – Julius Posener nahm offensichtlich beim Besuch des Postmuseums die von uns in diesem Bau angelegten, wahrscheinlich eher unbewußt angelegten, Hinweise auf die Architektur der Moderne auf. Und diese führten ihn in seine Jugend, er tauchte ein in diese vergangene Zeit, schön für ihn, schmerzlich, interessant, in die Zeit, in der er auch die Welt der Architektur kennenlernte. All das tauchte wohl auf in ihm. Seine Jugendzeit in Berlin vor 1933. So daß er schließlich sagte: „Ihr habt nun das getan, was die Modernen seinerzeit gerne getan hätten, aber nicht tun konnten, da ihnen das Material dafür fehlte." Das muß man nicht nur als „materiell" verstehen. Und als wir später im Plenarsaal in Bonn waren, Julius Posener war Mitte neunzig, sagte er, als man ihn zum Aufbruch drängte – er mußte nach Aachen zu einem Vortrag: „Laßt mich doch Kinder, ich komme doch wohl nie wieder hierher". Julius Posener war wieder eingetaucht in seine Jugendzeit – wohl wie sie hätte sein sollen, wie er sie sich wünschte im Rückblick und wollte nicht so schnell zurück in sein Alter.

Das kann Architektur bewirken – und vieles mehr noch. Das macht uns zufrieden – trotz all der Probleme beim Entstehen von Architektur.

GÜNTER BEHNISCH – LEBEN UND WERK

Leben

Professor Dr.-Ing. e.h. Günter Behnisch, geboren am 12.06.1922 in Lockwitz bei Dresden, ist in Dresden und Chemnitz aufgewachsen. Seinen Kriegsdienst leistete er von 1939 bis 1945, ab 1944 mit dem Dienstgrad „Oberleutnant zur See". Nach seiner Kriegsgefangenschaft in England kam er 1947 nach Stuttgart und studierte von 1947 bis 1951 Architektur an der Technischen Hochschule bei Günter Wilhelm und Rolf Gutbrod. Nach seinem Diplom 1951 arbeitete er ein Jahr im Büro von Gutbrod und war seit 1948 gleichzeitig zunächst als Hilfskraft, dann als Assistent am Lehrstuhl von Günter Wilhelm bis Anfang der 1960er-Jahre tätig.

1952 gründete Behnisch sein Büro in Stuttgart, bis 1961 in Partnerschaft mit seinem Düsseldorfer Studienkollegen Bruno Lambart unter dem Namen Behnisch + Lambart. Im gleichen Jahr heiratete er Johanna Fink. Ab 1966 firmierte das Büro als Behnisch & Partner mit den Partnern Fritz Auer und Carlo Weber (beide bis 1979), Winfried Büxel (bis 1992) und Erhard Tränkner (bis 1994) sowie Manfred Sabatke (bis 2005).

Aufgrund seiner Leistungen im Bereich des Bauens mit industriell gefertigten Bauelementen erhielt er 1967 in Nachfolge Ernst Neuferts die Professur des Fachgebietes für Entwerfen, Industriebauten und Baugestaltung an der Technischen Hochschule Darmstadt, verbunden mit der Leitung des von Ernst Neufert gegründeten Instituts für Baunormung. Nach 20 Jahren Lehrtätigkeit emeritierte er 1987. 1989 entstand das „Stadtbüro" als Dependance von Behnisch & Partner, ab 1991 dann als unabhängige Partnerschaft. 2005 verließ er diese Partnerschaft, in 2008 wurde das Büro Behnisch & Partner, Sillenbuch geschlossen. Günter Behnisch verstarb am 12.07.2010 in Stuttgart.

Auszeichnungen

Günter Behnisch erhielt zahlreiche persönliche Preise und Auszeichnungen für viele seiner Bauten, darunter 1972 den Großen Architekturpreis des BDA und 1981 den Auguste Perret Prize der UIA. 1982 wurde er in die Akademie der

Künste in Berlin aufgenommen, 1984 zum Ehrendoktor der Universität Stuttgart ernannt und 1991 Professor of the International Academy of Architecture, Sofia. Im Jahr 1992 folgten mehrere Würdigungen: Ehrenmitglied des BDA, Ehrenmitglied der Royal Incorporation of Architects in Scotland, Edinburgh, die Auszeichnung „Médaille d'Or" durch die Académie d'Architecture, Paris und der Ehrenpreis des Internationalen Olympischen Komitees für besondere Leistungen im Bereich Sport und Architektur. Seine Heimatstadt ehrte ihn 1993 mit dem Hans-Molfenter-Preis der Landeshauptstadt Stuttgart für besondere künstlerische Leistungen. 1994 wurde er Mitglied der International Academy of Architecture, Sofia, erhielt die Heinrich-Hertz-Professur an der Universität Karlsruhe und die Ehrenplakette des Litauischen Architektenverbandes, Vilnius. Die Ernennung zum Ehrenmitglied des Royal Institute of British Architects, London erfolgte 1995, Gründungsmitglied der Sächsischen Akademie der Künste, Dresden wurde er 1996. Im Jahr 1997 erhielt er den Verdienstorden der Bundesrepublik Deutschland. Es folgten der Fritz-Schumacher-Preis der Alfred Toepfer Stiftung F.V.S., Hamburg 1998, die Wolfgang-Hirsch-Auszeichnung der Architektenkammer Rheinland-Pfalz, Mainz 2001, die Honorable Mention des International Architectural Culture Festival, Busan/Korea 2001, die Ehrenmitgliedschaft der Architektenkammer Keyseri, Türkei 2006 und der Deutsche Kritikerpreis 2008.

Werk und Bauten

Günter Behnisch gilt mit seinem vielfach national und international anerkannten und prämierten Werk und den zahlreichen persönlichen Ehrungen als einer der weltweit renommiertesten deutschen Architekten. Schon in der englischen Kriegsgefangenschaft 1945–1947 vermittelte ihm sein erster Architekturlehrer Bernd Kösters den Kontakt zum werk- und materialgerechten Bauen der Stuttgarter Schule der 1930er-Jahre, insbesondere zur Lehre Paul Schmitthenners.

Nach den Lehrjahren im Umfeld einer erneuerten Stuttgarter Schule, deren Lehrer Rolf Gutbrod und Günter Wilhelm seine wichtigsten Vorbilder wurden, begann seine Arbeit 1952 mit der Realisierung zahlreicher Schulgebäude vor allem im süddeutschen Raum. Er orientierte sich an regionalen Kennzeichen und an der Tradition des materialgerechten Konstruierens als Verbindung von

Werkstoff, Gestalt und Raum, aber auch an der neuen, zeitgemäßen „demokratischen“ Auffassung von Schulbau, etwa zu sehen an der Vogelsangschule in Stuttgart 1960.

Bedeutung erlangten seine Arbeiten schon in den späten 1950er-Jahren, als er sich in Zusammenarbeit mit der Bauindustrie intensiv mit den ökonomischen und konstruktiven Möglichkeiten der industriellen Produktion von Fertigteilsystemen beschäftigte und neue konstruktive Systeme für den Schulbau entwickelte. Nach der teilweise vorgefertigten Bauweise – zunächst am Hohenstaufen-Gymnasium in Göppingen 1959 erprobt – entstand 1963 die Fachhochschule für Technik in Ulm als das erste in Rohbau und Ausbau vollständig vorgefertigte Gebäude in der Bundesrepublik. Die Faszination des technisch perfekten Bauens ließ ihn aber schon 1965 die ästhetisch-formalen Zwänge und die Bindung an produktionsgerechte Bedingungen erkennen. Dieser Weg hatte aber nicht nur in eine Sackgasse geführt, sondern gleichzeitig den Blick auf neue Freiheiten in der Architektur eröffnet. Die Bauten sollten ihre Gestalt nun nicht mehr aus den Zwängen der Technik entwickeln, sondern die Technik sollte zur Gewinnung von Freiheiten eingesetzt werden.

Mit seinem Entwurf für die Bauten und Anlagen der Olympischen Spiele in München 1972 konnte Günter Behnisch entscheidend die Entfaltung einer neuen architektonischen Kultur in der Bundesrepublik mit einer ganz eigenen Bildsprache prägen. Unter dem Begriff „Situationsarchitektur“ entwickelten er und seine Partner eine sanft modellierte Landschaft mit in Mulden eingefügten Stadien- und Hallenkörpern und überspannten sie mit einem transparenten Zeltdach, das weltweit als hoffnungsvolles Zeichen einer gesellschaftlichen und demokratischen Erneuerung begriffen und Ausdruck eines neuen, zukunftsweisenden Selbstverständnisses der Bundesrepublik wurde. Möglich wurde die bislang beispiellose Gesamtkonzeption durch die kongeniale Zusammenarbeit Günter Behnischs und seiner Partner mit den Architekten und Ingenieuren Frei Otto, Fritz Leonhardt und Jörg Schlaich, dem Landschaftsarchitekten Günther Grzimek und dem Gestalter Otl Aicher.

Das Konzept und die Erfahrungen von München waren Impulsgeber für sein folgendes Werk, das sich nun öffnete für neue Einflüsse, für vielschichtige Gedankenfelder und Inhalte. Die Wiederannäherung oder Versöhnung von Natur, Mensch und Technik bildete sich als Grundmotiv heraus, angeregt auch durch seine akademischen Aufgaben an der Technischen Universität Darmstadt. Behnisch schöpfte auf der Suche nach neuen Erkenntnissen und architektonischen Möglichkeiten für ein am Menschen orientiertes Bauen unter anderem aus philosophischen Schriften, in denen er Anregung und Bestätigung finden konnte. Beides entwickelte er in einem wechselseitigen Prozess weiter zu einem nicht determinierten Gedankengefüge und zu Gebäuden, formuliert mit dem Gestus des Leichten und Unfertigen.

Die Lösung sollte den speziellen Besonderheiten der Aufgabe und den Bedingungen der Situation folgen und auch die Potenziale der beteiligten Personen einschließen. In gedanklicher Anlehnung an Hugo Häring werden die Elemente das Bauens als eigenständige, „individuelle Teile" begriffen, die im Vorgang des allmählichen Entstehens der Gestalt zusammengefügt erst zu einem Ganzen finden können. Neben zahlreichen Schulen und Sporthallen entstehen nun Sozial- und Verwaltungsbauten, in denen dieser Ansatz verwirklicht und weiterentwickelt wird. Die Schulen auf dem Schäfersfeld in Lorch zeigen seit 1973 eine frühe Abkehr von den Bildungsapparaten der 1960er- und 1970er-Jahre, zeigen Konzepte mit der jetzt charakteristischen, räumlichen Mitte und gelten als einzigartiges Ensemble beispielhaften Schulbaus weit über Deutschland hinaus. Die individuell auf unregelmäßigem Grundriss entworfenen Bereiche des schindelverkleideten Alten- und Altenpflegeheims in Reutlingen 1977 machen in der Proportionierung ihrer Details und der Wahl der Materialien eine differenzierte und am Menschen orientierte Gestaltung sichtbar, ebenso wie auch das Studienzentrum der Evangelischen Landeskirche in Birkach 1979 und das Diakonische Werk der Evangelischen Landeskirche in Stuttgart 1984. Günter Behnisch hatte gezeigt, dass eine Humanisierung der Architektur und die Bindung an den Menschen auch entgegen den zeitgemäßen Bedingungen der „Bauapparate" möglich ist.

Der Höhepunkt der Zerlegung konstruktiver Strukturen und Teile findet sich im Hysolar Institutsgebäude der Universität Stuttgart 1987 – eine Collagearchitektur und ein Formalexperiment aus Industrieprodukten, welches die zeittypische Tendenz des Dekonstruktivismus nur scheinbar formal thematisiert. Behnischs Arbeit bleibt am Inhalt und am Ort orientiert, zeigt hier den Prozess des Forschens und die Symbolkraft des experimentellen Charakters der Aufgabe, des unperfekt Provisorischen, formuliert durch ein offenes Raumkontinuum in einem „freien räumlichen Gleichgewicht“, so Behnisch. Sein Denken ist immer gespeist aus einer positiv und hoffnungsvoll besetzten Weltsicht, die auch Widersprüche, Konflikte und Mehrdeutigkeit einschließt.

Gerade die über 20 Jahre andauernde Baugeschichte des Plenarsaals in Bonn 1971–1992 verkörpert die Dauerhaftigkeit und Beständigkeit von Günter Behnischs Idee vom Bauen, die unabhängig von zeitbedingten Entwicklungen und zusammen mit den vielfältigen Spuren ihrer Entstehungsgeschichte erhalten bleibt. Glasfassaden und Transparenz, Farben und Licht sind dabei eingesetzt, um die Aufgabe als Ort der Zusammenkunft und Diskussion, dem Ideal einer gebäudelosen Versammlungsstätte unter freiem Himmel als Rahmen für politisches Handeln anzunähern – entgegen der vielfach behaupteten, plump verkürzten Gleichsetzung von baulicher Transparenz mit der Durchschaubarkeit politischer Vorgänge. Eines der letzten von seinem Sillenbucher Büro von 1994 bis 2005 realisierten Bauprojekte, die Akademie der Künste in Berlin, geriet zu einem erneuten, häufig exerzierten Ringen Behnischs gegen die „Macht der Apparate“ und gegen eine Gestaltungssatzung, die eine einheitliche Verwendung des Materials Stein als legitimes Mittel der Rekonstruktion ansah.

Die Poesie von Günter Behnischs Architektur begründet sich aus der Bereitschaft, sein Werk zu öffnen für Dinge, die nicht Bestandteil der Erfüllung der vordergründigen Bauaufgabe und ihrer Funktionen sind, sondern die dem Menschen eine neue, hoffnungsvolle Weltsicht nahebringen sollen. Er schafft damit mehrdeutige, auch widersprüchliche und erweiterbare Lebensräume, die seine Idee vom Bauen als eine Frage nach den Bedürfnissen und Wünschen des Menschen ausweist.

Elisabeth Spieker

AUSWAHL ZITIERTER SCHRIFTEN

Theodor W. Adorno, Ästhetische Theorie, Frankfurt/Main, 1973

Adolf Arndt, Demokratie als Bauherr (Anmerkungen zur Zeit; 6), Berlin, 1961

Ernst Bloch, Das Prinzip Hoffnung, Frankfurt/Main 1959

Otto Friedrich Bollnow, Mensch und Raum, Stuttgart 1963

Bertolt Brecht, „Über die Bauart langdauernder Werke“ (1932), z.B. in: Gedichte III, Frankfurt/Main 1961

Hermann Burger, Die allmähliche Verfertigung der Idee beim Schreiben. Frankfurter Poetik-Vorlesung, Frankfurt/Main 1986

Baruch de Spinoza, Ethik (1677), z.B. in: Philosophische Bibliothek. Baruch de Spinoza. Sämtliche Werke in sieben Bänden, Hamburg 1976 (besonders: Der Ethik erster Teil. Von Gott, 7. Definition)

Paul Davis, Prinzip Chaos, München 1988

Heinrich Engel, Tragsysteme, Stuttgart 1967

Erik H. Erikson, Kindheit und Gesellschaft, Zürich/Stuttgart 1957 (besonders zweiter Teil: Die Kindheit in zwei amerikanischen Indianerstämmen)

Konrad Fiedler, Schriften zur Kunst, München 1971

Jean Gebser, Ursprung und Gegenwart, Stuttgart 1949

Johann Wolfgang v. Goethe, Tagebuch der italienischen Reise, 1786

Johann Wolfgang v. Goethe, Schriften zur bildenden Kunst, darin: Baukunst (1795)

Romano Guardini, Das Ende der Neuzeit. Ein Versuch zur Orientierung, Basel 1950

Romano Guardini, Vom Sinn der Gemeinschaft, Zürich 1950

Hugo Häring, „Wege zur Form“ (1925), in: Jürgen Joedicke/Heinrich Lauterbach, Hugo Häring. Schriften, Entwürfe, Bauten (Dokumente der modernen Architektur; 4), Stuttgart 1965

Georg Wilhelm Friedrich Hegel, Enzyklopädie der philosophischen Wissenschaften im Grundrisse. Dritter Teil. Die Philosophie des Geistes, Heidelberg 1830

Georg Wilhelm Friedrich Hegel, Vorlesungen über die Ästhetik (1820–1829)

Martin Heidegger, „Bauen Wohnen Denken“. Vortrag für das Darmstädter Gespräch 1951, in: Ulrich Conrads (Hg.): Mensch und Raum. Das Darmstädter Gespräch 1951 (Bauwelt Fundamente; 94), Braunschweig 1991

Werner Heisenberg, Schritte über Grenzen. Gesammelte Reden und Aufsätze, München 1971

Werner Heisenberg, Ordnung der Wirklichkeit (1942), München 1989

Erhart Kästner, Aufstand der Dinge. Byzantinische Aufzeichnungen, Frankfurt/Main 1973

Benoît B. Mandelbrot, Die fraktale Geometrie der Natur, Berlin 1987

Hans Mayer, Ein Deutscher auf Widerruf. Erinnerungen I, Frankfurt/Main 1982

Jan Mukařovský, Kapitel aus der Ästhetik, Frankfurt/Main 1970

Jan Mukařovský, Studien zur strukturalistischen Ästhetik und Poetik, München 1974

Robert Musil, Der Mann ohne Eigenschaften, Berlin 1930

Christian Norberg-Schulz, Logik der Baukunst (Bauwelt Fundamente; 15), Berlin 1965

Peter Pfankuch (Hg.), Hans Scharoun. Bauten, Entwürfe, Texte (Schriftenreihe der Akademie der Künste; 10), Berlin 1974

Friedrich Schiller, Über die ästhetische Erziehung des Menschen. In einer Reihe von Briefen, Stuttgart 1965

Carlo Schmid, „Demokratie - die Chance, den Staat zu vermenschlichen". Sonderbeitrag zum Stichwort Demokratie, in: Meyers Enzyklopädisches Lexikon (Band 6), Mannheim 1972

Carlo Schmid/Paul Valéry (Hg.), Über Kunst, Berlin 1959

Wulf Schirmer (Hg.), Egon Eiermann 1904–1970. Bauten und Projekte, Stuttgart 1988

Georgi Schischkoff/Heinrich Schmidt, Philosophisches Wörterbuch, Stuttgart 1982

Curt Siegel, Strukturformen der modernen Architektur, München 1960

Pierre Teilhard de Chardin, Der Mensch im Kosmos, München 1959

Eduardo Torroja, Die Logik der Form, München 1961

Robert Venturi/Vincent Scully, Mutters Haus, Basel 1995

Vitruv, Zehn Bücher über Architektur

Carl Friedrich von Weizsäcker, Die Einheit der Natur, München 1971

Carl Friedrich von Weizsäcker, Der Garten des Menschlichen. Beiträge zur geschichtlichen Anthropologie, München/Wien 1977

Carl Friedrich von Weizsäcker, Bewußtseinswandel, München 1988

ENDNOTEN

1 Weder in Hanno Walter Krufts erstmals 1985 erschienener Geschichte der Architekturtheorie (München 1985) noch in dem von Fritz Neumeyer herausgegebenen Band Quellentexte zur Architekturtheorie (München 2002) noch in Ákos Moravánskys Architekturtheorie im 20. Jahrhundert (Wien 2003) noch in der von Vittorio Magnago Lampugnani, Ruth Hanisch und Ulrich Maximilian Schumann herausgegebenen Zusammenstellung Architekturtheorie 20. Jahrhundert (Ostfildern 2004) findet sich sein Name. Auch in der von Gerd de Bruyn und dem Verfasser publizierten Anthologie architektur_theorie.doc. Texte seit 1960 (Basel 2003) ist Behnisch – im Gegensatz etwa zu Frei Otto – nicht mit einem Text vertreten.

2 Heute Hochschule Ulm

3 Günter Behnisch, „Über die Probleme des Bauens in unserer Gesellschaft. Rede zum Jahresschlussempfang des BDA“, 1967, S. 13

4 Ebd.

5 Ebd.

6 Vgl. Günter Behnisch, „Situationsarchitektur: Gedanken über die Planung für die Bauten der Olympischen Spiele in München – Vortrag an der TH Darmstadt“,1972, S. 23

7 Günter Behnisch, „Vom Werden architektonischer Gestalten“, 1977, S. 35

8 Ebd., S. 36

9 Günter Behnisch, „Moderne Architektur – Neue Architektur?“, 1978, S. 46

10 Ebd.

11 Günter Behnisch, zit. nach „Zur Staatsgalerie – Ein angemessener Bau für Stuttgarts behördlichen Kunstbetrieb“, 1980, S. 50

12 Günter Behnisch, „James Stirling – Nachruf anlässlich des Todes von James Stirling an der Akademie der Künste“,1992, S. 55

13 Günter Behnisch, „Über den Neubau der Akademie der Künste“, 1996, S. 152

14 Günter Behnisch, „Für eine offene und freie Architektur“, 1979, S. 65

15 Günter Behnisch, „Vom Werden architektonischer Gestalten“, 1977, S. 35

AUTORINNEN UND AUTOREN

Stefan Behnisch, Dipl.-Ing. Arch., Hon. FAIA, BDA, studierte Philosophie, Volkswirtschaft und Architektur und ist Gründungspartner des Büros Behnisch Architekten, das aus dem 1989 entstandenen Büro Innenstadt von Behnisch & Partner hervorgegangen ist.
Stefan Behnisch lehrte an verschiedenen Hochschulen in Europa und den USA.

Elisabeth Spieker, Dr.-Ing., studierte Architektur und ist Mitarbeiterin bei Behnisch Architekten. Sie promovierte und forscht über das Werk von Günter Behnisch & Partner. Als wissenschaftliche Mitarbeiterin am saai I Archiv für Architektur und Ingenieurbau am KIT Karlsruhe (2006–2014) betreute sie dessen Werkarchiv.

Stephan Trüby, Prof. Dr. phil., ist Professor für Architektur und Kulturtheorie und Direktor des Instituts Grundlagen moderner Architektur und Entwerfen (IGmA) der Universität Stuttgart. Zuvor lehrte er an der HfG Karlsruhe (2007–2009), der Zürcher Hochschule der Künste (2009–2014), der Harvard University (2012–2014) und der TU München (2014-2018).

Impressum:

Herausgeber Stefan Behnisch
Redaktion Petra Behnisch, Dr. Elisabeth Spieker
Lektorat Gabriele Betz, Charlotte Matthiessen-Behnisch
Layout / Satz OUP Visual Communication, www.oup.studio
Material Papier: Pergraphica Classic Rough 120g, Überzug: Peyer Princesse Quartzgrau 6070, Banderole: Peyer Surbalin glatt Orange 6063, Vorsatz/Nachsatz: Peyer Surbalin glatt Limonengrün 6241
Druck Stoll Farbtreu Druckerei GmbH

Verlag und Vertrieb
av edition GmbH
Senefelderstraße 109
70176 Stuttgart
www.avedition.de

ISBN 978-3-89986-377-2

Bibliografische Informationen der Deutschen Nationalbibliothek Die Deutsche Nationalbibliothek verzeichnet diese Publikation in der Deutschen Nationalbibliografie; detaillierte bibliografische Daten sind im Internet über http://dnb.de abrufbar.